TOUT NEGOCIER POUR REUSSIR

Gerard Nierenberg

TOUT NEGOCIER POUR REUSSIR

Traduit de l'américain
par Jean Moritz

BUSINESSMAN/FIRST

Édition originale américaine
"Fundamentals of Negotiating"
© 1968, 1971, 1973 by Gérard Nierenberg

Traduction française

© First, inc., 1986
70, rue d'Assas 75006 Paris
ISBN : 2-87691-039-X

PREFACE

Négocier est un art, l'un des moins bien compris de tout l'éventail des activités humaines.

Nombreux sont ceux, qui par leur ignorance d'une approche structurée du processus de négociation, sont amenés à utiliser des méthodes empiriques dont on croit savoir qu'elles ont fonctionne dans le passé — des méthodes acquises, comme des maladies, au fil des contacts sociaux. Il existe, cependant, une différence importante et fort utile entre connaître quelques recettes maison et comprendre l'ensemble des relations interactives qui s'établissent au cours du processus de négociation. Lors d'une négociation réussie, tout le monde gagne. De multiples compétences, ainsi que des stratégies particulières, sont indispensables à la mise en oeuvre de ces négociations que ce soit au coup à coup, au jour le jour ou au fil des ans ; et lorsqu'elles sont guidées par une philosophie de base, chacune s'ajoute à la force de l'autre. Le principe ressemble à celui du laser. A la différence d'une lumière ordinaire qui certes, peut éclairer, mais dont les rayons sont dispersés, le laser possède des rayons orientés. Ils se soutiennent mutuellement. C'est ce qui explique les effets puissants du faisceau laser. Le même principe s'applique aux stratégies, aux tactiques et aux compétences, lorsqu'elles sont portées par une philosophie. Chacune acquiert une force supplémentaire en raison de l'effet de synergie.

L'idée que tout le monde gagne au cours d'une négociation n'est pas simplement présentée comme un principe éthique. Il s'agit simplement de réussir en affaires et d'assurer des objectifs à long terme plutôt que de menus avantages à court terme. Des solutions négociées sont susceptibles de durer plus longtemps lorsque chaque partie y trouve avantage et a intérêt à respecter les termes de l'accord. Le négociateur qui aura acquis les techniques et les compétences présentées dans ce livre sera capable de négocier avec succès des accords qui satisferont toutes les parties — remplaçant le schéma obsolète du vainqueur/vaincu en une négociation réellement constructive.

À la fin de chaque chapitre, seront présentées certaines applications, proposées en vue d'aider chacun à revoir son processus de négociation. L'accent a été mis sur le principe de l'apprentissage par l'engagement personnel. Il est souhaitable par conséquent de suivre certaines des suggestions qui sont faites quant aux applications et de les mettre immédiatement en pratique. Les exemples présentés n'ont pour but que de vous engager à penser en termes d'alternatives. Libre à vous de les essayer en les expérimentant.

G. N.

1

PRINCIPES DE LA NÉGOCIATION

Récemment, deux de mes fils se chamaillaient sur un restant de tarte aux pommes, chacun des deux estimant qu'il devait avoir la plus grosse part. Ni l'un ni l'autre n'acceptait un partage égal. Je suggérai alors que l'un des deux coupât le gâteau comme bon lui semblerait et que l'autre choisît laquelle des deux parts il mangerait. Cela leur parut honnête et ils acceptèrent. Ils eurent tous deux l'impression d'avoir fait une bonne affaire. Voilà une négociation « parfaite ».

Prenons l'exemple d'un vendeur essayant de boucler une vente importante. Sur le fond sa proposition convient au client — mais il reste quelques points de détails à régler. Quelle remise peut-il faire ? Qui se chargera du stockage de la marchandise — le vendeur ou l'acheteur ? La livraison peut-elle être accélérée ? Le vendeur peut-il s'engager à ne pas augmenter ses prix au cours des deux années à venir ?

L'acheteur et le vendeur *négocient* la vente.

A une époque où l'ordinateur à rendu de nombreuses tâches obsolètes, le rôle du négociateur a pris de l'importance. Car nous sommes tous des négociateurs.

QU'EST-CE QUE NÉGOCIER ?

Rien ne pourrait être plus simple à définir ou plus vaste à embrasser que la négociation. Chaque désir demandant à être comblé — et chaque besoin à satisfaire — est au moins potentiellement une occasion pour que des gens entament un processus de négociation. Lorsque deux parties échangent des idées avec l'intention de modifier leur relations, lorsqu'ils se rencontrent pour arriver à un accord, ils négocient.

La négociation est un des aspects de la communication. Elle s'exerce entre des individus agissant soit pour leur propre compte, soit pour celui de groupes organisés. En conséquence, la négociation peut être considérée comme un élément du comportement humain. Certains de ses aspects ont été envisagés par les sciences du comportement qu'elles soient anciennes ou nouvelles, en partant de l'histoire, la jurisprudence, l'économie, la sociologie et la psychologie jusqu'à la cybernétique, la sémantique générale, la théorie des jeux et des prises de décision.

Cependant, la notion de négociation est trop vaste pour être réduite à une seule science ou même un groupe de sciences du comportement.

Chaque jour, le *New York Times* rend compte de centaines de négociations. Aux Nations Unies et dans toutes les capitales du monde, des tentatives sont faites pour essayer de désamorcer les « petites » guerres. Les ministères négocient leur budget. Les responsables d'un secteur d'activité discutent de la fixation des prix avec un Secrétaire d'État. Une grève s'arrête. Deux compagnies décident de fusionner mais doivent obtenir le consentement du ministère. Une propriété foncière change de main. Voici le type de négociation que le *Times* pourrait rapporter chaque jour. On notera occasionnellement un accord spectaculaire tel que le traité sur l'arrêt des essais nucléaires, qui retient l'attention du monde. Mais les innombrables négociations — qui ne sont pas rapportées ni dans le *Times* ni dans aucun autre journal — sont, en tous cas aux yeux de ceux qui y participent, des événements bien plus importants.

Même cette négociation vieille comme le monde qu'est le mariage n'est que très peu influencée par le trop célèbre ordinateur. L'ordinateur peut remplir le rôle d'entremetteur — mais il se contente de prévoir que deux négociateurs particuliers possèdent la meilleure chance possible de parvenir à un accord satisfaisant.

Jusqu'à aujourd'hui, aucune théorie générale n'existait pour guider un individu dans ses négociations quotidiennes. Nous eûmes toujours tous à apprendre à négocier comme nous avons appris à faire l'amour — en essayant et en se trompant. Celui qui affirme avoir trente ans d'expérience de la négociation peut très bien avoir commis les mêmes erreurs chaque année pendant trente ans.

Ainsi l'essentiel de nos connaissances de la négociation, hélas, ne vient que de notre expérience personnelle, au demeurant fort restreinte. Sans compter que la plupart des gens imposent de nombreuses restrictions au processus de négociation. Voici en guise d'exemple un extrait d'une étude publiée par la Commission des Lois du Sénat des États-Unis :

Pour un Américain, la négociation est la méthode la plus simple de régler les différends. La négociation peut être exploratoire et permettre de formuler des points de vue ainsi que trouver des terrains d'entente ou des points de désaccord. Ou encore, elle peut tendre à mettre en forme un protocole d'accord. Le succès d'une négociation dépend des facteurs suivants (a) l'objet est négociable (c'est à dire que vous pouvez vendre votre voiture, pas votre enfant) ; (b) les négociateurs sont prêts, non seulement à prendre, mais aussi à donner, ceci en termes d'échange, valeur pour valeur, et dans un esprit de compromis ; (c) les parties en présence se font confiance jusqu'à un certain point — si ce n'était pas le cas une pléthore de clauses de sauvegarde rendrait « l'accord » inapplicable.

Les trois exigences de la Commission supposées nécessaires au succès d'une négociation limitent en fait, et ce de manière draconnienne, les champs d'action possibles. On vend des enfants, même aux États-Unis, comme il fut très clairement établi lors de la découverte d'un véritable marché noir des enfants. Quant aux parents dont l'enfant est enlevé, ils n'hésitent pas à négocier sa remise en liberté. *Tout* doit être considéré comme négociable lorsque des besoins humains doivent être satisfaits.

Quant à la deuxième exigence, il est impossible de prévoir, dans quelque négociation que ce soit, quelle en sera à l'avance l'issue. Il est donc impossible de savoir par avance si l'une ou l'autre des parties sera « prête au compromis ». On arrive en général à ce compromis au cours de la négociation. Il naît tout naturellement d'un examen des faits, des divergences ainsi que des intérêts communs des négociateurs impliqués. Bien que des compromis puissent être trouvés au cours de la négociation, les parties ne doivent nullement entamer la discussion avec pour seul objectif d'arriver à un compromis. Y compris au cours d'une négociation « simple », plusieurs éléments entrent en ligne de compte. Il n'est que très rarement de l'intérêt de quiconque d'accepter un compromis sur tous les points. Le vieil adage « Les roues de la diplomatie roulent sur les rails de l'ambiguïté, » est parfaitement applicable. Il est préférable d'entamer une négociation sans s'imposer de limitations et en étant prêt à saisir tous les avantages qui se présentent.

La troisième exigence de la Commission est quasiment impossible à remplir. En général, les parties en présence ne se font pas « confiance ». Effectivement, tout l'art du négociateur réside dans sa faculté à dissiper la méfiance de l'autre. Pour résumer, on peut craindre qu'il n'y ait plus de négociations dès lors que les trois conditions formulées par la Commission seraient nécessaires et suffisantes à leur réussite.

UN EXEMPLE CONCRET

Une négociation n'est pas toujours parfaite. Elle peut même souvent être assez ignoble.

Les banlieusards qui, aux U.S.A., garaient leur voiture sur les parkings des gares, virent ces dernières années certains projets mettre en cause leur « droit » au stationnement. Ils seront sans doute intéressés par une anecdote révélatrice des dessous d'une négociation qui pourrait à terme restreindre ces « droits ».
Il y a quelque temps déjà, le service de gestion des biens immobiliers d'une compagnie de chemin de fer se mit en relation avec un promoteur immobilier. Le problème était le suivant : la compagnie ferroviaire avait besoin de liquidités. Existait-il un

moyen d'exploiter leur excédent de terrain pour obtenir de l'argent frais ?

Le promoteur se montra intéressé, mais certains problèmes se posaient. Le premier était d'ordre légal — il est impossible de faire l'acquisition en toute propriété d'un bien appartenant à une compagnie ferroviaire. En effet, ces compagnies n'ont pas toujours acheté leurs terrains à la suite d'une entente directe avec le propriétaire, mais souvent après être passées devant un tribunal dont le jugement contraignait le propriétaire à céder son terrain. Or ces jugements sont révisables dans la mesure où la compagnie ferroviaire n'utilise plus ces terrains pour ses propres besoins.

Après mûre réflexion, le conseil juridique du promoteur (en l'occurrence mon cabinet) trouva une solution. Il s'agissait non pas d'acheter le terrain, mais plutôt de rédiger un bail locatif sur quatre-vingt-dix-neuf ans.

C'est alors que surgit le deuxième obstacle — le facteur « humain ». Les gens qui travaillent pour des sociétés importantes ne sont guère enclins à prendre des risques. Les avocats des chemins de fer étaient de ceux-là et nous dûmes faire l'impossible pour les convaincre d'adhérer à ce scénario.

Il fallut l'intervention d'une société spécialisée dans les titres de propriété et sa promesse de souscrire une assurance couvrant les éventuels problèmes ultérieurs, pour que la transaction soit considérée comme légale. Police d'assurance en main, les avocats de la compagnie ferroviaire ne pouvaient qu'admettre la validité de la procédure.

L'étape suivante consistait à lever toute forme d'hypothèque qui aurait pu être prise sur ce terrain par la compagnie de chemin de fer. Le cabinet de conseil juridique étudia les hypothèques ferroviaires en général et celles de cette société en particulier. Quelques points intéressants s'en dégagèrent. La plupart des sociétés ferroviaires hypothéquèrent leurs biens dans les années trente et quarante. Après la Deuxième Guerre mondiale, les gens perdirent confiance dans ce type de placements, et le marché des hypothèques et des emprunts sur les chemins de fer perdit de sa vigueur. Par ailleurs, ces hypothèques ne comprenaient pas de clause couvrant les biens acquis postérieurement à la souscription.

La solution ? Faire une transaction sur le papier. Prendre un terrain acquis par la société ferroviaire *après* la prise d'hypothèque — et l'échanger comme répondant contre un terrain acheté avant.

Cette idée mettait en jeu un autre partenaire. L'hypothèque était contrôlée par une société fiduciaire. Le promoteur fit sa proposition en mettant en avant le fait que tout ce qui améliore l'état des finances des chemins de fer ne peut que présenter des avantages. Mieux encore, on présenta à la compagnie fiduciaire les conclusions positives de la société de transaction et l'accord des avocats de la compagnie ferroviaire. Après discussion, le responsable de la compagnie fiduciaire accepta de faire l'échange de terrain.

Une nouvelle phase de la négociation allait s'ouvrir. Une gare fut choisie et le surcroît de terrain l'environnant fut jalonné. On déposa à la mairie des plans pour la construction d'un centre commercial.

Le résultat fut explosif. Les habitants de la ville stationnaient sur ce terrain depuis de nombreuses années. Ils considéraient cela comme un *droit*. La prospérité de nombreux commerces dépendait du bien-être et de la présence de ceux-là-mêmes qui se garaient sur ce terrain.

Le cadastre n'avait jamais pris la peine de définir le type de zone à laquelle appartenait ce terrain. Désormais, sous la pression des citoyens, il classa le terrain dans la catégorie « Affaires B », soit un mètre carré de parking pour chaque mètre carré de commerce. Ce n'était pas arbitraire puisque l'ensemble du quartier entrait dans la même catégorie. Mais les citoyens continuèrent à protester et, en l'espace d'une semaine, le terrain entra dans la zone « Affaires A », ce qui nécessitait la création de deux mètres carrés de parking par mètre carré de commerce. C'était la première fois qu'une telle réglementation était appliquée dans la ville.

Le promoteur aurait pu avoir de bonnes raisons de s'élever contre la nouvelle réglementation. Au lieu de cela, il se tourna vers la compagnie ferroviaire et obtint une surface de terrain supérieure et se conforma à la nouvelle définition de la zone.

N'ayant d'autre « porte de sortie », la mairie accorda le permis de construire. Le permis de construire en main, le promoteur contacta une chaîne de grandes surfaces et le contrat fut négocié et signé. Il stipulait que l'architecte de la chaîne devait soumettre les plans d'aménagement du magasin avant un mois.

Pendant ce temps, une véritable tempête politique avait soufflé sur la ville. Le parti d'opposition avait exploité la situation. Le parti en place à la mairie, voyant que son mandat allait lui échapper aux prochaines élections, annula le permis de construire. Il ne restait plus qu'une seule solution au promoteur : recourir au tribunal, sans grande chance cependant, de l'emporter.

Dans la plupart des négociations de quelque importance, il y a toujours une part de chance. Bien que les juges de la Cour Suprême de l'Etat fussent tous Républicains, un Démocrate était parvenu à se faire élire presque par hasard. Avec un peu de chance (et en manoeuvrant un peu), le dossier se retrouva entre les mains du Démocrate — qui était plus prêt, politiquement, à porter un jugement objectif.

Les représentants de la mairie, étant tous Républicains, perçurent comme nous le problème. L'avocat de la mairie prit contact avec le promoteur et lui demanda : « Ne pourrait-on pas mettre un terme à la procédure ? » « Mais certainement ! Accordez-nous le permis de construire. » En raison du climat politique, les représentants de la mairie expliquèrent que c'était impossible et proposèrent que nous achetions le terrain — connaissant les restrictions qui s'opposaient à cette acquisition.

Si on est prêt à payer le prix, tout est à vendre. De plus, le promoteur avait quelques problèmes de liquidités et la mairie fit une proposition intéressante. Le marché fut conclu.

Fin de la négociation ? Pas du tout. Le contrat signé avec la chaîne de grandes surfaces stipulait clairement que, si les règlements municipaux empêchaient la construction du centre commercial, l'engagement devenait caduc. Les responsables de la chaîne furent avertis que, dès qu'un nouveau terrain serait disponible, leur magasin y serait construit. Mais cette promesse ne leur suffit pas et ils intentèrent un procès pour rupture de contrat.

Ce genre de procès était vraiment la dernière chose dont le promoteur avait besoin. Il expliqua aux représentants de la grande surface qu'il n'était pas responsable de la situation. Sur quoi on lui répondit : « Nous sommes une société et nous avons certaines obligations envers nos actionnaires. »
Les avocats du promoteur réfléchirent au problème. Il est vrai qu'une société a des devoirs envers ses actionnaires. Elle a

également celui de rendre compte aux dits actionnaires de tous les procès qui lui sont intentés.

La chaîne de grandes surfaces trouverait-elle un procès gênant ? Le promoteur pensa qu'il fallait s'en assurer.

Le contrat prévoyait que l'architecte devait soumettre ses plans au bout d'un mois. Or les plans étaient arrivés en retard. A l'époque, personne n'avait considéré ce facteur comme important mais, techniquement parlant, la chaîne était dans son tort. Donc — en s'appuyant sur le fait que si les plans étaient parvenus en temps et en heure, les travaux auraient pu commencer sans délai — le promoteur engagea un procès en dommages et intérêts.

Au reçu de la citation à comparaître, la chaîne de grandes surfaces demanda au promoteur : « Êtes-vous prêt à abandonner vos poursuites si nous interrompons les nôtres ? » Sa réponse fut la suivante : « Ce procès nous convient et nous n'avons pas l'intention de l'abandonner. » C'était un pat. Ni l'une ni l'autre des parties ne poursuivit la procédure. La situation se prolongea six mois.

Puis mon cabinet reçut un coup de téléphone des responsables de la chaîne de grandes surfaces. Ils désiraient nous voir immédiatement. Nous leur fîmes répondre que nous étions très occupés et que nous les rappellerions.

Intuitivement, nous avions le sentiment que quelque chose avait changé. Nous entreprîmes des recherches et nous découvrîmes que la chaîne négociait son absorption par une société plus importante. De toute évidence, le procès était un obstacle.

Les responsables de la chaîne furent rappelés et rendez-vous fut pris au cabinet de l'avocat du promoteur. La chaîne accepta de payer 25 000 dollars, les deux parties devant s'engager à abandonner leur procès.

Cette négociation complexe — ou cette série de négociations — comporte de bons et de mauvais exemples des éléments constitutifs d'une négociation réussie, éléments que cet ouvrage se propose de présenter.

LES INGRÉDIENTS DE BASE

En situation de négociation les êtres humains réagissent l'un par rapport à l'autre dans toute leur fascinante et contradictoire splendeur. Une *connaissance du comportement humain* est donc essentielle au négociateur.

Les négociateurs qui s'étaient *préparés* — ceux qui avaient fait leurs devoirs à la maison — dominèrent le jeu.

Toutes les parties engagées dans les négociations firent certaines *suppositions*. Certaines de ces suppositions étaient justifiées, d'autres pas. Une négociation réussie peut dépendre de vos propres suppositions — et de votre habileté à anticiper celles des autres.

Les techniques de négociation — *stratégie* et *tactique* — furent mises en jeu. Par exemple, la stratégie *inverse* qui consiste à faire contre-procès est une technique dont nous discuterons plus amplement.

Chacune des parties avait des *besoins*, directs ou indirects, qu'elle désirait satisfaire. Lorsque l'approche du problème prenait en compte les besoins de la partie adverse, elle se soldait par un succès. Par contre, lorsque les besoins étaient ignorés — c'est-à-dire quand la négociation était menée comme un jeu avec un vainqueur et un vaincu — les deux parties se retrouvaient dans une impasse.

L'anticipation et la satisfaction des besoins sont essentielles dans la méthode dont nous allons parler. Envisageons un autre type de négociation dans laquelle les *besoins* sont tous importants.

L'une des parties de cette négociation était à la fois investisseur et spéculateur, l'un de ces hommes qui brasse beaucoup d'argent et se taille une place importante dans le monde des affaires. Appelons-le Johnson.

Johnson avait acquis plusieurs types d'entreprises — hôtels, laboratoires, stations-services, salles de cinéma. Pour un certain nombre de bonnes raisons, il avait décidé d'entrer dans la presse.

Un « dénicheur d'affaires » mit Johnson en contact avec un éditeur que nous appellerons Robinson. Depuis quelques années, Robinson publiait un magazine spécialisé dans un domaine en pleine expansion. Ce magazine n'avait jamais « décollé » — mais Robinson faisant l'essentiel du travail lui-même, le prix de revient était assez bas et il gagnait honorablement sa vie. Robinson était sans doute le meilleur éditeur dans son domaine. D'importantes sociétés d'édition avaient offert de racheter le titre et de s'assurer ses services. Mais les négociations n'avaient jamais abouti.

Johnson décida qu'il voulait ce magazine. Plus encore, il voulait s'assurer la collaboration de Robinson qu'il considérait comme la clef de voûte de la création d'une série de magazines spécialisés. Après quelques déjeuners en forme de prise de contact, il fut clair que l'un et l'autre étaient prêts à se lancer dans des négociations sérieuses.

Par ses observations personnelles et aussi ses investigations, Johnson avait découvert quelques points importants concernant Robinson. Ce dernier, à juste titre, avait une haute estime de ses propres capacités et peu pour les grandes sociétés d'édition — « les usines », comme il les appelait.

De plus, Robinson ne faisait pas confiance aux « gens extérieurs » — ceux qui ne faisaient pas partie de son univers créatif — et plus particulièrement les « hommes d'affaires », surtout ceux évoluant dans les sphères non-créatives du monde de l'édition.

Cependant, Robinson avait maintenant une femme et des enfants. Les joies d'être un éditeur indépendant comportaient des risques qui commençaient à lui peser. Les longues heures passées au bureau — surtout celles consacrées à des tâches peu créatives telles que la comptabilité — ne lui convenaient plus.

Lorsque vint l'heure de la négociation, Johnson commença par confesser sa totale ignorance de l'édition. Pour lui, l'un des points forts de leur association serait d'avoir un professionnel qui pourrait régler tous les problèmes.

Puis Johnson plaça sur la table un chèque de 25 000 dollars. « Naturellement, il ne s'agit là que d'une avance sur les bénéfices à venir. » dit-il, « Mais j'ai le sentiment que, dans un accord comme celui auquel, j'espère, nous aboutirons, il doit y avoir des avantages immédiats et tangibles. »

Johnson présenta Robinson à certains de ses associés, en particulier à son directeur financier qui serait à la disposition de Robinson et se chargerait de toutes les tâches dont il souhaitait se débarrasser.

Robinson demanda à ce que le rachat se fasse cash plutôt qu'en actions de la société mère. Mais Johnson insista sur la sécurité à long terme et démontra que les actions de la société mère n'avaient cessé d'augmenter au cours des dernières années et présentaient l'avantage de les lier l'un à l'autre. Il souligna de nouveau le fait qu'il avait besoin de toute l'énergie créative de

Robinson, et qu'il n'était pas question qu'elle soit entamée par l'exercice d'une autre tâche, par son départ de la société ou pour toute autre raison.

Finalement, Robinson vendit son magazine ainsi que ses propres services pour une période de cinq ans et ce pour un montant total de 40 000 dollars, le solde étant représenté par des actions incessibles durant cinq ans.

Les besoins de Robinson furent satisfaits. Il aurait une aide appréciable pour s'acquitter de toutes les tâches « détestables », tandis qu'il conserverait le contrôle dans le domaine créatif ; il était soutenu pour assurer l'expansion de son magazine ; il avait une sécurité financière ; et ses conflits étaient résolus.

Quant à Johnson, il avait acquis un bien de valeur et les services d'un homme compétent pour une somme inférieure à celle qu'il avait probablement envisagé d'investir.

Pourquoi cette négociation fut-elle un succès ? Parce qu'elle s'appuie sur la connaissance de la nature humaine, la préparation, la stratégie — le tout en vue de la *satisfaction des besoins.*

NÉGOCIATIONS DE VENTES

De nombreuses sociétés ont reconnu récemment l'importance des techniques de négociations. Certains organismes de vente tentent de donner à leur personnel une formation de ce type parallèlement à la formation proprement commerciale. La vente de franchises, par exemple, est très au fait de ces techniques.

De nombreux produits et services sont distribués par les franchisés. Le prix de ces franchises peut varier de quelques milliers à plusieurs centaines de milliers de Francs. Bien que les franchisés potentiels aient en général une expérience suffisante des affaires, ils ne sont qu'occasionellement de bons négociateurs. De plus, l'idée qu'ils se font des techniques de négociation les empêchent souvent d'obtenir tous les avantages auxquels ils pourraient prétendre.

En guise d'exemple, prenons un acheteur potentiel se présentant dans les bureaux d'une société de franchises, (en général après avoir lu une annonce dans un journal professionnel en vantant les mérites.) Il pénètre dans la pièce en montrant qu'il est sur ses gardes : « Allez-y, montrez-moi. » Le vendeur est parfaitement formé pour traiter avec ce genre de personne. Plutôt que de s'opposer à l'attitude agressive de l'acheteur, il la retourne et opte pour une stratégie intitulée « donner une qualification à l'acheteur ». Il commence par une série de questions simples et demande à l'acheteur son nom, son adresse, son degré d'expérience et ses références amenant ainsi l'acheteur à prouver qu'il est bien capable d'assumer la franchise à laquelle il prétend et qu'il sera un élément de valeur venant s'ajouter à l'organisation. Au lieu d'être « vendu », l'acheteur finit par avoir le sentiment qu'il se *vend lui-même*.

Autre exemple, un franchiseur vendait une franchise complexe. Une présentation claire et précise de la vente était indispensable à seule fin que les choses soient bien comprises et assimilées. Le franchiseur s'aperçut par la suite que l'acheteur — qui semblait très 'convaincu en quittant son bureau — finissait par se désintéresser du projet.

A l'évidence, la difficulté venait du fait que l'acheteur ne pouvait expliquer clairement la proposition qui lui était faite, ni à sa femme, ni à son avocat, et ni à son comptable. Ils soulevèrent des questions qui auraient pu être élucidées simplement si la proposition avait été présentée de manière plus explicite. L'idée qu'il allait se lancer dans un travail qu'il ne pouvait expliquer, suffisait pour faire perdre à l'acheteur potentiel son enthousiasme du début.

Le franchiseur pensa que la solution à ce problème n'était ni d'empêcher l'acheteur de discuter du projet avec qui bon lui semblait, ni de présenter plusieurs fois le projet pour satisfaire à la curiosité de ceux qui émettaient des doutes, mais plutôt de diriger l'acheteur vers des gens informés qui comprenaient complètement la proposition, et pouvaient donc répondre à *son besoin de savoir et de comprendre*.

Par la suite, au cours de la présentation du produit, l'accent fut mis sur sur le fait que la franchise était unique en son genre et que seules quelques rares personnes étaient susceptibles de la comprendre réellement ou d'y apporter leur avis. L'acheteur, cependant, éprouvait toujours le besoin de vérifier de visu. La conclusion suivante le satisfaisait pleinement : « Si vous désirez acquérir cette franchise, vous devrez procéder comme suit : d'abord étudier la proposition avec soin ; puis vous mettre en rapport avec au moins deux des personnes possédant déjà cette franchise et dont nous vous remettons la liste. Une fois effectué ce travail, rappelez-nous pour prendre rendez-vous. » Aucune tentative n'était faite pour prendre contact avec l'acheteur avant qu'il eut investi le temps et l'énergie nécessaires pour vérifier ses sources. Il apparaît que lorsque son *besoin de savoir et de comprendre* est satisfait de cette manière, le client est totalement convaincu et la suite des opérations se déroule sans complications.

NÉGOCIATIONS DE CONFLITS SOCIAUX

Les consultations bilatérales se sont transformées en outils de résolution des conflits sociaux. Cette technique est désormais reconnue comme étant l'un des composants de la négociation, et les deux parties ont mis en place des cours et des séminaires de négociation du travail. Résultat : on retrouve des deux côtés de la table des négociateurs très compétents.

Selon le professeur Leon M. Labes, « Ceux qui ont une expérience des conflits sociaux s'accorderont pour dire que seules les décisions prises au cours de consultations bilatérales donnent des résultats satisfaisants. Tout doit être fait pour encourager et développer de telles négociations et le fait est que ces nouvelles techniques prennent une certaine ampleur. » Aux États-unis, ces négociations sont menées sous une double menace, chacune d'elle se situant d'un côté de la table : les forces de travail détenant la grève, les forces patronales pouvant fermer, transférer ou user du « lock out ». Les deux parties en présence conservent perpétuellement à l'esprit que, si la négociation échoue, l'une ou les deux menaces seront mises à exécution.

En dépit des progrès considérables qu'a connus le monde du travail grâce aux consultations bilatérales, il s'est en général contenté de méthodes de négociations restreintes. Une tentative visant à aller au-delà de ce qui était perçu comme des méthodes restrictives se solda par le renvoi de initiateur. Le problème ne venait pas tant de sa nouvelle méthode de négociation, mais plutôt de sa négligeance des relations publiques. David J. McDonald ne fut pas réélu à la tête du syndicat de la métallurgie américaine en 1965 après qu'il eût tenté de régler des incidents mineurs avant qu'ils ne débouchent sur des points de désaccord total.

McDonald avait travaillé en étroite collaboration avec son brillant conseiller, Arthur J. Goldberg, pour mettre fin aux longues et coûteuses grèves qui frappaient l'industrie depuis la fin de la Deuxième Guerre mondiale. Les efforts aboutirent à la création d'un comité de relations humaines.

Ce comité, composé de quatre représentants importants de l'industrie et des syndicats, se réunissait tout au long de l'année pour discuter des problèmes et faire des propositions mutuellement profitables, le tout sans qu'il fût nécessaire d'établir un calendrier précis. Cette méthode pourrait apparaître comme idéale puisqu'elle aboutissait à des solutions qui l'étaient également. Et effectivement, elle fonctionna si bien que l'on se mit à considérer l'industrie métallurgique comme un modèle de ce qui pouvait être réalisé dans les relations sociales.

Puis il se passa quelque chose d'anormal. McDonald perdit la présidence du syndicat au profit de I. W. Abel qui avait fait campagne avec le slogan « Rendons le syndicat à ses membres. » En mettant en place un meilleur système de consultations bilatérales, McDonald, élève de Goldberg, avait négligé un aspect essentiel de la négociation : *la communication*. Il avait omis d'informer précisément la base du cours des événements. Un secret complet entourait le contenu des réunions du nouveau comité, ce afin qu'il puisse délibérer en toute liberté sans craindre une réaction tant du côté des syndiqués que du côté patronal. Malgré ses excellents résultats cette méthode eut pour effet de permettre à un groupe d'opposants de tirer avantage de l'absence de communication avec la base.

Patrons et délégués utilisent peu le terme de négociation ; ils lui préfèrent celui de consultation bilatérale. Le champ de la négociation comprend tous les aspects de la communication ; il englobe les effets produits sur l'ensemble de la communauté et reconnaît également la consultation bilatérale comme un instrument de protection du bien-être général. De toute évidence, ces considérations d'ensemble, ainsi que bien d'autres, furent négligées jusqu'à aujourd'hui.

Le futur apportera sans aucun doute des changements quant aux règles de fonctionnement et au climat des négociations entre salariés et patrons. Les grèves allant à l'encontre de l'intérêt général seront probablement interdites ou éliminées par intervention directe de l'État.

Ces changements modifieront-ils les techniques de négociation ? La réponse est non. Les concepts de la négociation possèdent des caractères propres et vont bien au-delà d'un ensemble de règlements ou de règles qui se trouvent être en vogue à un moment donné.

NÉGOCIATION FONCIÈRE

Dans la négociation qui va vous être présentée, essayez de repérer les éléments concernant : le comportement humain, la préparation, les suppositions, la stratégie et la tactique, la satisfaction d'un besoin.

Une carte postale n'est généralement pas ce qu'il y a de plus intéressant dans un paquet de courrier. Cependant, un de mes associés et moi-même découvrîmes une exception à cette règle alors que nous étions en train de parcourir les offres de vente que nous proposaient des marchands de biens. Celle-ci était faite sur une carte postale et il s'agissait d'une propriété valant 8 000 000 dollars. Si le marchand de biens avait eu pour intention d'attirer notre attention, il y était parvenu. Nous avions envie d'en savoir plus sur cette propriété.

Nous fûmes confrontés, mon associé Fred et moi-même, à une situation tout à fait intéressante. La propriété appartenait à une société, et dans des conditions normales, le terrain seul aurait bien valu 800 000 dollars. Mais les conditions n'avaient rien de normales. Un incendie avait quasiment détruit le bâtiment se trouvant sur la propriété, laissant seulement une ruine qui menaçait de s'écrouler. Les services techniques avaient déjà mis en demeure la société de prendre les mesures nécessaires pour rendre le bâtiment conforme aux normes de sécurité. Cette paisible société se trouvait confrontée à une situation peu commune et angoissante, à laquelle elle était incapable de faire face. La seule solution envisageable était de vendre immédiatement. Fred et moi-même décidâmes de les soulager de leur problèmes, mais selon nos propres termes, bien sûr.

Nous fîmes une offre à 550 000 dollars, une partie comptant et le reste en hypothèque sur vingt ans, ou bien, 475 000 dollars au comptant. Le responsable du service immobilier de la société refusa même d'envisager notre offre écrite. Fred l'appela donc et demanda un rendez-vous qui ne lui fut accordé que de mauvaise grâce.

Fred alla droit au but. Il dit au responsable que c'était à la direction de prendre une décision quant à la vente et non au représentant de la direction. En conséquence, si le responsable refusait de transmettre notre offre, Fred passerait outre et ferait sa proposition directement à la direction. Cette menace — pour sa *sécurité* — produisit l'effet escompté. Notre offre fut transmise en haut lieu.

La direction, très inquiète du danger que représentait le bâtiment en ruine, s'était fixée une seule stratégie : accepter la première offre ferme. Notre proposition au comptant fut acceptée. A l'évidence, le responsable du service immobilier n'était pas très satisfait lorsqu'il nous annonça la nouvelle au téléphone. Il nous avisa que le protocole d'accord serait prêt à dix-sept heures vendredi et il vallait mieux que nous fussions à l'heure. A notre arrivée, on nous présenta un document d'une trentaine de pages.

Le responsable, toujours mécontent, nous avertit : « Il n'est pas question de changer une seule virgule à ce contrat. C'est à prendre ou à laisser. » Après l'avoir lu, nous décidâmes de le signer. Une demi-heure plus tard, nous étions sortis. Nous avions, désormais, en notre possession un contrat de vente en bonne et due forme. Il ne restait plus qu'à passer officiellement la vente pour devenir les propriétaires légaux.

Comme cela arrive si souvent au cours d'une négociation, une « simple formalité » peut devenir le point de départ à de nouvelles discussions et à des reprises des termes de l'accord. Aussi incroyable que cela puisse paraître, quelques heures après notre signature, un nouvel incendie se déclara et le bâtiment en ruine fut totalement détruit. Le lendemain, j'allai à mon bureau et passai le week-end à faire des recherches. Le lundi matin, j'avais terminé mes « devoirs ». J'attendis avec Fred un appel de la société qui nous avait cédé le terrain. Le téléphone sonna à neuf heures précises. Nous prîmes rendez-vous dans les bureaux d'un cabinet juridique important de Wall Street.

Le membre du cabinet qui nous reçut, fut très cordial en nous introduisant dans son bureau et il ouvrit la discussion : « Nous ne sommes pas ici pour discuter en termes de loi, mais simplement pour nous débarrasser d'une situation délicate. » J'acquiesçai. Il expliqua ensuite ce que nous savions déjà, que les rues avoisinant le terrain avaient été interdites à la circulation en raison du danger, et que la société venderesse était plus que jamais pressée de dégager sa responsabilité en ce qui concernait les lieux. La société et ses avocats insistaient sur le fait que nous en devenions immédiatement propriétaires et que nous fassions notre affaire des accidents éventuels.

Je rétorquai que Fred et moi n'avions pas eu l'occasion d'en discuter à loisir et que nous souhaitions pouvoir le faire. On mit à notre disposition une salle de conférence, mais avant de nous y laisser, l'avocat me prit à part : « Souvenez-vous, » dit-il, « dans ce contrat le vendeur fait abandon de tous ses droits. » Les droits auxquels il faisait allusion dégageaient la responsabilité du vendeur quant à la perte subie du fait de l'incendie. Quant à l'abandon, il prévoyait que la perte serait nôtre.

« Vous avez totalement raison, » dis-je prudemment, « Tous les droits nous ont été abandonnés. » Mais, ajoutai-je, exploitant le fruit de mes recherches du week-end, « cela signifie que nous conservons nos droits en ce qui concerne la situation telle qu'elle se présentait antérieurement à la signature du contrat. » Certes, la loi prévoyait qu'une dépréciation due à un incendie avant la signature de la vente n'était pas de la responsabilité du vendeur ; cela dit, certains jugements avaient fait exception.) Je rappelai à l'avocat que notre affaire tombait sous le coup de cette jurisprudence. Dans le cas où quelque chose de précis, un bâtiment en l'occurrence, est vendu en même temps qu'un terrain, et que le bâtiment en question est endommagé par le feu, la perte subie est à la charge du vendeur. Le vendeur doit donner exactement ce que la promesse de vente décrit comme l'objet de la vente, faute de quoi, il doit y avoir dédommagement.

« Or, » continuai-je, « Ce merveilleux contrat que vous avez rédigé, précise à quatre reprises que nous nous portons acquéreur d'un bâtiment *partiellement* détruit. Désormais, il l'est complètement. Nous sommes donc en droit d'exiger la présence d'un bâtiment partiellement détruit ou une compensation financière. » Dans la salle de conférence, Fred et moi, nous essayâmes de nous mettre dans la situation de la société venderesse. Si l'affaire devait être portée devant les tribunaux, il faudrait au moins deux ans pour déterminer les responsabilités de chacun. Au cours de cette période, la société aurait à payer 25 000 dollars de foncier par an, et perdrait environ la même somme en intérêts sur la somme que nous allions verser au moment de la signature de la vente. Selon nos estimations pessimistes, la société perdrait au moins 100 000 dollars, et même plus si nous gagnions le procès.

Nous revînmes avec notre proposition : nous étions prêts à devenir propriétaires immédiatement si la société acceptait une diminution de 100 000 dollars. Un silence de mort fut suivi par des vociférations venant du responsable du service immobilier. Mais quelques minutes plus tard, nous tombâmes d'accord sur la somme de 50 000 dollars et sur une accession immédiate à la propriété. Fred et moi étions devenus les *propriétaires en titre* d'un terrain et bien entendu d'un bâtiment *totalement* démoli — pour le déblaiement duquel les sommes à déboursées seraient considérablement moindres. La négociation décrite ci-dessus traitait d'une situation assez complexe. Cela dit, même pour quelqu'un n'ayant aucune expérience des transactions immobilières, la plupart des éléments sont facilement reconnaissables, Ceci parce que chaque action entreprise était sous-tendue par un désir de satisfaire un besoin humain fondamental. La *satisfaction des besoins* est le but commun à toute négociation, et elle peut donc nous fournir une approche structurelle à l'étude du processus de négociation. Cet ouvrage passera en revue les éléments des sciences du comportement applicables au processus, puis définira et développera la Théorie du Besoin en Négociation, et enfin présentera un éventail d'illustrations de la Théorie du Besoin en action. Une compréhension de cette structure vous permettra d'agir dans une situation de négociation avec, en votre possession, de nouveaux pouvoirs et une connaissance en profondeur des tenants et des aboutissants. Négocier deviendra un art aux possibilités sans cesse croissantes.

CHAPITRE 1 : APPLICATIONS

1. Où avez-vous appris à négocier ? Quel est votre plus ancien souvenir d'expérience de négociation ? Avez-vous déjà rencontré quiconque auprès de qui vous avez acquis des techniques ou des compétences utiles à vos futures négociations ?
2. Pouvez-vous imaginer les différents domaines auxquels le processus de négociation est applicable ?

3. Citez sept domaines dans lesquels vous êtes personnellement impliqué dans une négociation. Voici quelques exemples : conflits sociaux, immobilier, etc.

4. Quelles compétences, techniques, et stratégies pensez-vous indispensables à un bon négociateur ? À un piètre négociateur ?

5. Pouvez-vous penser à des exemples récents de négociations mal menées dans votre vie quotidienne, sociale, professionnelle ainsi que sur la scène internationale.

2

LE PROCESSUS COOPÉRATIF

Dans une négociation réussie, *tout le monde gagne*

PAS UN JEU

Négocier fut souvent comparé à un jeu. Un jeu ayant des règles précises et une série de valeurs précises. Chaque joueur y est limité selon les mouvements qu'il peut effectuer, c'est-à-dire ce qu'il peut faire et ne peut pas faire. Il est vrai que certains jeux font plus intervenir le facteur chance que d'autres, mais dans chaque jeu une série de règles dirige le comportement des joueurs et comptabilise leurs gains et leurs pertes. Dans les jeux, les règles définissent les risques et les récompenses. Cela dit, des règles de ce genre n'existent pas dans ce processus réel qu'est une négociation. En négociation, *tous* les risques connus le sont en raison de l'expérience sur le terrain et non pas à partir d'un règlement. Dans une situation réelle, le négociateur n'a d'ordinaire que peu ou pas de contrôle sur les variables complexes, et les innombrables stratégies que l'adversaire peut mettre en oeuvre au cours de la partie. Plus difficile encore est de connaître le système de valeurs sur lequel ce dernier fonde sa stratégie.

Considérer la négociation comme un jeu, c'est l'entamer dans un esprit de stricte compétition. Avec cette attitude, le négociateur se heurte aux autres individus pour arriver à un but que *lui seul* espère réaliser. Même s'il pouvait persuader un adversaire de « jouer » à un tel jeu de négociation, il courrait le risque d'être vaincu plutôt que vainqueur. Dans le Japon de l'après Deuxième Guerre mondiale, certains hommes d'affaires exigèrent de leurs personnels qu'ils étudient les stratégies et tactiques militaires comme guides pour réussir en affaires. Combien de ces employés comprirent que la comparaison entre les affaires et la guerre n'était qu'une métaphore ? Combien d'entre eux entrevirent que la réussite en affaires ne passe *pas* par la mort du concurrent ?

L'objectif devrait être d'arriver à un *accord*, pas à une victoire totale. Les deux parties doivent avoir l'impression qu'elles ont gagné quelque chose. Même si l'une d'elles a fait de nombreuses concessions, le résultat d'ensemble doit demeurer celui d'un gain.

FAILLITES DANS LA PRESSE

Négocier n'est donc *pas* un jeu — et ce n'est pas une guerre. L'objectif n'est *pas* de faire succomber le concurrent. C'est à ses risques et périls qu'un négociateur ignore ce point.

Voici un exemple classique de l'histoire récente du monde de l'édition new yorkais. Bertram Powers, responsable du syndicat des employés du livre, acquit une notoriété nationale comme « négociateur de choc ». Grâce à quelques grèves paralysantes, les employés du livre de New York obtinrent ce qui semblait être un protocole d'accord remarquable. Non seulement virent-ils leurs salaires augmenter mais les journaux n'eurent plus le droit de mettre en place de nouvelles technologies leur permettant de réaliser de sérieuses économies.

Les employés du livre marquèrent des points à la table de négociation — parce qu'ils refusèrent de céder. Mais les journaux furent pris dans l'étau de la crise économique. Trois grands journaux fusionnèrent et finalement, au terme d'une grève longue et dure, firent faillite. Il ne sera plus à New York qu'un seul

journal du soir et deux du matin — laissant des milliers
d'employés du livre au chômage. La négociation fut « réussie »
mais le patient mourut.

« ÉGOTISME COOPÉRATIF »

Une négociation, c'est un peu comme une *coopérative*. Si les
deux parties entrent en scène avec l'idée de coopérer, il y a de
grandes chances qu'elles en viennent à se battre pour la réalisation
d'objectifs équitablement partagés. Ce qui ne signifie pas que
tous les objectifs auront la même valeur pour les participants.
Mais cela signifie que la probabilité pour chaque participant
d'atteindre les objectifs coopératifs est importante.

Cependant, il n'est pas nécessaire d'abandonner l'attitude de
compétition. Elle agit comme un processus d'intégration, une
rivalité qui coordonne les activités des individus. L'une des
branches d'une paire de ciseaux ne peut pas couper seule.
L'esprit de compétition qui permet à un individu de mesurer sa
compétence et ses moyens au contact de ceux de l'autre — et
d'être récompensé proportionnellement — est une réalisation
coopérative.

Le grand moteur pour arriver à un accord est la recherche des
intérêts communs. Franklin D. Roosevelt affirmait : « Il m'a
toujours semblé que le meilleur symbole du bon sens était un
pont. » Quant à lui Robert Benchley dit : « Il me semble que
le plus difficile dans la construction d'un pont est de le
commencer. »
Soyez toujours prêt à transformer des intérêts divergeants en
faisceaux de désirs communs. C'est en explorant ces faisceaux
que les deux parties pourront être stimulées à l'idée de partager
des objectifs communs. Ces objectifs sont atteints en découvrant
les besoins et les intérêts communs, en mettant l'accent sur les
points où les participants peuvent arriver à un accord et en
minimisant ceux sur lesquels ils pourraient s'opposer. La reine
Elizabeth II, au cours de son voyage en R. F. A. en 1965,
recommanda ce genre d'attitude lorsqu'elle déclara : « Depuis
cinquante ans, nous n'entendons que trop parler de ce qui nous
divise. Faisons désormais l'effort de ne nous souvenir que de ce
qui nous rapproche. Grâce à ses liens, nous pourrons commencer
à forger une nouvelle et meilleure compréhension pour l'avenir. »

La définition que les Français ont faite de l'amour, « un égotisme coopératif », peut être appliquée à cette approche de la négociation. Un exemple se présenta à l'époque où je représentais une association de dépanneurs de radios et de télévisions de New York. Au cours d'une réunion, l'ordre du jour portait sur les moyens d'attirer un surcroît de clientèle et de faire plus pour la clientèle existante. Tout le problème se ramenait à un seule mot, publicité. La question était comment obtenir de la publicité.

Il semblait parfaitement logique de chercher de la publicité à la radio. Après tout, les dépanneurs n'étaient-ils pas les cousins éloignés des stations de radio ? L'association de dépanneurs présenta une offre à chaque station. En échange d'une publicité gratuite, les dépanneurs s'engageaient à afficher le nom de la station dans leurs vitrines, et — plus important encore pour la station de radio — à s'assurer que chaque poste qu'ils répareraient recevrait correctement les émissions de cette station. De plus, les dépanneurs vérifieraient la qualité d'écoute dans leur quartier et signalerait toute anomalie à la station. Le premier contrat signé en vue de cet accord réciproque pouvait être estimé à 40 000 dollars de publicité gratuite.

Les avantages de l'approche coopérative sont multiples. Les résultats peuvent être plus importants et la solution plus durable. On apprend aux enfants que un et un font deux et que deux moins un font un. Au cours de leur vie, la plupart des gens sont enclins à appliquer des principes arithmétiques pour décider de ce qui est souhaitable et de ce qui ne l'est pas. Il est donc facile de comprendre pourquoi certaines personnes appliquent à leur mode de négociation le concept arithmétique « Je gagne, tu perds » (c'est-à-dire plus/moins). Elles utilisent des équations simplistes pour juger du comportement humain.

Cela dit, ces équations ne s'appliquent pas à *tous* les efforts humains. De tels efforts, s'ils sont envisagés sur le mode coopératif, peuvent devenir cumulatifs lorsque des idées plutôt que des biens sont échangées. Si vous et moi échangeons des idées, alors que nous avions au départ une idée chacun, nous en avons désormais deux ; donc, un plus un font quatre. Vous pouvez donner à vos enfants tout votre amour sans qu'aucun de vous ne s'en trouve lésé. Il est possible qu'en donnant à d'autres plus de richesses, plus de bonheur et plus de sécurité vous satisfaisiez mieux vos propres besoins. Il s'agit là, en fait, du résultat idéal d'une négociation.

De nombreuses négociations conduites avec un fort esprit de compétition ont abouti à ce qui semblait être une victoire de l'une des parties. Le prétendu vainqueur était en possession de tout ce qu'il désirait et le perdant avait subi une défaite humiliante. Cependant un tel « règlement » ne restera que rarement définitif. À moins que les clauses de l'accord final ne présentent quelque avantage pour le « perdant, » il cherchera à modifier d'une manière ou d'une autre les termes de cet accord. À la différence d'un jeu, il n'y a pas de « fin » à une négociation réelle. Souvent, certains de mes clients sont convaincus d'avoir remporté une victoire totale sur leurs adversaires et de les avoir forcés à accepter une défaite. J'essaie de leur expliquer que de nombreux facteurs et que des effets secondaires peuvent encore modifier l'accomplissement « final » du marché conclu.

Même si mon client a pu s'opposer à toutes les objections de l'avocat et du comptable de son adversaire. Ce règlement « en force » n'est pas définitif ; il ne tiendra pas. Une épouse, par exemple (les épouses font souvent fonction de conseillères ultimes), pertubera l'accord préalable. Les maris ont l'habitude de discuter de leurs affaires avec leurs femmes, et une femme n'hésitera pas à dire à son mari qu'il a fait une mauvaise affaire et que tout accord préalable est révisable. Dans d'autres cas, après mûre réflexion, la personne non-satisfaite — ou encore un tiers — pourra entreprendre un procès pour annuler ou modifier un accord défavorable. Un protocole outrageusement univoque ne peut qu'entraîner des ennuis et en fin de compte n'aboutir qu'à une énorme perte de temps et d'efforts. Il contient en lui-même les germes de sa propre destruction. Pourtant, certains individus à l'esprit de compétition exacerbé se demandent pourquoi ils ne parviennent jamais à conclure quoi que ce soit. Ils disent travailler d'arrache-pied, mais la chance ou la vie ne semble jamais leur sourire. Il y a toujours quelque chose qui tourne court.

Rien d'étonnant à cela. Nous ne réussirions que très peu de choses sans la coopération et l'assistance des autres. Qui voudrait conduire une voiture s'il n'était certain que les autres se conforment eux aussi aux règles du code de la route ?

Il existe d'autres avantages à l'approche coopérative : de meilleurs résultats, des solutions plus durables.

Il y a quelques années, un sportif professionnel voulut obtenir une augmentation de son contrat annuel. Pour des raisons qui lui étaient personnelles, il avait tenté de négocier lui-même mais n'était pas parvenu à un accord satisfaisant. Bien que ce sportif fût riche et intelligent, il n'en était pas moins timide, et de son propre aveu, il ne « faisait pas le poids » devant son entraîneur. Plus encore, son entraîneur avait un argument de poids — la « clause de réserve » qui interdisait à un membre de son équipe de changer de club.

L'entraîneur obligeait aussi le sportif à donner son accord sur une somme inférieure à celle de sa valeur réelle. L'athlète était si démoralisé qu'il menait toutes ses négociations par écrit. Il se sentait vaincu avant même d'avoir commencé à négocier.

Ce sportif rencontra un jour un agent qui lui suggéra une solution. S'il est vrai que la « clause de réserve » empêchait tout transfert à un autre club. Cependant, rien n'empêchait le joueur d'abandonner le sport.

En dépit de sa timidité, le sportif n'avait pas une personnalité déplaisante et de plus, il était assez bel homme. Certains, avec bien moins de présence que lui, avaient fait carrière dans le spectacle. Des négociations s'engagèrent avec un produ .teur de films. On envisagea la signature d'un contrat de cinq ans.

Désormais, l'entraîneur était en mauvaise posture. Les supporters réagiraient très mal au départ de leur vedette et la fréquentation du stade diminuerait. Le sportif obtint une augmentation très importante de son salaire. La saison suivante, d'autres joueurs de l'équipe utilisèrent la même technique. Ils poussèrent sans pitié l'entraîneur jusque dans ses derniers retranchements.

La leçon à tirer est la suivante : ne jamais insister pour tirer le « meilleur » marché et par voie de conséquence mettre votre adversaire au pied du mur. Comme Edna St. Vincent Millay en fit l'observation : « Face à l'adversité, même le pire lâche trouvera le courage de se battre. »

ATTEINDRE UN ÉQUILIBRE RÉEL

Peu de négociations commencent en douceur. J'ai participé à des milliers de négociations, et il n'y en a pas eu deux de semblables. Un client est parfois parvenu à obtenir près de cent pour cent du gâteau — alors qu'il négociait à partir d'une position de force. D'autres fois, je fus forcé de négocier avec en face de moi un adversaire ayant presque toutes les cartes en main. Dans de telles situations, on doit se contenter d'essayer de sauver les meubles.

Lorsque je ne parviens à obtenir pour mon client qu'une toute petite part du gâteau, j'essaye de le consoler et de me consoler moi-même, avec l'histoire du Baron Z. Donnenson. Le baron, un russe blanc, s'était établi à Rio de Janeiro. Je le rencontrai il y a plusieurs années à une réception donnée en l'honneur de son quatre-vingtième anniversaire. Sa nouvelle femme était une superbe brésilienne d'une vingtaine d'années. Tous les hommes tournaient autour de cette charmante créature, monopolisant son attention. J'étais assis aux côtés du baron, discutant et buvant en sa compagnie, et vers la fin de la soirée nous étions devenus bons amis. Je trouvai finalement le courage de lui demander pourquoi il avait épousé une personne aussi jeune. Il mit sa main sur mon épaule et me répondit qu'il valait mieux avoir dix pour cent d'une bonne chose que cent pour cent de rien du tout.

Négocier, c'est prendre et donner. Cependant, chaque partie observe son adversaire, guettant le moindre indice susceptible de lui procurer un avantage.

La métaphore de Plutarque est juste. Il dit : « Comme les abeilles extraient le miel du thym, la plus forte et la plus sèche des herbes, certains hommes sensés tirent profit des circonstances les plus bizarres. » Nous devrions apprendre à le faire et à l'appliquer, à la manière de cet homme qui jeta une pierre à son chien, le rata et frappa sa belle-mère, sur quoi il s'écria, « Pas si mal après tout ! »

Il est fascinant de voir deux grands négociateurs s'affronter. En règle générale, ils parviennent très vite à un accord. Ils vont directement au cœur du problème et ne perdent pas inutilement leur temps en considérations extérieures au sujet. Chaque partie, après une première phase d'observation et de sondage, s'aperçoit rapidement qu'elle est en face d'un maître et qu'une solution rapide interviendra. De nombreuses grèves pourraient en fait être réglées dès la première ou la seconde rencontre, mais pour des raisons politiques ou économiques l'accord n'est formulé que plus tard. Une négociation, comme un fruit, nécessite un temps de maturation.

Lorsque la négociation est menée avec tout le calme d'un joueur professionnel pendant une partie de poker, il ne s'agit en fait que d'une apparence. En réalité, les experts ne jouent pas au jeu de la négociation. Ce sont des adeptes de l'art du compromis et de l'accommodement. Ils sont parfaitement conscients de la nécessité de trouver un terrain d'entente et ils évitent les obstacles de l'attitude compétitive qui consiste à dire : « Il faut que je gagne la partie. » Chaque partie s'arrange dès que possible pour faire savoir à l'autre les concessions maximales auxquelles elle veut bien consentir et les concessions minimales qu'elle espère en retour. Ceci n'est pas formulé explicitement, mais en finesse, par allusions, et en dévoilant délibérément son jeu. De telles techniques et compétences, acquises à travers une longue expérience et un long entraînement, permettent au maître négociateur de parvenir à un accord satisfaisant. Des exemples de ce type de négociation se déroulent quotidiennement aux Nations Unies. Cependant, gardez présent à l'esprit que la décision finale n'est pas prise par ces professionnels. Ils agissent pour le compte de leurs gouvernements respectifs et ne peuvent décider seuls de solutions qui satisfont les intérêts de leur pays.

QUAND LES CONTRÔLES DEVIENNENT INCONTRÔLABLES

Lorsqu'un adversaire est sur la brèche, la tentation est grande de le pousser aussi loin que possible. Mais ce dernier coup risque d'être fatal, telle la goutte qui fait déborder le vase.

Plus simplement, l'une des premières leçons du négociateur doit être de savoir *quand s'arrêter*. La négociation, comme l'alcool, ne répond pas aux simples principes mathématiques que nous avons appris dans notre enfance. C'est ce petit verre de trop « pour la route » qui peut vous tuer. Il existe un *point critique* en négociation au-delà duquel la réaction — comme celle d'une pile atomique — peut devenir incontrôlable et destructrice. On trouvera dans l'étude consacrée aux arrêts de travail non-prévus — grèves, accidents, ruptures de stocks — dans les mines de charbon de Manchester en Angleterre, un exemple de cette situation. Il a été démontré qu'il existe un seuil

critique pour la taille d'un groupe de travail. Lorsque le nombre
d'ouvriers dépasse ce seuil, on peut s'attendre à des arrêts de
production.

Le but du négociateur est donc de ne jamais aller « trop
loin. » Il doit sentir le moment où il atteint le point critique —
et s'arrêter juste avant. *Au sortir d'une négociation, toutes les
parties devraient avoir satisfait une partie de leur besoin.*
Ceci est impossible lorsque l'une des parties est à terre.

Hélas, on perd facilement ce principe de vue. Dans la chaleur
d'une négociation, on peut se laisser emporter.

Je fus une fois engagé par un client qui était le dernier habitant
d'un immeuble promis à la démolition. Le nouveau propriétaire
prévoyait la construction d'un gratte-ciel à la place de cet
immeuble de quarante étages. Tous les autres locataires avaient
déménagé. Mon rôle était double : protéger les droits de mon
client et arriver à une solution acceptable pour les deux parties.

Le propriétaire reconnaissait que, pour faire quitter l'immeuble
à mon client, il lui faudrait verser une somme. Son intérêt était
que la somme fût évidemment très faible. Il prit contact avec
moi personnellement. (A mon sens, ce fut une erreur. Nous
discuterons plus tard de l'opportunité, dans certaines situations
de négocier par l'intermédiaire d'un agent qui n'a qu'une autorité
limitée.)

« Combien   voulez-vous ? »   me   demanda   le   propriétaire.
« Désolé, » répliquai-je, « c'est vous qui achetez, moi, je ne
vends pas. » Ce fut donc à lui d'ouvrir les négociations. Jusque
là, tout allait bien. Nous reconnûmes tous deux que mon client
était en position de force. Il lui restait deux ans de bail et le
propriétaire voulait commencer les travaux immédiatement.

La première offre indiquait la volonté du propriétaire de payer
les frais de déménagement et la différence de loyer. J'exigeai
qu'il me donnât un chiffre. Après quelques tergiversations, il
offrit 25 000 dollars. Je refusai même de considérer l'offre. Il
quitta le bureau.

Sa tactique suivante fut d'attendre. Mais le temps travaillait
contre lui, mon client étant tout à fait prêt à conserver son
appartement. L'attente n'ayant aucun effet, l'approche suivante
fut une démarche de l'avocat du propriétaire. J'expliquai à
l'avocat que s'il me faisait une offre dans notre fourchette de

prix, nous accepterions de négocier. « Cinquante mille dollars »,
répondit-il. « Pas dans la fourchette », répliquai-je.

Les approches se poursuivirent, avec des offres sans cesse
croissantes. Je n'avais toujours pas proposé de chiffre avant la
phase finale. Mais j'avais planché pour calculer ce qu'avait payé
le propriétaire pour acquérir l'immeuble, ce que lui coûtait le
fait de conserver l'immeuble sans locataire et ce qu'il lui en
coûterait de payer les emprunts jusqu'à expiration du bail de
mon client.

J'aboutis au chiffre de 250 000 dollars, sachant qu'il s'agissait
pour le propriétaire d'un investissement spéculatif et ne voulant
pas l'étrangler, je coupai la poire en deux. L'avocat du propriétaire fut forcé de revenir sur ses propres chiffres et accepta la
somme de 125 000 dollars. Il me semblait que cette solution
satisfaisait tout le monde.

Cependant, grande fut ma surprise. Lorsque les avocats du
propriétaire apportèrent le chèque. L'un d'entre eux me confia :
« Cinq dollars de plus et une grue démolissait l'immeuble. » La
grue était déjà sur place et elle aurait très bien pu heurter
accidentellement le bâtiment ; l'immeuble aurait alors été considéré comme suffisamment dangereux pour être démoli. Dans ce
cas, mon client n'aurait rien touché.

Ce cas appelle quelques remarques. Ce n'était pas très
intelligent de la part de cet avocat que de faire une telle
confidence. Cela dit, j'eus le sentiment qu'il était sincère.
Lorsqu'une négociation est terminée et que l'adversaire n'est
pas content, il a parfois tendance à agir de manière inverse —
pour vous donner l'impression que si vous aviez tenu bon, vous
auriez pu obtenir beaucoup plus.

Mon client était vulnérable. Si je m'étais aperçu à quel point
j'étais prêt du chiffre maximum, j'aurais accepté une offre
inférieure. Le danger d'aller trop loin ne mérite pas le risque
qu'il comporte.

Les grands négociateurs sont une espèce fort rare. La négociation peut être maîtrisée grâce à l'étude et l'expérience, mais pour
montrer à quel point nous pouvons nous éloigner de l'idéal,
voici une citation extraite de *How Nations Negotiate*, de Fred
Charles Ikle : « Le négociateur complet, selon les manuels de
diplomatie du XVIIème et du XVIIIème siècle, doit avoir un
esprit, vif mais une patience illimitée, savoir dissimuler sans

mentir, inspirer confiance sans faire confiance aux autres, être modeste mais péremptoire, charmer les autres sans succomber à leur charme et posséder beaucoup d'argent ainsi qu'une épouse séduisante tout en restant indifférent aux tentations de l'argent et des femmes. »

Les négociations réussies ne sont pas sensationnelles. Il n'y a ni grève, ni procès, ni guerre. Il faut que deux parties aient l'impression qu'elles ont gagné *quelque chose*. Même si l'une d'elles a fait de nombreuses concessions, le résultat d'ensemble doit demeurer celui d'un gain.

Pour nous résumer, la négociation est une entreprise coopérative ; il s'agit de chercher et de trouver l'intérêt commun ; la négociation est un processus comportemental, pas un jeu ; au cours d'une bonne négociation, *tout le monde gagne quelque chose*.

Ce sont là les fondements constitutifs de la plate-forme à partir de laquelle nous examinerons les plaisirs et les complexités d'une négociation couronnée de succès.

CHAPITRE 2 : APPLICATIONS

1. Les assertions suivantes sont quelques unes des idées courantes concernant la négociation :

« *Les affaires sont les affaires.* »

« *Au cours d'une négociation réussie, tout le monde doit être légèrement saigné.* »

« *Celui qui s'adapte le mieux survit.* »

« *Faites-le leur avant qu'on ne vous le fassent.* »

« *Faites-le aux autres et tirez-vous.* »

Pouvez-vous imaginer d'autres adages ?

2. Donnez des exemples des différentes manières de conduire une négociation, que vous ayez entendues de la bouche de vos adversaires ou de celle de vos associés. Regroupez-les par rubriques. Dans quelle rubrique placeriez-vous votre propre manière ? L'avez-vous adoptée à la suite d'une réflexion personnelle sur la négociation ?

3

L'INDIVIDU

L'approche coopérative de la négociation — celle qui prend comme principe que toutes les parties doivent en fin de compte avoir gagné *quelque chose* — est fondée sur un préalable simple mais important.

Un négociation concerne des êtres humains.

Il est impossible de négocier avec un ordinateur.

Par conséquent, pour négocier avec succès, il faut connaître les gens. Alexander Pope disait : « L'homme devrait être l'étude de prédilection de toute l'humanité ». Pour le négociateur, cette étude est essentielle.

Les façons d'étudier l'homme sont aussi diverses que l'homme lui-même. Nous apprenons en lisant, en écoutant, en observant, en découvrant comment les gens réagissent — et ont réagi — dans certaines situations. Chaque article de journal, chaque conversation, chaque voyage en avion ou en train vous donne la possibilité de compléter votre arsenal d'information sur le comportement humain.

Au cours de ce chapitre, nous envisageons et vous suggérons quelques unes des méthodes d'analyse du comportement humain — et comment cette connaissance peut être appliquée à une situation de négociation.

INSTINCTIFS ? RATIONNELS ?

Selon Machiavel, « Les sages disent, et non sans raison, que quiconque souhaite prévoir le futur doit consulter le passé ; car le cours des événements humains ressemble à celui des temps anciens. Ceci vient du fait qu'ils sont induits par des hommes qui étaient, et seront toujours, animés par les mêmes passions, et par conséquent donneront les mêmes résultats. »

Négocier, c'est échanger des idées en vue de modifier une relation. Autour d'une table de négociation se rassemble un groupe hétérogène d'individus aux personnalités, caractères et émotions très variés. Vu superficiellement, le comportement humain paraît parfois désorganisé, aléatoire, cahotique. Une lecture de presse vient confirmer cette impression : crimes insensés, actes d'agression — ayant souvent pour moteur d'absurdes banalités — et comportement excentriques sont le lot commun des titres des journaux. Il est donc bien difficile de croire que l'homme est un être raisonnable, et plus difficile encore que son comportement suit un schéma rationnel.

Comment étudier le comportement ? Quels types de tests ou d'expériences devons-nous pratiquer ? Quelle devrait être la nature de notre approche ? Les réponses à ce genre de questions ont radicalement évolué depuis cinquante ans. Les diverses approches peuvent être classées comme suit : psychologie fonctionnelle, psychologie structurelle, associationnisme, behaviorisme, psychologie de la Gestalt, psychanalyse, psychologie holiste, phénoménologie, psychologie existentielle, psychologie humaniste, psychologie transactionnelle, psychologie biosociale. Au cours de la première décade de ce siècle, la psychologie fut dominée par l'école behavioriste sous la direction de John B. Watson. Les behavioristes furent inspirés par les brillants résultats obtenus en psychologie animale par Morgan et Thorndike. L'homme, déclarait Watson, devrait être étudié comme tout autre animal. Le comportement devrait être considéré comme le phénomène résultant de toutes les autres sciences naturelles, telles que la chimie, la physique, la physiologie ou la biologie. Pas un seul behavioriste, argumentait Watson, n'a pu observer quoi que ce soit qu'il puisse appeler conscience, sensation, perception, imagination ou volonté. Il faudrait donc bannir ces termes lorsqu'il s'agit de décrire l'activité humaine. Les expériences devraient se réduire aux observations objectives des réponses à un stimulus. Un exemple simple de ce type d'expérience entrepris par l'école behavioriste fut l'investigation du clignement d'œil lorsque la cornée est touchée. Des milliers d'expériences de ce genre furent effectuées et une masse importante de donnée fut accumulée.

L'approche de l'école behavioriste, cependant, fut sujette aux critiques de la vague montante des psychologues dynamiques. Ils affirmèrent que l'homme n'était pas simplement une machine. Il ne pouvait pas être expliqué en termes de réponse et de stimulus. Le comment et le pourquoi du comportement, la vie mentale de l'homme, ses émotions, ne peuvent pas être négligés par la science. En Allemagne, les psychologues de la Gestalt révolutionnèrent nos idées sur la perception des choses et la manière dont nous résolvons les problèmes. L'école psychanalytique de Freud, Adler, Jung et d'autres développa les théories du stress et de la souffrance mentale, de l'influence de l'inconscient qui exercèrent une influence considérable sur la pensée moderne. Les behavioristes d'aujourd'hui ne limitent pas leurs études aux simples contractions musculaires, mais, grâce à une définition modifiée du « comportement », ils occupent une place fort utile dans le domaine de la psychologie appliquée.

D'autres tentatives de parvenir à une connaissance plus précise du comportement humain ont conduit à une analyse de ses éléments constitutifs. En fait, un consensus ne fut jamais trouvé, et la simple définition des termes entraîna des discussions sans fin. Je suggère, par exemple, qu'il serait intéressant de considérer le comportement comme constitué d'habitudes, d'instincts, et d'intelligence ou d'apprentissage ; mais il s'est avéré assez difficile de définir ces éléments sans s'apercevoir qu'ils se recouvraient et n'étaient pas parfaitement distincts. Cela dit, le concept selon lequel le comportement est constitué de ces trois éléments est fort utile.

Les habitudes sont des formes du comportement devenues permanentes, en raison de leur répétition. Pour la plupart, nos particularités de langage et d'attitudes sont des habitudes de comportement. Le fait de fumer ou de boire est perçu comme une habitude. Le définition du mot habitude ne prête pas à controverse. Mais quand il s'agit de parler de l'instinct de l'homme, les opinions divergent. Que recouvre ce vocable ? Certains le définissent comme une impulsion ou un élan naturel ; ils parlent d'impulsion de survie, ou de l'impulsion *poussant* au plaisir et *fuyant* la douleur, ou encore de l'impulsion vers le bonheur. D'autres observant le type complexe de comportement dans les formes de vie inférieures, définissent le mot comme « un schéma de comportement organisé de manière congénital. » Ces visions opposées correspondent aux différences existant entre la psychologie introspective et la psychologie behavioriste.

Lorsqu'on en vient à décider qu'elle partie du comportement est instinctive par opposition à celle qui est acquise, la relation entre les deux domaines est loin d'être claire. Les ancêtres de l'homme, pensons-nous, s'adaptèrent à l'environnement tout d'abord en utilisant leurs instincts. Notre civilisation est née de ce combat entre l'instinct et l'intelligence. »

PRÉVOIR LE COMPORTEMENT

En dépit de son apparente complexité, le comportement humain *est* prévisible et compréhensible. Il possède un schéma de développement perceptible et est régi par sa propre logique interne. Une analyse intensive est cependant nécessaire pour découvrir ce qui est prévisible dans le comportement humain. Nous commencerons par essayer d'en cerner l'étendue et évaluer l'équilibre de ses forces dans des conditions dîtes « normales ». A l'aide de ces lignes directrices, nous sommes en mesure de prévoir les manifestations du comportement dans des circonstances données. Nous insisterons sur ce que font les gens plutôt que sur les raisons qui les poussent à le faire.

Dans certaines circonstances, de telles prédictions peuvent être simples à formuler en particulier si nous considérons les individus comme membres d'un groupe. Dans ce cas, les lois de la probabilité peuvent être apppliquées. Quelque soit le nombre de tentatives, la probabilité est que pile sortira dans cinquante pour cent des cas, et face dans les cinquante autres. Plus le nombre de tentatives sera grand, et plus le résultat s'approchera de ce pourcentage.

Peu après la Deuxième Guerre mondiale, un cas intéressant de comportement de masse et qui concernait plusieurs millions d'habitants de New York, fit l'objet d'une enquête de la part du service municipal des eaux. Pour une raison inexpliquée, la pression de l'eau commençait à baisser dans la soirée exactement toutes les trente minutes et à heures fixes. Le chute de pression était si brutale et si importante qu'elle en était inquiétante. Le service des eaux choisit au hasard un échantillonnage de la population suffisamment important pour qu'il fût significatif, et soumis ses participants à une enquête menée par des psychologues, des sociologues, des mathématiciens et des inspecteurs de police. Il fut établit clairement qu'entre dix-neuf heures et vingt-deux heures, précisément toutes les demi-heures, les chasses de toilettes étaient tirées et un nombre équivalent de robinets étaient ouverts.

Des faits présentés ci-dessus, vous avez probablement déduit la cause du phénomène. C'était l'arrivée de la télévision. Les gens quittaient leur poste de télévision pour aller à la cuisine ou aux toilettes toutes les demi-heures durant les spots publicitaires. Bien sûr, il serait impossible d'affirmer avec certitude que telle ou telle personne irait aux toilettes à dix-neuf heures précises. Mais mathématiquement parlant, il est possible de le supposer.

Le comportement individuel lui-même peut être dans certains cas prévu dès lors que le contexte est connu. À Hong Kong, un certain nombre de personnes, à certains moments seulement, joue au Mah-Jong. On peut prévoir que ces gens-là vont gagner.

Pourquoi ? Parce qu'il est de tradition que les inspecteurs sanitaires, après avoir visité les installations d'un restaurant, passent dans l'arrière salle pour une partie de Mah-Jong. Dans toute l'histoire de Hong Kong, jamais un inspecteur n'a perdu.

Il nous arrive tous les jours d'avoir à prévoir un comportement de masse. Lorsque nous conduisons notre voiture, nous engageons notre vie sur le fait que nous prévoyons le comportement des conducteurs des véhicules venant en sens inverse. Nous engageons notre vie sur la probabilité que pas un seul d'entre eux ne décidera subitement de changer de voie. Bien évidemment il existe une *possibilité* pour que cela se produise, mais en raison des probabilités sur le comportement de masse, l'éventualité à peu de chance de se réaliser. Si ce n'était pas le cas, peu d'entre nous continuerait à conduire.

L'expérience acquise au cours de notre vie, nous a permis de nous forger nombre de jugements, que nous appliquons dans de multiples situations. Par exemple, si vous voyagez en train et qu'il y ait un arrêt soudain, vous imagineriez que cet arrêt est dû à un ennui mécanique et non pas à la soudaine envie du conducteur de quitter son poste pour cueillir des fleurs. En d'autres termes, il est clair que le comportement mécanique du train est *moins* prévisible que le comportement humain du conducteur de train. Comme Sherlock Holmes le faisait remarquer au docteur Watson : « Alors que l'humain pris individuellement est un puzzle insoluble, envisagé dans la masse, il devient une certitude mathématique. On ne peut jamais prévoir ce qu'un individu en particulier fera, mais on peut toujours savoir avec quelle précision ce qu'un nombre moyen d'individus feront. Les individus changent mais les pourcentages restent constants. »

De nombreux négociateurs négligent ce type d'hypothèse de travail. Je me suis assis à la table des négociations avec de nombreux avocats, hommes d'affaires et marchands de biens. La plupart d'entre eux se sont montrés des négociateurs habiles et pleins de ressources, bien qu'ils n'aient sans doute jamais étudié les éléments constitutifs du comportement humain. Ils se sont essentiellement reposés sur leur expérience personnelle ; les nombreuses années de pratique de la négociation leur ont donné une maîtrise remarquable des techniques et des compétences nécessaires à la compréhension d'autrui.

Cependant, j'affirme qu'ils se contentent d'un résultat inférieur à celui qu'ils pourraient obtenir. L'apprentissage par l'expérience est un processus empirique et lent, et n'aboutit jamais à la pleine connaissance d'un sujet. L'expérience personnelle peut vous donner une certaine habileté à négocier, mais elle ne peut certainement pas vous donner une vision d'ensemble du large éventail des possibilités qui s'offrent à vous au cours d'une négociation.

Certaines personnes reconnaissent l'insuffisance de leur expérience et tentent d'élargir leur vision en étudiant le comportement des autres pendant la négociation. Ceux sur lesquels ils prennent exemple sont souvent leurs adversaires. Benjamin Disraeli disait : « Toute règle comporte des exceptions, sauf celle qui consiste à dire qu'il ne faut jamais suivre le conseil d'un adversaire. » Je remplacerais simplement le mot « conseil » par « exemple ». Dans de tels cas, une appréciation exacte est très difficile car les méthodes que ces personnes étudient sont celles-là mêmes qui sont employées pour contrecarrer leurs propres actions ou techniques.

CONSIDÉRATION SUR LE POURQUOI DES ACTIONS DE L'INDIVIDU.

Voici, vu sous l'angle de la psychologie, un certain nombre des problèmes que l'on rencontre lorsqu'on étudie le comportement d'individus assis à une table de négociation.

Rationalisation. Lorsqu'une personne rationalise, elle interprète une situation de telle manière qu'elle apparaisse sous l'éclairage le plus favorable. Un personnage dans l'opérette de Gilbert et Sullivan, *Le Mikado*, rationalise un mensonge en en faisant « un simple détail corroboratif, dont le but est de donner une vraisemblance artistique à une narration peu convaincante. » Pour fuir des sentiments désagréables et se mettre en conformité avec leurs espérances personnelles, les gens « reconstruisent » des événements passés sur des bases qui leur sont favorables. Ils rationalisent à seule fin de justifier leurs décisions, conforter leurs sentiments ou les rendre acceptables aux yeux de leurs pairs.

Qui ne tente pas à la fin d'une négociation, d'en rationaliser les résultats ? Nous connaissons tous la fable du renard qui, essayant autant que faire se peut, ne parvient pas à se saisir des raisins. Il se console en disant : « Tant pis, ils sont trop verts ; en fait, je n'en voulais pas. » En réalité, il voulait les raisins mais lorsqu'il se rend compte qu'il ne peut les attraper, il se console, dissimule son échec et sa frustration en se disant qu'après tout il n'en voulait pas. Il se ment à lui-même. Un psychologue dirait qu'il rationalise.

Ce type de rationalisation peut prendre une autre forme, que l'on pourrait qualifier de « raisins verts à l'envers ». Lorsque des gens sont rejetés par un groupe, ils cherchent une revanche émotionnelle en acceptant les valeurs internes du groupe et en essayant de les dépasser. Un ouvrier mal intégré devient un « stakhanoviste », produisant plus que le groupe n'a estimé être la production maximale. Nombre de réussites professionnelles trouvent leur origine dans ce mécanisme qui consiste à « prouver aux autres » sa supériorité.

Projection. Lorsqu'un individu attribue ses propres motivations à d'autres personnes : il projette. Cette attitude est souvent inconsciente. Par exemple, je fus récemment autorisé à négocier l'achat d'une chaîne de motels appartenant à M. Edwards. Au cours de la transaction, je demandai à M. Edwards s'il utilisait une technique particulière de négociation. Sans imaginer que je pourrais peut-être tirer avantage de ce qu'il allait me dire, il m'apprit que sa seule technique, était d'exploiter le désir de chacun de gagner de l'argent. Il projetait. Il attribuait aux autres ses motivations premières qui étaient d'utiliser les négociations pour réaliser un bénéfice. La méthode d'Edwards fonctionnait à merveille dans la majorité des cas, car elle était fondée sur un besoin humain fondamental. Cela dit, dans le cadre de notre négociation, ce fut un échec et aucun accord n'intervint. L'acheteur pour qui je négociais, désirait acquérir cette chaîne de motels en raison de sa clientèle et du prestige de son nom. Il estimait beaucoup plus sa réputation et son amour-propre que les bénéfices financiers qu'il aurait pu en tirer.

La projection est l'une des manières les plus courantes et les plus fréquentes dont les humains perçoivent les objets qui les entourent. Le processus est généralement (certains disent « toujours ») inconscient, en ce sens que l'individu ignore qu'il est en train d'aliéner, voire même de transformer sa perception des objets et des gens qui l'entourent en les teintant de ses propres caractéristiques. La plupart des ouvrages traitant de la projection insistent sur le fait que les gens ont tendance à projeter les aspects de leur personnalité qu'ils réfutent. Un tricheur se consolera en pensant que tout le monde triche. On dit que Bernard Shaw avait remarqué que la pire punition du menteur était son incapacité à croire les autres.

Transposition. Nombre de gens passent leur colère ou libèrent leur agression sur une personne ou un objet qui n'est pas la cause de leur difficultés. Ils cherchent un bouc émissaire. Réaction typique du mari qui rentre du bureau après s'être fait réprimander par ses supérieurs. Frustré, il libère cette pression en claquant la porte, en donnant une fessée à ses enfants et en cherchant querelle à sa femme sans aucune raison. Au cours de l'histoire, des individus sans scrupules ont joué de cette faiblesse pour gouverner les hommes. Trouver un bouc émissaire sur lequel reporter les péchés d'un peuple fut un « sport » très populaire au cours des siècles. Lors d'une négociation, certains comportements émotifs et inexplicables peuvent apparaître, qui sont simplement le résultat d'une transposition.

Refoulement. Refouler, c'est exclure de la pensée consciente des sentiments ou des désirs qui sont perçus comme répugnant ou douloureux. L'« oubli » commode d'un événement passé déplaisant ou d'une obligation à venir en est un exemple. Freud insistait sur le fait qu'un oubli est motivé et « non pas » accidentel. On peut affirmer qu'il y a refoulement lorsqu'une personne se souvient soudain d'un rendez-vous déplaisant, mais seulement une fois passée l'heure à laquelle elle devait s'y rendre. Un bon négociateur en déduira simplement que la partie adverse ne voulait pas y être présente.

Faire réagir. Les gens refoulent souvent des pulsions qu'ils jugent inacceptables, pour finir par penser et agir de manière totalement opposée à ces pulsions premières.

Image de soi-même. Chaque individu a une image de lui-même dont il a fait la synthèse à partir de ses aspirations, de ses expériences et de l'estime dans laquelle le tiennent ceux qui lui sont chers. Nombreux sont ceux qui prennent des dispositions pour protéger leur image personnelle ou la rehausser. Par conséquent, si nous pouvons déterminer quelle image un homme a de lui-même, nous pourrons évaluer ses motivations et ses réactions par rapport aux événements à venir. Il est cependant possible qu'il ne dévoile pas totalement son image personnelle. Nous devons alors essayer de nous faire une idée plus précise de son image personnelle en étudiant ses actions et ses expériences passées.

Jeu de rôle. Le type de comportement extériorisé en jouant un rôle est fondé en grande partie sur le vécu. Un homme qui doit jouer le rôle d'un père et administrer une punition à son jeune fils le fera généralement comme le faisait son propre père, ou carrément de manière strictement opposée. Cela dépend essentiellement de la conception de la punition qu'il avait dans son enfance. D'ordinaire, nous avons — ou nous pensons avoir — une idée assez nette du rôle que nous voulons jouer.

Cependant, dans le doute, nous échafaudons à coups d'expériences et d'erreurs un rôle qui nous satisfasse.

Comme pour rendre notre compréhension du comportement plus difficile encore, certains psychologues nous disent que lorsque deux personnes, A et B, se rencontrent pour discuter, il y a en fait six personnalités en jeu. Pour A, il y en a trois différentes : A1, la personne que A est *effectivement* ; A2, celle qu'il *pense* être (son image personnelle) ; et finalement A3, celle qu'il donne *l'apparence* d'être. Les trois mêmes volets de personnalité B1, B2, B3 coexistent en B. Quelle qu'en soit la valeur, ce concept est utile à la table de négociation. Là, chacun joue un rôle différent selon sa fonction et même, très souvent, plusieurs rôles. Le fait qu'un individu soit susceptible de jouer plusieurs rôles, nous amène à noter qu'au cours de la négociation même la plus simple, on peut être confronté à une multiplicité de personnalités.

Comportement rationnel. Certains types de comportement sont souvent taxés d'irrationnel. Cela dit, un comportement ne devrait pas être jugé comme tel tant qu'une véritable analyse n'a pas eu lieu. Louis D. Brandeis affirma un jour : « Les neuf dixièmes des controverses importantes qui surviennent dans la vie résultent d'une incompréhension, que ce soit parce qu'un individu ignore l'importance que revêtent certains facteurs pour un autre individu ou bien qu'il ne parvient pas à comprendre son point de vue. » Les êtres humains agissent en fonction de leur rationalité propre. Selon les critères habituels, un individu est jugé rationnel si : - il envisage toutes les conséquences d'une action qui s'offre à lui ; - il est capable d'établir un ordre de préférence par rapport à ces conséquences ; - il prend les mesures nécessaires pour aboutir au meilleur résultat. On pourrait affirmer que ses actions sont irrationnelles. Mais le terme serait erroné. C'est en fait *notre* compréhension de ses principes et de ses préférences que nous ne pouvons rationaliser. Un adversaire peut se mettre « irrationnellement » en colère, mais en grattant la surface, il se peut que ce soit en fait une stratégie rationnelle pour faire croire à la validité de ses menaces. « Il y a de la méthode dans sa folie. »

Dans la Théorie du Besoin en Négociation, dont nous parlerons dans les chapitres à venir, nous verrons que certains comportements « irrationnels » ont en fait une signification lorsque leur relation avec la structure d'ensemble de la négociation peut être perçue et prise en considération.

Ces réflexions sur le comportement irrationnel m'amène à évoquer l'histoire de l'homme dont le pneu crève devant un asile psychiatrique. Alors qu'il est en train de changer la roue, l'un des pensionnaires qui se trouve de l'autre côté de la barrière le regarde. L'automobiliste retira les boulons et les plaça précautionneusement dans l'enjoliveur qu'il a posé sur le bord de la route. Pendant qu'il va chercher la roue de secours, une voiture passe à toute vitesse, et heurte l'enjoliveur, en éparpillant les boulons. Il a beau chercher, il est incapable de retrouver un seul des boulons. Il reste planté devant sa voiture, sans pouvoir trouver une solution. A cet instant, le pensionnaire de l'asile, qui a assisté à toute la scène, lui fait signe d'approcher et lui dit : « Je vous conseille d'enlever un boulon à chacune des roues et de les mettre sur la quatrième puis d'aller jusqu'au prochain garage et d'y acheter les boulons manquants. » L'automobiliste se dit que c'est là une excellente solution à son problème, mais il se montre soudain gêné. Le pensionnaire lui demande : « Qu'est-ce qui ne va pas ? » L'homme répond : « Il y a quelque chose que je ne comprends pas — vous êtes enfermé et vous me dîtes à moi qui suis à l'extérieur ce que je dois faire. » Sur quoi, le pensionnaire lui répond : « Je suis peut-être fou mais je ne suis pas idiot. »

Dans cet exemple, le comportement du pensionnaire de l'asile peut être considéré comme assez rationnel. Alors que de toute évidence, l'automobiliste ne pouvait pas imaginer que tout le système de pensée de son interlocuteur était irrationnel.

Ne pas comprendre les principes sur lesquels les gens s'appuient et taxer leurs actions d'irrationnelles n'est que l'une des barrières que l'on se dresse à soi-même. Nous passons tous notre vie à dresser des barrières, quelles qu'en soient la nature. Nous érigeons des obstacles à la réalisation d'objectifs qui pourraient avoir une grande valeur et nous nous accrochons à ces barrières imaginaires — Parfois toute la vie. L'anecdote suivante illustre ce point de vue. Un fermier avait placé une clôture électrique autour d'une de ses prairies. Au bout d'un an, son voisin le complimenta de cette réalisation, car il avait remarqué que pas une seule fois au cours de cette année, le bétail n'était sorti de l'enclos. Il ajouta qu'il ne pourrait pas en faire autant car il n'aurait pas les moyens de payer les frais d'électricité. L'autre éclata de rire. « Voyons, » dit-il, « J'ai coupé l'électricité au bout de deux jours. Les vaches n'ont jamais vu la différence. » Demandez aux enfants d'une classe de maternelle : « Qui sait peindre ? » Ils vous répondront tous : « Moi ! » Posez la même question à un groupe d'adultes d'une trentaine d'années et ils vous répondront tous qu'ils n'en ont ni le talent ni la compétence. Ce ne sont là que des barrières qu'ils se sont construites eux-mêmes. S'ils étaient capables de s'en libérer, ils pourraient agir créativement. Une négociation a besoin d'être conduite avec aussi peu de barrières auto-construites que posssible. Ceci facilite l'ouverture d'esprit et mène à des applications créatives. Les gens qui s'ouvrent à des expériences nouvelles deviendront plus créatifs. A ce jour, il n'existe pas de formule globale permettant d'agir créativement, mais certaines choses peuvent inhiber l'activité créative. Une personne placée dans une situation de stress ne cherchera que très rarement à accomplir un travail créatif. Elle préfèrera se consacrer à des tâches de pure routine. Face au stress, au danger, à la nouveauté ou à l'inconnu, l'individu se retranche dans un comportement familier et non-créatif. Quelqu'un placé dans le noir aura tendance à fermer les yeux. L'obscurité dans laquelle il se trouve lorsque ses yeux sont fermés lui est plus familière que celle dont il fait l'expérience lorsque ses yeux sont ouverts.

Lorsqu'un homme s'engage par avance dans une solution en disant : « C'est la meilleure méthode, » ou bien, « C'est la seule méthode, » la porte menant à une solution créative est close. Une meilleure méthode peut survenir — mais l'homme aux notions toutes faites la négligera ou, pire, se sera placé dans une position telle qu'il ne pourra plus faire marche arrière.

Lorsque nous examinons différents types de comportement, nous comprenons la difficulté qu'il y a à étudier l'art de la négociation à partir de notre seule expérience ou de celle des personnes de notre entourage.

Jadis, le comportement humain ne paraissait pas aussi compliqué. Il n'y a pas si longtemps, la raison semblait susceptible de résoudre tous les problèmes. Il était établi que la logique exprimait la vérité et que les actions humaines étaient soit logiques, soit illogiques. On croyait, avec Aristote, que la raison se situait au-dessus de la hiérarchie des capacités humaines, qu'elle était supérieure aux émotions humaines. Les psychologues dynamiques modifièrent cette notion. Ils montrèrent que le comportement humain n'était pas une compétition entre les deux forces de la raison et de l'émotion, la tête contre le coeur, mais le résultat de la combinaison des deux, ainsi que de nombreux autres facteurs — tels que l'environnement (matériel et culturel), l'accumulation des expériences et l'équilibre chimique.

Cependant, comme nous l'avons vu, cette complexité ne doit nullement créer une autre barrière à la compréhension des actions humaines.

Il est essentiel de se concentrer sur les éléments communs à tous, laissant provisoirement de côté les différences individuelles. En ne nous occupant que des points de similitude, nous parviendrons à une perception plus nette des besoins humains, clef de la négociation réussie.

Les gens *rationalisent, projettent, transposent jouent un rôle*. Parfois, ils *refoulent* certaines choses ou *réagissent*, se conforment à des images personnelles, et s'engagent dans des *comportements « rationnels »*.

De nos jours, un négociateur expérimenté tente d'observer celui qui se trouve de l'autre côté de la table et de deviner, non pas pourquoi il agit, mais par rapport à quoi il agit.

Essayez d'écouter et de reconnaître ce que le professeur A. H. Maslow appelle « la voix de l'élan » ou « les signaux internes ». En étant conscient de leur existence, vous pouvez déterminer quelles sont vos préférences et vos aversions, et choisir en conséquence ce qui fait plaisir au moment de boire, manger ou vous reposer. Il s'agit là d'un guide plus sûr que les règles, programmes et emplois du temps que s'imposent d'autres que vous. Oliver Wendell Holmes déclara un jour : « Un instant de regard introspectif a parfois autant de valeur que l'expérience d'une vie entière. » Cette approche peut nous permettre de constater que ce qui était autrefois considéré comme un élan devient désormais un raisonnement profond. Il faut conserver à l'esprit que toute décision, justification ou ligne de conduite peut parfois être fausse. La vérification empirique face aux réalités extérieures est toujours de mise. En conséquence, exploitez toute erreur comme une expérience susceptible d'accroître vos connaisances par l'intermédiaire du passage au filtre de votre conscience personnelle.

Maslow dit également : « La psychologie ne devrait pas étudier l'être humain comme une argile passive, impuissante et influencée par des forces extérieures, et déterminée par elles seules. Elle devrait également étudier les façons dont l'être humain se montre (ou devrait se montrer) un moteur et un décideur, actif et autonome, ainsi qu'un censeur de sa propre existence. » Nous oublions que la vie est un processus en perpétuel changement. Et pourtant nous cherchons à obtenir les mêmes résultats à partir des mêmes actions. Si, à partir d'un comportement à peu près identique, nos résultats sont insuffisants, nous courons à la frustration.

COMPRENDRE CE QUI SE PASSE

Lorsque nous tentons de nous libérer du mode de pensée linéaire cause-et-effet — quel est l'enchaînement, que se passera-t-il ensuite, que s'est-il passé avant ? Nous en venons à nous demander : Pouvons-nous contrôler ce qui se passe ? Sommes-nous responsables du résultat ? Car il est difficile, voire impossible, de déterminer la cause et l'effet.

Le principe de la causalité est exprimé par l'assertion suivante : ce qui a commencé à être, a du avoir un antécédent ou une cause qui le justifie ; si nous entrions chez un horloger et qu'une pendule se mette à sonner d'abord, et qu'ensuite toutes les autres en fassent autant, pourrions-nous affirmer que la première pendule fut à l'origine du déclenchement général ?

Le simple fait que quelque chose se produise plusieurs fois conduit les animaux et les hommes à penser qu'elle se reproduira. Bien qu'il soit facile de généraliser, de telles prédictions ne se vérifient pas forcément.

La causalité sociale, dont fait partie la négociation, est d'une nature hautement complexe. Les sciences sociales, en tentant d'organiser ces événements, se sont lancées dans les statistiques et ont expliqué les écarts avec les prévisions comme autant « d'erreurs probables ». Nous sommes dans le probable. Aucune de nos assertions n'est certaine, et le degré ou la force de notre croyance concernant chacune de nos propositions est sa probabilité. C'est la théorie classique. La probabilité est également l'état d'esprit avec lequel il faut aborder un événement à

venir, ou toute autre considération pour laquelle nous manquons d'information. Comme le disait John Maynard Keynes :
« Le probable est l'hypothèse à partir de laquelle il est rationnel pour nous d'agir. » Hérodote disait : « Il n'est rien de plus profitable à l'homme que de prendre conseil de lui-même car même si l'événement aboutit à l'inverse de ses espérances, sa décision n'en était pas moins juste, même si la fortune la rendit ineffective. Au contraire, un homme qui va à l'encontre de ce qui lui paraît juste, n'obtiendra que par chance ce qu'il n'avait pas le droit d'espérer ; sa décision n'en était pas moins insensée. » Seul le fait de considérer la probabilité comme rationnelle peut nous pousser à l'utiliser dans l'action ; et le fait d'en dépendre concrètement ne peut être justifié que parce que dans l'action nous *devons* agir pour la prendre en considération. Henri Poincaré affirmait : « Nous choisissons des règles pour ordonner notre expérience non parce qu'elles sont vraies mais parce que ce sont les plus commodes. » C'est l'avis de nombreux négociateurs d'aujourd'hui.

La négociation exige que nous comprenions nos propres actions et que nous travaillions en fonction des réactions des autres. Les méthodes employées pour arriver à une solution ne viennent pas seulement de ce qui nous est propre, comme le prétendent les approches psychologiques mais aussi de ce qui nous est extérieur, comme le prétendent la plupart de ceux qui se consacrent à la négociation. Ces méthodes sont une combinaison de ces deux éléments au moins.

Ce concept d'un schéma, d'une forme ou d'un tout est abordé par la psychologie de la Gestalt. Nous ne devons pas nous laisser piéger par les détails élémentaires, mais plutôt essayer de saisir et d'appréhender le tout. Les psychologues du Gestalt ont prouvé, grâce à des expériences soigneusement contrôlées, que nous appréhendons un objet ou une situation comme un tout ou comme un schéma défini en liaison avec son contexte ; nous ne répondons pas avec autant de force à des éléments isolés dans l'environnement que nous le faisons à des situations globales. C'est une approche psychologique qui étudie le processus d'apprentissage en termes de tout par opposition à un concept atomiste traitant les éléments séparément. Ce principe fut utilisé durant la Deuxième Guerre mondiale pour entraîner le personnel à la reconnaissance aérienne. L'ensemble de l'avion plutôt que ses éléments constitutifs, tels que la queue ou les ailes, était projeté en vue de son identification.

Dans le cadre d'une étude de la négociation, la psychologie du Gestalt propose que l'ensemble d'une expérience soit plus important que chacune de ses parties prises individuellement pour en déterminer le sens. En négociation, aucun des mouvements pris isolément n'a qualitativement de sens en lui-même ; seul le processus pris dans son ensemble peut être estimé rationnellement. Même la stratégie complète d'un participant ne peut être jugée d'après les suppositions ou les informations concernant les stratégies employées par les autres participants. Quel que soit le choix que vous fassiez, la stratégie de chacun dépend de celle de tous les autres.

Nous arrivons dans le domaine de la négociation proprement dite. Sur les bases de notre acceptation de l'approche coopérative — et fortifiée par notre connaissance du comportement humain — nous en venons maintenant au stade de la *préparation*.

CHAPITRE 3 : APPLICATIONS

1. Pouvez-vous trouver des exemples dans votre propre vie où vous auriez rationalisé, projeté, transposé, refoulé ou eu une réaction de « faire agir » ?
2. Quelle image avez-vous de vous-même ? Pourrait-elle affecter votre habileté à négocier ?
3. Réfléchissez à vos interlocuteurs et à leurs motivations. Puis reconsidérez votre première analyse. Comprenez-vous ce qui les motive et en quoi cela les pousse à agir ? Existe-t-il une différence entre leur réaction et celle que vous envisagiez ? Qu'en déduisez-vous pour vos prochaines négociations ?

4

LA PRÉPARATION D'UNE NÉGOCIATION

La préparation à une négociation est une fonction perpétuelle, tout comme la négociation elle-même. Lorsqu'un contrat vient à expiration, ce n'est pas pour autant que la négociation s'arrête ou commence. Chaque élément d'information significatif pour votre position dans la négociation doit être retenu et son visage futur pris en compte. General Motors tente d'analyser les résultats avant la négociation en mettant sur ordinateur le nombre et le type des doléances formulées antérieurement par les syndicats, et quelles mesures ont été prises, à seule fin d'être prêt à régler les problèmes déjà soulevés de par le passé.

Si vous savez que d'ici à un mois, vous vous retrouverez à une table face à votre adversaire, comment vous préparer à cette rencontre ? Comment pouvez-vous prévoir la stratégie du camp adverse et comment pouvez-vous vous préparer à y faire face ? La réponse n'est pas simple. Elle peut cependant se résumer en une phrase entendue sur les bancs de l'école : « *Faites vos devoirs.* » Il y a nombre de situations de la vie dans lesquelles il faut nécessairement se préparer. La négociation en fait partie. Pour être couronnée de succès, elle requiert une préparation et un entraînement à court et à long terme des plus intensifs.

ÉTABLIR DES OBJECTIFS

Selon les sphères de négociation, les objectifs sont différents. Cela dit, ils peuvent généralement se résumer à la satisfaction d'un ou plusieurs besoins des participants concernés. Travailler en utilisant ce qui sera décrit sous le nom de Théorie du Besoin en Négociation, peut être utile dans l'analyse des positions et des points forts de votre adversaire. Avoir un objectif de négociation rigide peut très bien mener cette négociation à l'échec. Une autre méthode de formulation des objectifs, peut consister à les définir de manière élastique et dynamique, de telle sorte que les espérances puissent changer en fonction du déroulement des négociations. Envisagez d'apprendre à exploiter les objectifs d'une négociation comme s'il s'agissait d'exploiter le sens et la force du vent. Alors que l'arbre le plus robuste doit faire un compromis avec le vent, les cerfs-volants en utilisent la force pour aller plus haut. Les pilotes des premiers avions supersoniques découvrirent que lorsqu'un avion passait le mur du son, les commandes s'inversaient et que tout devait être fait à l'envers. Utiliser une force gigantesque contre une opposition peut avoir l'effet inverse ; le Viêt-Nam en est un exemple concret.

NÉGOCIATION INDIVIDUELLE OU EN ÉQUIPE

L'ampleur de la préparation ainsi que le nombre et la nature des gens qui peuvent ou ne peuvent pas constituer l'équipe de négociation dépend de l'importance de la négociation, de sa difficulté et du temps disponible. Dans la plupart des cas, une négociation se mènera en équipe car le négociateur isolé aura besoin d'aide. Qu'il faille un seul négociateur ou plusieurs dépend d'un facteur important : quelles sont les compétences ou les fonctions nécessaires pour la négociation à venir ? Si vous optez pour l'équipe, il faut que ses membres soient capables de mener à bien plans et objectifs. Expliquez-leur clairement cette affirmation de Ralph Waldo Emerson : « Aucun membre d'un équipage ne peut être apprécié pour la force de son coup de rame s'il est donné à contretemps. »

Une équipe est aussi justifié dans les cas où le nombre est indispensable pour produire un effet politique. Si par exemple, la direction présente une équipe d'une vingtaine de membres pour produire un effet psychologique, le syndicat peut avoir besoin de son côté d'une vingtaine de personnes ou plus. Il existe au moins deux écoles de pensée sur la présence de membres dépourvus de fonction au sein d'une équipe de négociation pour des raisons autres que la volonté de produire un effet politique. L'une des écoles explique que cela comporte des difficultés dont l'adversaire peut tirer avantage. La partie adverse peut arriver à créer un désaccord entre des membres tout simplement en donnant à chaque membre de l'équipe une occasion de donner son avis sur les points de discussion au fur et à mesure qu'ils sont abordés. Si l'un des membres de l'équipe ne peut être d'aucune aide, il est étonnant de voir à quel point il perturbe l'ensemble de la négociation en essayant de se rendre utile. L'autre approche assure que lorsque votre adversaire présente une équipe importante, vous devez rétablir l'équilibre des forces à l'unité près. Néanmoins, si un membre de l'équipe de négociation n'a pas de fonction, il existe une forte probabilité pour qu'il prenne la parole à mauvais escient et qu'il occupe le terrain uniquement pour assouvir ses propres besoins émotionnels. Il peut donc être dangereux d'avoir au sein de son équipe un membre non-fonctionnel. Créez donc une fonction pour chacun des membres de votre équipe. Une telle fonction peut être semblable à celle du marquage individuel dans une équipe de basket. Que chaque membre de votre équipe observe et écoute attentivement puis fasse le compte-rendu de l'attitude de celui qu'il marque chez l'adversaire. Il devra rendre compte de ses communications non-verbales, de ses faiblesses et de ses forces relatives par rapport aux autres membres de l'équipe et de son éventuelle vulnérabilité aux suggestions. De cette manière, chacun deviendra un membre fonctionnel.

Les avantages du négociateur unique peuvent être : 1) éviter que l'adversaire n'adresse ses questions au membre le plus faible de l'équipe ou ne crée des désaccords parmi les membres de l'équipe, 2) placer l'entière responsabilité sur un seul homme, 3) éviter l'affaiblissement des prises de position du fait des divergences d'opinion entre les membres de l'équipe, 4) prendre des décisions sur le champ et faire ou obtenir les concessions nécessaires. D'autre part, une équipe peut être préférée car 1) elle peut utiliser un nombre de personnes possédant des assises techniques différentes, pouvant ainsi rétablir la réalité des faits. 2) elle permet un échange d'idées et l'établissement d'une stratégie concertée, 3) elle présente à l'adversaire une opposition plus forte. Un chef d'équipe compétent peut utiliser les membres de son équipe comme autant d'excuses pour obtenir des concessions ou pour ne pas en faire : c'est la tactique « du bon et du méchant » ou l'approche consistant à dire « Il faut que j'en parle avec mes collègues ».

Le choix entre un négociateur individuel ou une équipe doit être posé systématiquement à chaque négociation. L'environnement, les conditions, les méthodes de négociation — tous ces facteurs doivent guider cette décision. Ils doivent également être utilisés pour déterminer qui sera le chef. Dans tous les cas, le négociateur individuel ou l'équipe doivent être assurés de l'appui total et doivent recevoir le soutien inconditionnel de l'organisme pour lequel ils travaillent. La responsabilité directoriale pour une négociation à venir, qu'elle soit menée par une équipe ou par un individu seul, comprend une aide dans la définition des objectifs et l'obtention d'information sur ces objectifs, ainsi que toute l'assistance à laquelle les négociateurs peuvent prétendre. La direction doit constamment motiver leur prestation et apporter des suggestions pour apporter des corrections à l'action entreprise. Cela ne signifie pas que la direction doive chapeauter le négociateur ou le groupe de négociateurs. Bien au contraire, elle doit mettre en place une structure permettant un feedback. L'ensemble d'une négociation peut être menée sans qu'une autorité supérieure soit consultée, mais le fait de savoir que la dite autorité est présente, responsable et prête, si besoin, à fournir toute l'assistance nécessaire, peut donner au négociateur une confiance considérable dans la conduite de son travail.

Le chef de négociation doit être capable d'utiliser au maximum les compétences de chaque membre. Il doit avoir une information suffisamment précise pour suppléer à quiconque, même au spécialiste et doit savoir dans quel cas il doit faire appel à un spécialiste. Il doit diriger les recherches et les hommes. Les cas où une négociation d'équipe peut être utilisée avec efficacité sont ceux qui font penser à l'utilisation d'une équipe de football américain offensive ou défensive. L'équipe peut être composée de groupes de spécialistes et chaque spécialiste peut négocier dans le domaine qui relève de sa compétence ; puis, le team suivant entrera en action. Par exemple, la première équipe pourrait négocier les prix et la seconde la politique à mener. Avant d'entrer en négociation, il est essentiel que la compréhension entre les membres de l'équipe aille au-delà du simple dit, et qu'ils se soient mis d'accord sur des signes conventionnels : quand s'arrêter de parler, quand ne pas aborder un sujet particulier, quand un membre de l'équipe en dit trop, un observateur de l'équipe étant bien mieux placé pour sentir ce genre de situation que la personne qui est effectivement en train de parler. Un simple signe de l'observateur offrant une sucrerie ou un chewing-gum peut signifier qu'il faut s'arrêter de parler.

LITIGES ET POSITIONS

Toute information sur laquelle existe un désaccord peut être considérée comme un litige. Les litiges sont les points sur lesquels l'une des parties adopte une position affirmative et l'autre une position négative. Les litiges devraient être pragmatiques, car il est difficile de porter un jugement précis sur les litiges irréalistes. Au lieu d'en discuter, les gens ont une tendance à porter des accusations qui, à leur tour, deviennent des litiges. Mais les accusations sont des jugements de la situation, et un jugement — par exemple, le prix proposé par le vendeur est trop élevé — peut être ou ne pas être erroné et il est assez délicat de trancher. Des litiges plus réalistes peuvent être dégagés en scindant le prix global en composantes du prix, puis en déterminant si certains de ces éléments peuvent être analysés et réduits lorsqu'apparaît une anomalie.

Les questions fondées sur les réactions émotionnelles sont également irréalistes et ne devraient être utilisées qu'en raison de l'effet émotionnel qu'elles peuvent produire — ainsi : « Vous ne vous sentez pas gêné de demander une somme pareille ? » Une telle question ne doit pas être considérée comme un litige à partir duquel les décisions risquent d'être prises.

Il est important de se souvenir que nous devons essayer de négocier les problèmes plutôt que nos propres exigences. Nos exigences ne sont que des approches unilatérales à la résolution des problèmes. Il peut exister d'autres solutions. Si les problèmes sont discutés, nous nous apercevons vite que nos exigences ne sont pas les seules solutions aux problèmes. Au cours de la négociation, nous pouvons aussi avoir envie de changer de position. Voici quelques justifications de changements de position : l'intervention d'un médiateur, un changement dans la position adverse, une mauvaise interprétation intentionnelle de la position adverse considérée comme un changement ou un changement dans les faits.

Lorsque l'adversaire prend un engagement ou disons, place une limite, une façon de réagir serait de l'ignorer ou de ne pas comprendre. Une autre façon pourrait être de changer de conversation ou de faire une plaisanterie pour éluder la question en en déplaçant le registre. L'humour peut avoir une fonction vitale en négociation. Au cours d'une négociation, après que syndicats et direction en soient arrivés à un protocole d'accord acceptable, le problème des responsables syndicaux était de le faire accepter par la base. En quittant la salle de négociation, l'un des syndicalistes affirma qu'il allait faire accepter l'accord sinon il se jetterait par la fenêtre. Le lendemain, lorsqu'il réapparut à la table de négociation, il avait des bandages autour de la tête et d'un bras, le tout recouvert de sauce tomate. Il est inutile de dire que tout le monde avait compris le message. S'il n'était pas rentré dans la salle de cette manière humoristique, il est probable que la négociation aurait pu se terminer par une grève mais en l'occurrence, l'ensemble des participants éclata de rire, la négociation reprit, des concessions furent faites et un accord fut signé.

En fait, vos positions devraient être à la fois dissimulées et divulguées et c'est l'un des fondements de la négociation qu'au fur et à mesure de son déroulement, des concessions mutuelles soient faites. Un facteur de motivation pour entraîner de telles réactions est de citer en exemple principes et précédents sur lesquels la partie adverse peut se pencher.

Chaque position est la somme de tous les litiges en jeu. Certaines négociations comprennent de nombreux litiges ; certains sont plus importants que d'autres. En résolvant les litiges majeurs, certains des litiges mineurs semblent disparaître ou se résoudre. Au fur et à mesure que de nouveaux faits sont mis en avant, la position adoptée sur un litige précis peut se modifier et par là-même, altérer la position d'ensemble. Un négociateur habile doit être au fait de cet enchaînement particulier d'événements : prétentions → faits → litiges → positions → décisions. Si vous souhaitez changer les décisions de votre adversaire, essayez d'abord de modifier ses prétentions. Ce point sera abordé plus en détails au chapitre 5 consacré aux prétentions.

LE LIEU DE RÉUNION

La réunion doit-elle avoir lieu dans votre bureau, sur votre territoire ou sur celui de votre adversaire ? Voici les avantages de chacun d'eux. Toute nouvelle négociation nécessite d'être envisagée dans un état d'esprit nouveau. Si la réunion se tient dans vos locaux, en voici les nombreux avantages : 1) cela vous permet d'obtenir l'approbation qui pourrait être nécessaire sur des problèmes que vous n'avez pas anticipés, 2) cela évite à la partie adverse de conclure la négociation prématurément et de partir, ce qu'elle ferait si elle était dans ses propres locaux, 3) vous pouvez vous occuper d'autres problèmes et avoir à votre disposition tous les éléments nécessaires à la négociation, 4) cela vous donne l'avantage psychologique de voir l'autre venir à vous, et 5) cela vous économise de l'argent et du temps.

Se rendre chez votre adversaire présente aussi des avantages : 1) vous pouvez vous consacrer totalement à la négociation sans être pris par les interruptions et les distractions qui peuvent résulter de votre présence dans votre bureau, 2) vous pouvez conserver certaines informations en prétextant qu'elles ne sont pas immédiatement disponibles, 3) vous pouvez avoir la possibilité de passer outre votre adversaire en demandant d'être reçu par son supérieur, et 4) les efforts de préparation sont à la charge de l'adversaire, et il n'est pas totalement libéré de ses autres obligations.

Si ni l'une ni l'autre de ces solutions ne vous paraît satisfaisante, vous pouvez rencontrer votre adversaire sur un terrain neutre.

LA RÉUNION : PRÉPARATION ET OUVERTURE

Votre considération pour l'adversaire est mise en évidence par ce qui se produit après une première invitation à se rendre sur votre propre territoire. L'avez-vous aidé à préparer son voyage ? Avez-vous fait des réservations pour lui ? Le climat est ainsi établi avant même l'ouverture de la réunion. Lors de l'ouverture de la réunion, avez-vous effectué les arrangements adéquats dans la salle de réunion. L'environnement est-il propice à une bonne atmosphère ? L'importance de la réunion devrait être mise en évidence par la disposition matérielle de la salle. Il faut prévoir une plage horaire de travail importante et éviter toute distraction.

L'agencement matériel de la pièce, tels l'éclairage, la couleur et les sièges, a un effet non-négligeable sur la négociation. Certaines personnes considèrent encore que le siège du président est celui du père. Ils écouteront plus intensément ce qu'une personne dira si elle occupe cette place. Je fus une fois invité à une négociation syndicat-patronat, en tant que représentant de la direction. Après que j'ai été présenté, les représentants syndicaux me demandèrent de m'asseoir face à eux. Lorsque je m'assis de « leur » côté, l'équipe syndicale me regarda avec étonnement. Petit à petit, au cours de la réunion les syndicalistes se mirent à oublier que je représentais la direction et écoutèrent mes suggestions aussi attentivement que s'il s'était agi d'un membre de leur équipe. L'attention qu'ils me portèrent fut déterminante et apporta à la négociation une conclusion satisfaisante.

La salle de conférence doit comporter un certain nombre d'agencements : un téléphone permettant les communications extérieures ; une climatisation ; un système d'aération de la fumée ; des sièges pas trop moelleux pour éviter la somnolence et suffisamment confortables pour éviter aux participants de quitter la table de négociation prématurément ; un agencement approprié permettant à chacun d'exposer son point de vue ; et des rafraîchissements. Parfois, il est indispensable de disposer d'une salle supplémentaire pour les consultations privées.

Précaution : lorsque vous vous rendez sur le territoire de votre adversaire, et que vous descendez à l'hôtel, ne sous-estimez pas l'habileté de votre adversaire à découvrir pour combien de jours vous avez réservé votre chambre, à seule fin de connaître le temps que vous estimez devoir consacrer à la négociation.

Autres considérations sur les objectifs de la négociation : a) où et comment commencer (ordre du jour) ; b) litiges majeurs et mineurs ; c) révéler vos positions maximales et minimales ; d) la position maximale de votre adversaire ; e) comportement et objectifs. La reconnaissance des forces relatives de chacune des parties exerce une grande influence sur vos espérances ainsi que sur l'établissement de vos objectifs. Vos objectifs de négociation doivent être fondés sur l'intégration du plus grand nombre de caractéristiques, et doivent être adaptés à la spécificité de la situation et à la nature de l'opération. Que votre seule force ne soit pas une simple opposition.

ORDRE DU JOUR DE LA NÉGOCIATION

L'ordre du jour peut-il être présenté par l'un des participants ou préparé en collaboration ou encore chaque partie peut-elle proposer son propre ordre du jour ? Quelle que soit la solution adoptée, elle doit comprendre deux volets : un ordre du jour général présenté à la partie adverse et un autre détaillé que chacun rédige pour son utilisation personnelle. Dans le cas d'une confrontation étudiants-administration, il se peut que l'ordre du jour ne comporte que des demandes non-négociables. En situation conflictuelle grave, l'ordre du jour est souvent constitué de points que ni l'une ni l'autre des parties n'ont l'intention de discuter.

Le fait que l'adversaire accepte votre ordre du jour présente certains avantages. La partie adverse peut se trouver ainsi sur la défensive. Votre ordre du jour est établie selon votre propre formulation. En conséquence, il contient vos prétentions. Vous devez néanmoins garder à l'esprit que votre ordre du jour révèle par avance vos positions et qu'il peut permettre à votre adversaire de se préparer à répondre aux points que vous souhaitez aborder. Cela vous place également dans la position de n'être pas en mesure d'entendre le discours de l'adversaire avant que de faire vos propositions. Ceci est également un désavantage dans la mesure où l'on est obligé d'établir l'ordre des procédures, ou l'ordre du jour, avant même de savoir où en est réellement votre adversaire. Cela dit, l'ordre du jour peut très bien être considéré comme l'une des tactiques utilisées en manière de négociation.

Faites en sorte que votre ordre du jour ne soit pas établi de manière arbitraire et incontrôlé. De nombreuses négociations ont été limitées par un ordre du jour prenant pour base un formulaire, un contrat, un bail, un protocole, ou tout simplement une liste chronologique de litiges. Ceci doit être évité. L'attention doit être portée sur les divers litiges à discuter à seule fin qu'une stratégie puisse être développée. Les litiges les plus importants seront, par exemple, traités d'abord, ce qui évitera de perdre du temps sur les litiges mineurs. Dans d'autres cas, on choisira de commencer par les litiges mineurs afin de débuter la négociation en faisant quelques concessions. On espère ainsi que quand les litiges d'importance viendront à être traités, on obtiendra des concessions en retour. Bien entendu, le fait que vous ayez fait des concessions peut être considéré par votre adversaire comme un précédent et il pourrait s'attendre à ce que vous en fassiez d'autres. Cela dit, les litiges mineurs sont parfois plus faciles à traiter et leur résolution crée une atmosphère de bonne volonté. Si vous commencez par dévoiler vos points de litige majeurs, l'autre partie peut tenter d'en suspendre temporairement la discussion et ainsi perturber le déroulement de la réunion. Elle abordera alors les litiges mineurs pour reconsidérer son mode d'action ou d'introduire des facteurs contrebalançant vos points de litige majeurs.

D'autres organisent leurs réunions différemment. Plutôt que d'établir une classification sur des critères de litiges majeurs ou mineurs, ils établissent une série de conditions sur lesquelles ils supposent qu'un accord est possible. Une fois ces questions réglées, ils demandent des concessions sur les points de litige sur lesquels ils recherchent un accord. D'autres encore divisent les litiges entre ceux présentant des aspects pécuniaires et ceux qui n'en présentent pas et tentent de résoudre d'abord les seconds. Rappelez-vous la maxime «Un mauvais plan est un plan qui ne bouge pas. »

OUVERTURE DE LA RÉUNION

Il n'existe pas de règle stricte concernant l'ouverture ou la conduite d'une négociation, mais plusieurs approches peuvent être suggérées. Certains négociateurs expérimentés conseillent d'entamer les débats par la discussion d'un sujet n'ayant aucun rapport avec la négociation. D'autres pensent qu'une histoire drôle peut détendre l'atmosphère. D'autres encore proposent que des remarques préliminaires soient faites sur les principes de la négociation : la nécessité pour chacune des parties de « gagner quelque chose », ce que pourrait être votre attitude objective, et comment vous percevrez et évaluerez alternatives et suggestions.

Vous pouvez également mettre en avant les avantages que représente pour l'adversaire le fait de négocier avec vous.

RÉVÉLER VOS POSITIONS

Quand doit-on révéler ses positions minimums ? Cela peut très bien dépendre de votre adversaire. Il est plus facile de traiter avec un négociateur expérimenté qu'avec quelqu'un qui ne l'est pas. Si vous exposez d'emblée votre position minimale à un négociateur inexpérimenté, il sera incapable de l'apprécier. À vous de l'éduquer de lui montrer les possibilités que cela peut offrir. Encore faut-il que cet interlocuteur inexpérimenté accepte de vous croire. On ne révèle pas sa position minimale trop tôt lorsqu'on a en face de soi un négociateur qui a besoin de se mettre en valeur aux yeux de ses supérieurs. Révéler trop rapidement sa position, peut être interprété par l'adversaire comme de l'impétuosité. Il est préférable de laisser l'adversaire croire qu'il a dû batailler très durement pour vous faire changer de position. Aucune équipe syndicale ou patronale ne prendrait le risque d'accepter immédiatement les offres de l'autre. Il existe de rares situations où vous pouvez avoir devant vous un adversaire impatient, intelligent, raisonnable, bien informé et expérimenté qui n'a de compte à rendre à personne. Il est possible dans ces circonstances de révéler votre position minimale dès le début de la négociation. Dans ce cas, n'hésitez pas à dévoiler vos objectifs de négociation même de manière indirecte. Si votre adversaire est un négociateur exceptionnel il fera en sorte de vous aider à réaliser vos besoins minimums dans la négociation tandis que de votre côté, vous ferez en sorte qu'il réalise les siens.

POSITION MAXIMUM DE L'ADVERSAIRE

Si votre adversaire a des exigences déraisonnables, vous avez intérêt à ne pas dévoiler votre position. À l'issue de son argumentation, il réalisera que ses conclusions sont en contradiction avec sa demande initiale. Il sera donc amené à faire marche arrière. Dans d'autres cas, il peut être souhaitable, si vous sentez que la position de votre adversaire est totalement déraisonnable, de faire des contre-propositions tout aussi déraisonnables qui serviront pour contrebalancer ses exigences. Faites savoir que ces contre-propositions seront sur la table tant que les exigences que vous trouvez arbitraires et déraisonnables y seront également. Par exemple : si le syndicat demande une semaine de travail de quatre jours, une contre-proposition pourrait être de supprimer le règlement de tous les jours chômés payés.

COMPORTEMENT ET OBJECTIFS

Avant de considérer les caractéristiques de votre adversaire, envisageons ceux de votre propre équipe de négociation. Le chef de votre équipe a-t-il une attitude telle que lorsque tout va bien il prend les décisions et que lorsque tout va mal, il cherche un appui ? Les membres de l'équipe, bien qu'ils appartiennent au même groupe d'intérêt, refusent-ils de travailler ensemble ? Considèrent-ils toute suggestion créative comme contraire à l'esprit d'équipe ? Rejettent-t-ils toute nouvelle idée à partir du moment où elle n'est pas de leur fait ? Sont-ils défaitistes ? Ces attitudes sont courantes dans les sociétés où existent des problèmes de communication. Quelle que soit la taille de la société que vous dirigez, il est conseillé de susciter un dialogue qui se concrétise par des réalisations. On dit parfois que dans une petite société, le dialogue n'existe pas, mais il y a des réalisations et que c'est le contraire dans les grandes entreprises.

Les négociations ne doivent pas reposer seulement sur l'efficience mais aussi sur deux éléments essentiels que sont l'interaction et la réaction aux gens et à leurs sentiments. Essayez de ne pas faire de distinction entre l'intellect et l'émotion. Imaginez-les comme un seul et même processus. Il se peut que les émotions ne soient qu'une forme de l'intellect mais à un niveau plus profond. De nombreux hommes d'affaires sont persuadés d'être totalement logiques dans leur comportement alors qu'en fait, c'est uniquement leur côté émotionnel ainsi que celui de leurs adversaires qui déterminent l'issue de la négociation. Il est préférable de ne pas envisager la logique de l'adversaire mais plutôt l'attitude créée par son intelligence et ses émotions. Un comportement destiné à susciter des réponses émotionnelles ne doit que très rarement être utilisé dans une négociation, car cela occasionne généralement la perte de celui qui l'a provoqué. Vous pouvez être déraisonnable, mais pas au point de faire éprouver à votre adversaire le sentiment qu'il est impossible de traiter avec vous.

Si votre adversaire insiste absolument pour aborder en premier un point de litige particulier, il est possible de l'en dissuader sans provoquer de réponse émotionnelle. Vous pouvez par exemple introduire dans la négociation de nouveaux éléments que votre adversaire aura envie d'aborder avant même de discuter de ce qu'il considère être le sujet primordial. Choisissez un point de litige d'intérêt vital pour lui, sur lequel vous pouvez faire des concessions sans grande importance, et que vous savez être primordial pour son patron, l'ensemble des syndicalistes ou la société pour laquelle il traite. Vous pouvez alors forcer l'adversaire à abandonner sa position déraisonnable ou ce dont il voulait à tout prix discuter en premier chef. Il s'agit là d'une manière élégante de détourner la conversation.

Dans nos relations avec les autres, au cours d'une négociation, nous devrions également encourager le respect. Une atmosphère respectueuse facilite la discussion et mène plus sûrement au succès de la négociation.

Alors qu'il enseignait à Hawaï, Gregory Bateson interrogea une jeune japonaise sur les différentes formes de politesse et de degré de respect en vigueur chez les Nippons. Pendant une heure, il nota toutes les façons par lesquelles une fille montrait du respect pour son père — lui tenir la porte, le servir, etc. Au bout d'un certain temps, la jeune fille s'interrompit et dit : « Mais nous n'avons aucun respect pour le père au Japon. » Bateson en fut interloqué. Il ne comprenait pas pourquoi tous ces rituels étaient pratiqués si le respect n'existait pas. Il interrogea donc la jeune Japonaise sur les raisons de la déférence qu'elle montrait au père. « Oh, » dit-elle, « nous nous entraînons pour le cas où nous devrions témoigner du respect à quelqu'un. »

Quelqu'un capable d'entretenir une relation soutenue avec les personnes-clefs possède de sérieux talents de négociateur. Il est très important d'apporter à la négociation toutes les ressources dont vous disposez.

ENTRAÎNEMENT À LONG TERME

L'entraînement à long terme pour la négociation exige de répéter des exercices dans divers domaines de compétence. Vous devez avoir la patience et la rigueur d'un scientifique dans ses recherches. Vous devez combiner l'attitude du scientifique avec la perspicacité d'un détective pour tout ce qui concerne votre adversaire. Vous devez pouvoir appliquer les enseignements de la psychologie pour prévoir ce que l'autre tentera de faire. Pour résoudre un problème, il est parfois nécessaire et/ou indispensable d'investir à long terme dans l'acquisition de certaines compétences, l'une des plus importantes étant l'art d'écouter.

Mon père apprit à écouter relativement tôt. Lorsqu'il avait quatorze ans, et qu'il croyait tout savoir, un vieil oncle le prit à part et lui dit : « Georges, si tu veux posséder les mêmes connaissances à vingt-et-un ans que celles que tu possèdes à quatorze, alors continue à parler plutôt que d'écouter, car si tu continues à parler, tu ne sauras pas plus de choses à vingt-et-un ans que tu n'en sais aujourd'hui. » La Rochefoucauld disait aussi : « L'une des raisons pour lesquelles nous trouvons si peu de personnes agréables et rationnelles en conversation est que presque tout le monde porte plus d'estime à ce qu'il avance plutôt qu'à la réponse qu'il peut faire à ce qui lui est dit. » L'art d'écouter et de se concentrer sur le dit autant que sur le non -dit peut être fondamental en négociation.

Après avoir terminé votre recherche, vous devez rester vigilant tout en étant prêt à modifier votre appréciation de la situation. Il est possible que vous ayez à reconsidérer certaines données et changer de tactique. Le simple fait que du temps ait passé entre deux conversations peut vous amener à modifier votre démarche. Il est donc nécessaire d'être en permanence à l'écoute d'éventuels nouveaux développements.

On dit que rien n'est perdu tant qu'on n'a pas abandonné. Prenons l'exemple suivant. En 1935, les « Décrets de Nuremberg » entrèrent en vigueur. En 1936, toutes les frontières de l'Allemagne étaient fermées aux Juifs. Pourtant, vers 1955, je rencontrai un promoteur qui était parvenu non seulement à quitter l'Allemagne vivant mais aussi à sauver les économies de toute une vie. Le temps n'avait pas émoussé la fierté qu'il avait à raconter son histoire. La candeur et le « culot », voilà ce qui lui avait valu de réussir.

Il était nécessaire pour lui d'échanger tous ses titres, même à perte, contre des actions de sociétés américaines. C'est la candeur qui l'a poussé à prendre contact avec un agent suisse qui, l'espérait-il, placerait aux États-Unis les actions au nom du nouvel acheteur juif. Il transféra donc sa fortune sur de simples engagements verbaux. Une fois l'opération terminée, il passa à la seconde étape. Après avoir appris par coeur les numéros de toutes les actions, il eut le « culot » d'y mettre le feu. N'ayant plus un sou, il fut autorisé à quitter l'Allemagne. Lorsqu'il arriva aux États-Unis, il se rendit aux Services des Titres des sociétés dont il avait acquis des actions, déclara la destruction de ses titres en en donnant les numéros et reçut peu après des duplicatas.

FAITES VOS DEVOIRS

Une phase importante de la préparation à court terme d'une négociation est la recherche. Elle doit être objective — non pas quant à la qualité des faits que vous rassemblez, mais quant à l'attitude que vous avez vis-à-vis de ces faits. Il existe au moins une raison importante de recueillir de l'information : cela vous permet d'avoir à votre disposition une variété d'éléments dont vous pourrez tirer partie si de nouveaux développements apparaissent au cours de la négociation.

Vous devez être en possession de toutes les informations possibles concernant les gens avec lesquels vous allez négocier. Lorsque le président Kennedy se prépara à aller à Vienne pour sa première rencontre avec Khrouchtchev, il étudia l'ensemble des discours et des interventions publiques de Khrouchtchev. Il étudia aussi tous les autres éléments disponibles afférant au Premier Secrétaire, y compris ce qu'il prenait au petit déjeuner et ses goûts musicaux. Il est peu probable qu'une recherche aussi minutieuse soit nécessaire dans la plupart des situations de négociation, mais, l'importance extrême de cette conférence exigeait des recherches méticuleuses pour tout ce qui concernait le protagoniste de Kennedy.

Notre époque est grande consommatrice d'importations. Cela suffit à expliquer tout l'intérêt que l'on porte aux U. S. A. à la création d'un centre national de données — une banque informatisée de dossiers regroupant toutes les statistiques existantes concernant nos concitoyens.

L'idée déplaît à nombre de personnes, et pourtant, le négociateur doit parfois faire taire son point de vue personnel sur la protection des personnes au profit des exigences du processus de négociation.

Pour exploiter l'information obtenue au cours de vos recherches, vous devez vous reposer sur votre expérience et vos connaissances générales. Il est essentiel d'examiner le passé de votre adversaire, de vous renseigner sur les transactions antérieures auxquelles il a participé, et de vous informer sur les affaires ou les marchés qu'il traite. De la même manière, renseignez-vous sur les échecs qu'il a connus. Ceux-ci vous en apprendront souvent autant, si ce n'est plus, que les succès. Si vous examinez soigneusement les raisons de l'échec d'une négociation, vous aurez une idée assez précise du système de pensée de votre adversaire, de ses méthodes d'action et de son approche psychologique. Tout ceci vous donnera des indices quant à ses besoins et vous préparera à négocier avec lui plus avantageusement. Considérez les propositions qu'il a faites, les contre-propositions qu'il a rejetées et pourquoi il les a rejetées, sa souplesse en négociation, et l'importance chez lui, du facteur émotionnel.

Les sources suivantes sont dignes d'intérêt :

Les plans budgétaires et financiers.
Les publications et rapports.
Les dossiers de presse.
Les documents éducatifs et de formation.
Les encarts publicitaires.
Les rapports des organismes d'État tels que le Bulletin et le Journal Officiel, le rapport de la Cour des Comptes, etc.
Les discours et les communications des responsables d'entreprise.
Les biographies d'entreprise.

Supposons que vous étudiez l'historique d'une transaction — achat ou vente d'une propriété — réalisée par votre adversaire. La valeur des droits de mutation vous donnera une approximation du prix de vente. Rappelez-vous cependant qu'il est arrivé que des sommes supérieures au prix réel aient été versées pour tenter de dissimuler la valeur réelle de la propriété. Ne vous contentez pas d'une seule source d'information. Il est possible de s'adresser à plusieurs organismes pour obtenir une estimation relativement juste du prix de vente. Essayez d'utiliser plus d'une source d'information pour vérifier les résultats de vos investigations.

En vous informant tout simplement sur une vente antérieure réalisée par votre adversaire, vous pourrez avoir une idée assez nette du type d'homme auquel vous aurez à faire. Vous saurez depuis combien de temps il possédait la propriété avant de s'en désaisir et de quel bénéfice il s'est satisfait. Tous ces éléments sont essentiels pour saisir la personnalité d'un adversaire. On n'en sait jamais assez sur une personne avec laquelle on s'apprête à négocier. Selon Francis Bacon, dans son essai *De la Négociation* :

> *Si vous traitez avec un homme, vous devez soit connaître sa nature et ses habitudes, et donc le dominer ; soit ses objectifs, et donc le persuader ; soit ses faiblesses et ses défauts, et donc le détester ; soit les gens qui lui portent intérêt, et donc le manipuler. Si vous êtes en présence d'individus habiles, vous devez deviner leurs buts pour interpréter leurs discours ; et il est judicieux de leur en dire peu, surtout sur ce qu'ils recherchent le moins. Dans toutes les négociations difficiles, un homme ne doit pas chercher à semer et récolter immédiatement ; au contraire, il doit préparer son affaire, et récolter par étapes.*

La demande faite par un avocat d'une expertise contradictoire ne doit pas être simplement décidée sur l'inspiration du moment. Elle doit être préparée efficacement. Dans l'état de New York pour les affaires d'accidents par négligence, il est fait obligation au plaignant de se soumettre à un examen pratiqué par un medecin choisi par la défense. Aucun avocat compétent ne laissera son client se rendre seul à l'examen. Une fois dans le cabinet médical, l'avocat aura l'occasion de consulter la bibliothèque du médecin. Il devra alors prendre note des livres qui se rapportent aux blessures de son client. Pendant la déposition du médecin, une série de questions préparées à l'avance seront posées par l'avocat du plaignant pour faire admettre au médecin qu'il existe certains ouvrages faisant autorité sur le sujet et que ces ouvrages sont en sa possession. Ayant pris la précaution de consulter ces ouvrages, l'avocat du plaignant sera alors en mesure de poser des questions pertinentes pour

établir si oui ou non le docteur est suffisamment qualifié pour
donner un diagnostique averti sur le sujet.

À l'examen de la bibliothèque de quelqu'un, vous pouvez
glaner des informations utiles qui s'ajouteront à votre stock
initial de renseignements sur lui : ses centres d'intérêt passés et
présents, ses violons d'Ingres, sa démarche intellectuelle, y
compris dans quelle mesure il est capable d'aller jusqu'au bout
d'un sujet donné.

Une autre méthode efficace de préparation à court terme
consiste à compulser les jugements prononcés contre votre futur
adversaire. (Les compte-rendus de ces jugements sont disponibles
auprès des tribunaux.) De surcroît, vous pouvez trouver les
minutes des procès dans lesquels votre adversaire fut impliqué.
Enfin, vous pouvez également contacter les gens avec qui il eut
des affaires pénales. Ils sont susceptibles de vous fournir une
quantité étonnante d'informations utiles. Ces mêmes méthodes
d'approche peuvent être utilisées non seulement pour vous
renseigner sur la partie adverse mais aussi pour en savoir plus
sur quelqu'un qui vous demande de participer à la négociation
de son côté.

On peut obtenir pratiquement 90 p. cent des informations qui
paraissent inaccessibles, par la simple approche directe. Essayez
d'obtenir des informations par téléphone. Si vous tentez de
retrouver une personne, l'une des méthodes les plus simples est
d'appeler tous ceux qui dans l'annuaire ont le même nom de
famille et de dire que vous recherchez le légataire d'un testament.
Avec de tels arguments, il est rare que vous n'obteniez pas la
totale coopération de vos correspondants.

Une femme voulait savoir si son mari, ex-soldat, et récemment
de retour de la Deuxième Guerre mondiale utilisait sa boîte.
postale pour recevoir des lettres d'amour de sa petite amie qui
vivait en Angleterre. Lorsqu'elle fut informée par son détective ·
privé qu'au cours des semaines précédentes, son mari n'avait
pas reçu de lettres de sa petite amie, l'épouse fut satisfaite. Elle
insista cependant pour savoir comment le détective avait obtenu
ces informations. De mauvaise grâce, il révéla sa méthode. Il
s'était contenté de faire téléphoner à la poste tous les jours par
quelqu'un qui expliquait qu'il était le titulaire de telle boîte
postale et demandait à l'employé de vérifier si une lettre très

importante en provenance d'Angleterre n'était pas arrivée. La réponse de l'employé avait constament été négative.

En argot américain, « to have his number » (connaître son numéro) signifie connaître la face cachée de sa personnalité : passé, comportement, réactions, etc. C'est exactement ce que vous allez essayez de faire pour préparer une négociation. Vous allez tentez tenter de tout savoir sur votre adversaire, de connaître son numéro. Notre époque est bien celle des « numéros ». Nous sommes accablés de numéros, du premier au dernier jour de notre vie. Numéro matricule de Sécurité Sociale, numéro de mutuelle, numéro de carte de crédit, numéro de compte bancaire, numero de compte de titres, numéro de passeport, numéro de téléphone, etc. Dans les sociétés modernes les gens reçoivent plus de numéros qu'ils ne peuvent en manipuler.

Et puisque nous sommes tous des numéros, il est assez facile d'obtenir des renseignements sur n'importe quel individu donné. De grosses sociétés peuvent se renseigner un client potentiel à peu de frais. Cette simple enquête révèle une somme importante d'informations sur la personne avec laquelle vous allez négocier. Ce type de recherche offre de gros avantages et on peut parfois ainsi économiser du temps et donc de l'argent.

Au cours de vos recherches, consultez, et plutôt deux fois qu'une, les règles du jeu. Comment prétendre essayer de comprendre une situation donnée sans en connaître les règles qui s'y appliquent ? Combien de personnes lisent la notice qui accompagne l'appareil qu'elles achètent ou même celle des médicaments qu'elles consomment ? On raconte l'histoire d'un fabricant de jouets dont le manuel d'assemblage commence ainsi : « Quand tout a échoué, suivez les instructions. » Il n'est pas étonnant que les gens qui participent à une vente aux enchères ou à une vente devant notaire, n'aient pas consulté les règles. L'apprentissage de ces règles se fait souvent par des expériences — généralement mauvaises — .

Vous pensez peut-être connaître les règles qui régissent votre problème immédiat, et donc être persuadé qu'un nouvel examen est inutile. Alors faites ce simple test. Masquez le cadran de votre montre avec la main et réfléchissez. Les nombres sont-ils arabes ou romains ? Et combien y en a-t-il ? Découvrez le cadran et vérifiez. Essayez ce test avec un ami. Au fur et à mesure que nous avançons dans la vie, nous regardons les aiguilles de la montre et portons notre attention sur leur position relative, faisant abstraction du cadran lui-même. Il en va de même avec les règles. Lorsque nous les envisageons, c'est uniquement en référence à une situation donnée. Il est par conséquent nécessaire de reconsidérer les règles à chaque nouveau problème.

Une illustration exceptionnelle de ce besoin de réexaminer les règles du jeu me fut donnée par un associé qui m'invita à assister à la vente aux enchères d'une usine d'aviation qui appartenait à l'État. L'affaire devait se conclure sur la meilleure offre. Fred, mon associé, et moi-même avions discuté de la valeur de la propriété et étions arrivés à la somme de 375 000 dollars pour le bâtiment et ses équipements. Plus d'une centaine de personnes étaient sur place lorsque nous arrivâmes ; mais Fred, jetant un coup d'œil au-dessus de la foule, me désigna — par intuition — un groupe de trois personnes et annonça : « Voici nos concurrents. » Il avait raison. Les vrais enchérisseurs ont quelque chose de différent. Lorsque les enchères s'ouvrirent, nous entamèrent à 100 000 dollars et ils contrèrent à 125 000 dollars. Lorsqu'ils arrivèrent à 225 000 dollars, Fred garda le silence. Je ne comprenais pas bien ; en effet notre offre limite avait été fixée à 375 000 dollars. Une fois dehors, Fred m'expliqua qu'il avait lu sur la circulaire des conditions de vente que l'État se réservait le droit de refuser la vente si la dernière enchère ne lui semblait pas suffisante. Puisque nous représentions la seconde meilleure enchère, le commissaire priseur prendrait donc contact avec nous, nous signifierait que l'offre à 225 000 dollars avait été rejetée et nous demanderait si nous souhaitions faire une nouvelle offre. Nous pourrions alors proposer une offre supérieure et par la même occasion demander au gouvernement certaines concessions, telles qu'une partie du prix sous forme d'hypothèque. Une semaine plus tard, tout se déroula selon le scénario prévu par Fred.

La recherche fournit donc des informations qui permettent d'élaborer une stratégie de négociation. Une telle préparation devrait apporter une réponse aux questions suivantes :

1. Si vous avez une tactique fondée sur le bluff, quels en sont les risques ? Et y a-t-il des chances pour que cela puisse remettre en cause la négociation ?

2. Connaissez-vous toutes les parties intéressées à la négociation ?

3. Y a-t-il une limite de temps imposée ?

4. Qui aurait intérêt à maintenir le statu quo et qui aurait intérêt à le modifier ?

5. Quel serait le coût d'un pat ?

6. Quel est le mode de communication entre les négociateurs ?

7. Plusieurs points peuvent-ils être introduits simultanément dans la négociation ?

N'hésitez pas à vous poser des questions de ce type, vous y gagnerez une vision nouvelle quant à la stratégie de la négociation à mener.

LES NOUVELLES MÉTHODES

D'autres méthodes sont venues récemment s'ajouter. Ces nouvelles méthodes utilisent les techniques du *psychodrame* et du *sociodrame*, du *brainstorming* et de la *conférence*. De prime abord, de telles techniques peuvent paraître fort éloignées de tout ce qui a trait à la négociation. Elles ont été mises au point par des psychologues ou des publicitaires. Elles ont pour but de fournir des réponses à des problèmes, et vont donc nous être utiles à la préparation de la négociation. Vous avez envie de savoir ce que l'autre pense, quelles seront ses réponses à votre discours et à vos actes — en d'autres termes, quel sera son système de pensée. L'utilisation de l'approche de groupe, est une méthode très efficace pour répondre à ces questions. La thérapie de groupe et les méthodes de groupe doivent leur efficacité à leur pouvoir de suggestion, ainsi qu'à l'apport et la création d'un feedback. Pour résoudre un problème, il a été établi que le jugement du groupe fournit des résultats supérieurs au jugement individuel. Les publicitaires ont été les premiers à le reconnaître.

La méthode du *brainstorming* a largement supplanté la conférence traditionnelle dans certaines situations, telles que la recherche d'un nom pour un produit ou la rédaction d'un slogan pour une campagne. La méthode en est simple. Supposons qu'un problème survienne, ou qu'il faille choisir le nom d'un nouveau produit. La méthode habituelle consiste à réunir une conférence avec les responsables qualifiés pour obtenir leur opinion ; ceci est suivi d'une prise de décision. Au cours d'un *brainstorming*, un groupe de personnes est réuni en présence d'un rapporteur. Le problème est présenté de manière concise et claire. Dès cet instant, discussions et réflexions à haute voix sont encouragées. Chaque participant exprime tout ce qui lui vient à l'esprit. Aucune tentative n'est faite pour corriger ou évaluer ce qui est avancé, mais le rapporteur prend note de tout ce qui se dit, aussi étrange ou éloigné du sujet que cela puisse paraître. L'ensemble du rapport est alors transmis aux responsables pour prise de décision.

Quelle théorie sous-tend ce type de réunion de groupe et pourquoi produit-elle des résultats ? On suppose qu'au sein d'un groupe, l'activité mentale est contagieuse. Les idées gagnent en force parce qu'elles sont échangées plusieurs fois. L'aspect informel de la discussion et le fort stimulus de la pensée de groupe donne un sentiment de confiance et fait tomber les inhibitions. Sous l'influence de la discussion de groupe, la pensée de l'individu est accélérée et les nombreuses idées neuves et originales jaillissant sont bien supérieures à celles produites au cours d'une conférence traditionnelle.

La psychothérapie, qui commença avec Freud, a été sujette à de nombreux raffinements depuis sa création, et ces dernières années, J. L. Moreno lui a apporté des améliorations significatives quant à ses applications. Moreno utilise des groupes d'individus qui jouent ensemble une sorte de pièce improvisée dans le but de résoudre des problèmes personnels. Il appelle cela un *psychodrame*. Les psychiatres utilisent le psychodrame pour ramener en surface des sentiments, des attitudes, des frustrations et des émotions cachées. Par essence, l'individu joue différents rôles dans le groupe.

Cette technique peut offrir des avantages dans la préparation d'une négociation, car elle permet de jouer le déroulement de toute la négociation avant même qu'elle n'ait eu lieu. Selon les moments, vous pouvez tenir votre rôle, ou celui d'un de vos conseillers. Si vous en faites le choix, vous pouvez également assumer celui de la partie adverse ou de son conseiller. Bien entendu, quand les circonstances l'exigent, il peut être souhaitable de tenir tous les rôles. Cela vous aide à savoir ce qui se présentera à vous au cours de la future négociation et ce, de manière beaucoup plus vivante qu'une simple discussion. Cette méthode qui consiste à définir un rôle et le jouer avec un groupe d'acteurs, vous donne l'occasion de faire des essais sans courir le risque d'un échec. Cela vous permet également de mettre en lumière certains éléments d'importance que vous pouvez avoir sous-estimés ou ignorés. Quant à vos associés, cela les autorise à participer plus totalement et plus librement d'un côté ou de l'autre. Plus encore, cela peut donner l'occasion d'apporter des corrections à votre préparation puisque vous vous mettez à la place de l'autre. (La police utilise une technique de jeu de rôle lors des reconstitutions pour savoir comment le crime a pu être commis.) Au début de l'exercice de ma profession d'avocat, j'eus la chance de travailler dans le cabinet de Lloyd Paul Stryker, l'un des avocats les plus brillants du barreau. Dans son livre, *The Art of Advocatory*, Stryker, disserte sur la préparation d'un procès : « Je tiens souvent le rôle du témoin et je demande à l'un de mes associés de m'interroger et si possible de me pousser dans mes derniers retranchements. Il s'agit là d'un excellent exercice, au détours duquel je m'aperçois que je n'aboutis pas vraiment aux résultats escomptés. Mes échecs et les raisons qui les ont entraînés sont alors discutés ; nous échangeons nos rôles, mes associés et moi, et c'est à mon tour de mener alors l'interrogatoire. À partir de là, de nouvelles idées sont développées tandis que le client regarde et écoute. »

Avant de canoniser un saint, l'Église Catholique Romaine nomme traditionnellement un « avocat du diable », à qui l'on donne par avance tous les arguments *négatifs* et toutes les raisons pour lesquelles la personne ne devrait *pas* être canonisée.

Pour passer à un domaine totalement différent, au cours d'une saison de football américain, les entraîneurs désignent d'une semaine à l'autre des substituts pour tenir le rôle du joueur vedette de l'équipe à affronter.

Il existe une différence considérable entre les réunions où l'on tient un « rôle » et les conférences traditionnelles. Dans le cas du *brainstorming*, un groupe d'individus possédant des connaissances, une expérience et des attitudes spécifiques sont réunis. Leur participation libre et libre de toute d'inhibition est utile à la résolution d'un problème par un jugement de groupe. Les participants à une conférence, par contre, ne sont pas nécessairement sélectionnés pour leur connaissance ou leur expérience particulière. Une conférence sera plutôt tenue pour discuter d'un problème et rassembler des faits précis. La façon dont la séance est conduite — ce qui dans le cas des psychodrames n'a qu'une importance relative — joue là un rôle déterminant pour l'issue de la réunion. Une conférence est faite pour communiquer, et la communication peut être dirigée dans trois directions : vers le haut, pour résoudre les problèmes ; vers le bas, pour informer ; et horizontalement, pour coordonner ou coopérer. De nombreux éléments très intéressants peuvent « sortir » d'une conférence à condition qu'une communication ouverte et un flux libre d'informations y soient autorisés. Certains problèmes sont mieux résolus par l'utilisation de la technique du psychodrame, tandis que d'autres sont traités plus efficacement au cours d'une conférence — bien que nous adhérions à ce que Tavares Desa, sous-secrétaire à l'information voulait dire lorsqu'il affirmait : « Si vous souhaitez que quelque chose soit fait, confiez-le à un homme seul ; sinon, confiez-le à un comité. »

Les psychodrames permettent de pratiquer des auto-analyses. Une étude de vos propres motivations et de votre propre système de pensée peut vous donner des indications sur le point de vue qu'adoptera votre adversaire. C'est une excellente occasion de vous demander précisément ce que vous espérez de la négociation à venir. Une telle analyse vous permettra de clarifier votre pensée et d'arriver à des solutions acceptables aux problèmes à négocier. Vous pourrez également imaginer les compromis susceptibles d'être acceptés. Les réponses ne seront pas formulées en termes absolus ; elles concerneront plutôt le degré de probabilité de la solution.

CHAPITRE 4 : APPLICATIONS

1. Imaginez ensuite que le même type d'arguments vous soient opposés. Pourrez-vous faire face à cette attaque et de quelle manière ?

2. Etant donné qu'il n'existe pas d'absolu dans les méthodes particulières de préparation, imaginez comment vous conduiriez une négociation au cours de laquelle chaque membre de l'équipe pourrait être sollicité pour parler de son propre domaine sans être supervisé par le chef de l'équipe. Sachant qu'il n'existe pas de règle absolue pour se préparer à une négociation, imaginez-vous dans la situation où chaque membre de l'équipe adversaire exprime son point de vue en dehors de toute statégie concertée.

5

PRÉSUPPOSÉS

Dès notre naissance, nous présupposons. Ce qui est brûlant est douloureux ; les bras de maman sont chauds et câlins. Et en grandissant, nous continuons à acquérir une somme de présupposés qui atteint des proportions énormes. Nous ne pourrions vivre sans présupposer. Lorsque nous payons avec notre argent dans une boutique, nous nous attendons à recevoir notre marchandise et à ce qu'on nous rende la monnaie. Quand nous nous abonnons à une revue, nous nous attendons à la recevoir tous les mois. Lorsque nous prenons un billet d'avion pour New York, nous nous attendons à atterrir à l'aéroport kennedy. Si nous devions nous poser des questions et raisonner sur tout, rien ne se ferait.

Mais périodiquement, il nous est nécessaire de réexaminer notre super-cargaison de présupposés. Certains sont faux et doivent être abandonnés. D'autres nécessitent modification. D'autres encore demeurent valables.

Les présupposés sont une des parties vitales de la négociation. En entrant en négociation, un individu est sérieusement handicapé à moins qu'il ne reconsidère ses propres présupposés sur l'adversaire — et ne prévoit ceux de la partie adverse.

UNE SOURCE D'INCOMPRÉHENSIONS

Arthur T. Vanderbilt conseillait aux avocats de s'adresser aux jurés en gardant présent à l'esprit « l'environnement intellectuel » de leur affaire et en n'étant pas sourds au « présupposés de l'époque » dans laquelle ils vivent et parlent, car ils ne s'adressent pas dans le vide à un auditoire dépourvu d'idées préconçues. Il est impossible d'oublier ou d'ignorer l'opinion publique — une opinion qui est construite à partir de principes admis — bien que l'on sache souvent qu'il ne s'agisse en fait que d'une forme rationnalisée des préjugés d'une époque.

Albert V. Dicey, dans son ouvrage *The Relation Between Law and Public Opinion in England During the 19th Century* (publié en 1905), écrit : « Par-dessus tout, l'ensemble des croyances peut se ramener à certains présupposés, vrais ou faux d'ailleurs, et qui, à un moment donné, sont admis comme vrais par l'ensemble du monde et ce, avec une telle confiance qu'ils semblent à peine porter le nom de présupposés. »

Peu de gens se rendent compte qu'une part importante de nos croyances sont basées sur des présupposés inconscients et cachés. Il ne sont pas faciles à ramener à la surface et nous n'arrivons que rarement à reconnaître leur existence. Comme un iceberg, les neuf dixièmes de nos présupposés se situent en-dessous du niveau conscient. Ces présupposés ne nous ont pas été enseignés, au sens où on enseigne une matière. À l'analyse, on s'aperçoit qu'il ne s'agit en fait que de bribes d'informations, ou de bribes de « désinformations », rassemblées au cours de notre vie, ou encore de dogmes qui prennent sources dans nos conflits émotionnels.

L'examen minutieux de certains présupposés « domestiques » peut aboutir à des résultats surprenants. Un mari regarde son épouse préparer le rôti du dîner. Après avoir placé le morceau de viande sur la planche à découper, elle enlève la première tranche et la met de côté.

« Pourquoi as-tu fait çela, chérie ? » demanda le mari. « Je ne sais pas, » répond-elle, « j'ai toujours vu ma mère le faire. » Lorsqu'il rencontra sa belle-mère, le mari lui demanda si elle retirait toujours la première tranche avant de faire cuire un rôti. « Oui, » s'entendit-il répondre, « J'ai toujours vu *ma* mère le faire. » Alors le mari, intrigué, appelle la grand-mère de sa femme au téléphone. La vieille dame lui explique : « Oh oui, je retirais toujours la première tranche du rôti, parce que le plat que j'avais était trop petit. »

Le présupposé qu'une procédure admise depuis longtemps est valable — sans aucune connaissance des faits qui l'ont conditionnée — peut aboutir à des actions dépourvues de sens et inutiles.

Les présupposés cachés sont difficiles à soumettre à une vérification rationnelle. Si nous faisons le présupposé explicite que telle chaise est susceptible de supporter notre poids, il est possible de le vérifier en nous asseyant sur la chaise. Si elle se casse, le présupposé était faux. Il serait idiot de refaire la même expérience avec la même chaise. Nous apprenons et nous révisons notre système de pensée en testant nos présupposés ou ceux de notre adversaire. Il est par conséquent déterminant de savoir quand nous nous appuyons sur un présupposé, connu ou caché.

On peut fort bien faire des présupposés. Le problème surgit dès que nous agissons et pensons comme si le présupposé était un absolu. Si nous sommes conscients du fait qu'il ne s'agit que d'un présupposé, nous pouvons nous préparer à l'imprévisible, être moins enclins à affirmer notre position de manière péremptoire. En cas d'erreur, notre déception sera moins grande.

Comme exemple simple de présupposé caché, imaginons que quelqu'un vous demande comment s'appelle le quatorze juillet en Suisse ? Il se peut que vous donniez la bonne réponse dans la mesure où vous avez *présupposé* que la question était en fait : « Comment appelle-t-on la Fête Nationale en Suisse ? » Débarrassé de toute idée préconçue, vous répondrez simplement : « Comment appeler autrement que « Quatorze juillet » le jour qui se situe entre le treize et le quinze juillet ? »

Autre exemple de présupposé caché. Si quelqu'un vous disait qu'il a vu un ministre sortir des toilettes pour dames, seriez-vous choqué ? Pourquoi le seriez-vous ? Parce que votre idée préconçue de la situation est qu'un ministre est un homme. Mais cela n'a jamais été formulé. C'est votre présupposé qui a guidé votre réflexion.

N'admettons-nous pas trop souvent que nous connaissons tous les faits ? Réfléchissez à cet exemple. Par un froid matin de janvier, un homme de quarante-trois ans prêtait serment comme chef d'état de son pays. À ses côtés se tenait son prédécesseur, un célèbre général qui quinze ans plus tôt, à la tête des troupes de son pays, mena une guerre qui se termina par la défaite de la nation allemande. Ce jeune homme avait été élevé dans la foi catholique, et, après la cérémonie d'investiture, il assista debout pendant cinq heures à un défilé organisé en son honneur. Il célébra sa victoire durant une partie de la nuit et ne se coucha pas avant 3 heures du matin. Qui est-ce ? Les faits présentés étaient suffisants pour que l'Américain moyen suppose qu'il s'agissait de John F. Kennedy. Mais il s'agissait en fait d'Adolf Hitler.

Nos présupposés sont une partie vitale du système de communication humaine. Nous devons les utiliser continuellement pour trier et tenter de comprendre les millions de stimuli ambigus auxquels nous sommes confrontés. Nous recevons une information, nous l'interprétons, et nous faisons une « première estimation », un présupposé que nous conserverons jusqu'à ce qu'il soit réfuté. Comme l'affirme l'école de psychologie du Gestalt, pour explorer un trou nous utilisons un bâton droit pour voir jusqu'où il nous mènera. Nous pourrions paraphraser cet exemple en disant que pour explorer le monde, nous utilisons un présupposé jusqu'à ce qu'il soit réfuté. Rappelons-nous cependant qu'un présupposé peut facilement être démonté, tandis qu'un présupposé caché, une idée préconçue est fort difficile à débusquer et à corriger.

Au cours d'une négociation, on perd souvent énormément de temps parce que les deux parties ne comprennent pas les faits à l'origine de la situation. Ces faits sont peut-être déformés, car l'une des parties ou les deux, est sous l'emprise de présupposés sans en être consciente. On devrait toujours aller au-delà des simples mots du négociateur. Pour découvrir les faits, mettez-vous à l'écoute du « monde extérieur » plutôt que des mots de votre adversaire. Si les faits sont justes, ils peuvent être vérifiés, et cette vérification débouche sur une solution. La fonction première du négociateur consiste souvent à simplement interpréter et transmettre l'information sans la déformer.

Le négociateur ne doit jamais oublier que ce qu'il présuppose n'est rien d'autre qu'une probabilité ; mais s'il agit sur la foi que ce présupposé est une certitude, il prend un risque calculé. En conséquence, si vous êtes capable de déceler les « certitudes présupposées » de votre adversaire, vous pourrez exploiter avantageusement ses risques calculés.

Un négociateur qui ne parvient pas à comprendre la situation du moment parce qu'il est influencé par une idée préconçue est souvent bloqué par ce présupposé caché et le considère comme un fait tout au long de la négociation. Ceci peut avoir des conséquences désastreuses. Un avocat de la partie adverse se trouva dans cette situation lors de la signature d'un bail. Il s'agissait de l'établissement d'un bail assez complexe. Il existe des formulaires standards de bail qui sont utilisés très couramment dans les transactions simples. Ils comprennent une foule de conditions en petits caractères dont même un avocat ayant cinquante ans d'expérience ne connaît ni tous les termes ni tous les aboutissants. Mon associé, au cours de la réunion, dit à l'avocat de la partie adverse : « Voici le formulaire de bail standard que nous utilisons ; vous en connaissez sans aucun doute tous les termes par coeur. » Par cette remarque, il forçait l'avocat à assumer son rôle. Au lieu d'analyser le bail en fonction de la situation présente, l'avocat se dispensa de lire le formulaire imprimé. Il présupposa qu'en l'examinant, il témoignerait d'un manque d'expérience. Il joua le rôle dans lequel on l'avait enfermé, celui de l'avocat connaissant le formulaire standard. Il passa rapidement sur l'essentiel du bail et discuta certains points qui avaient été ajoutés qui étaient sans intérêt, comparés aux termes mêmes du formulaire imprimé. En affaires, et en particulier au cours des ventes, j'ai souvent observé des personnes « coincées » par leurs présupposés.

Même la puissance d'un ordinateur peut être entamée par une idée préconçue. On en trouva l'illustration lors d'une conférence internationale sur la communication. Un informaticien de tout premier plan exposa les difficultés auxquelles il s'était heurté pour donner à un ordinateur les informations nécessaires à la résolution d'un problème. Sa société avait été employée pour déterminer la distance idéale qui devait séparer deux voitures circulant sur une route. Les informations suivantes furent introduites dans l'ordinateur : le temps de réaction de l'automobiliste, les conditions climatiques, la nature du revêtement du sol, le coefficient de frottement des pneus, la résistance de l'air sur la voiture, etc. Prenant toutes ces données en considération, l'ordinateur en conclut qu'on devait observer une distance égale à une longueur de voiture par tranche de quinze kilomètres / heure ; par exemple, pour une vitesse de quarante-cinq kilomètres à l'heure il faut une distance de trois longueurs de voiture entre votre véhicule et celui qui vous précède ; soixante à l'heure conduit à une distance de quatre longueurs, et ainsi de suite.

Mais une fois la formule établie, les experts ne s'aperçurent pas de suite qu'elle contenait un présupposé. La chose ne devint évidente que lorsqu'ils firent un essai sur route. Ils se rendirent alors compte qu'en laissant une distance de quatre, cinq ou six longueurs de voiture entre leur véhicule et celui qui les précédait, d'autres voitures les dépassaient, se rabattaient et venaient combler l'espace qu'il essayaient de maintenir inoccupé. Le présupposé caché qui invalidait la formule était que les voitures devaient être seules sur la route, condition qui ne correspondait pas à la réalité.

Il y a quelques années, certains informaticiens se vantèrent d'avoir conçu une machine qui jouait aux échecs parfaitement. Leur ordinateur était programmé pour gagner y compris contre les plus grands maîtres du monde. C'est du moins ce qu'ils présupposaient.

L'expérience se montra concluante au début. Puis un champion d'échecs, qui avait étudié les parties précédentes jouées par l'ordinateur, entreprit d'affronter son adversaire électronique. Son ouverture fut d'avancer le pion de la tour d'une case. Puis, il avança la tour d'une case. Ces coups étaient totalement irrationnels. Les voyants de l'ordinateur clignotèrent, mais il fut incapable de proposer le coup suivant. Le présupposé étant qu'un maître humain jouerait logiquement, le dispositif n'avait pas été programmé pour répondre à un coup illogique.

Le docteur Sydney Lamb, au cours d'une conférence sur l'ordinateur et l'homme affirma : « L'ordinateur n'est pas intelligent ; il est au contraire très bête, et c'est là que réside l'une de ses grandes valeurs — sa bêtise aveugle. » Ceci est rarement un avantage lorsque les humains introduisent des idées reçues dans les résultats que l'ordinateur nous fournit.

Les mots eux-mêmes contiennent fréquemment des idées reçues. Des mots tels que le « lever » ou le « coucher » du soleil aident à véhiculer le très ancien présupposé que le soleil tourne autour de la terre. Les gens ont une tendance à mettre prématurément des étiquettes, limitant ainsi sérieusement leurs facultés à percevoir la réalité. Ils réagissent comme si l'étiquette résumait l'objet auquel elle s'applique. Par exemple, nombre de gens réagissent au mot « contrat » comme s'il ne pouvait s'appliquer qu'à un instrument légal. C'est loin d'être vrai. Un contrat peut contenir des dispositions concernant la vente qui n'ont rien à voir avec ses applications légales. En guise d'exemple, prenons les contrats de franchise, ils peuvent prévoir des provisions pour un volume d'affaires bien supérieur à celui que l'acquéreur de la franchise est susceptible de faire. En constatant la présence de ces chiffres largement optimistes, l'acheteur potentiel peut présupposer que ce chiffre d'affaire *sera* réalisé.

S.I. Hayakawa parle d'un présupposé caché plus fondamental encore lorsqu'il affirme : « Sous nos croyances résident des présupposés inconscients concernant les relations entre le langage et la réalité — une série de présupposés fondés, entre autres, sur l'absence de distinction entre les affirmations concernant le langage et celles concernant la nature du monde. » L'étude de la sémantique générale nous aidera considérablement à aborder les présupposés de toutes sortes.

CATÉGORIES DE PRÉSUPPOSÉS CACHÉS

Établir trois catégories de présupposés cachés peut se révéler très utile en négociation : premièrement, ceux que nous faisons sur le monde *externe*, le monde physique qui existe à l'extérieur de l'esprit humain ; deuxièmement, ceux concernant notre monde *interne*, le monde qui existe dans l'esprit de chacun d'entre nous ; troisièmement, le monde *interne* de *l'autre*.

La première catégorie, traitant du monde *externe*, contient le plus grand et le plus vaste domaine d'idées préconçues. Elles concernent l'environnement, le temps et l'espace dans lesquels nous vivons. Nous devons tenter de vérifier, de notre mieux, les « faits » concernant le monde qui nous environne, plutôt que d'accepter une image mentale du monde. C'était l'intention de Galilée lorsqu'il tenta de vérifier la croyance logique selon laquelle, un objet lourd tombe plus vite qu'un objet léger. Quand il laissa tomber des poids différents de la tour de Pise, il découvrit que ce présupposé était faux.

La plupart des visions du monde extérieur sont fondées sur des présupposés cachés ou connus. Nous devons donc soumettre ces présupposés à vérification.

Pour chacun de nous, le langage est essentiel à la représentation du monde. Il peut cependant être trompeur en ce sens que sa structure tend à nous forcer à considérer le monde comme n'ayant que deux valeurs, blanche ou noire, bonne ou mauvaise. Ceci est, malheureusement, le point de vue de la dialectique marxiste, et ne facilite pas la compréhension du monde d'aujourd'hui. Le monde pourrait être envisagé comme une infinité de teintes de gris, se fondant successivement l'une dans l'autre. C'est cette grande variété de valeurs, le flux et le changement constant d'idées, qui donne sa splendeur et sa vitalité à nos concepts de l'environnement. Les présupposés que nous faisons sur le monde externe — encouragés par une structure stricte du langage — peuvent nous conduire à croire qu'il existe des absolus. En tant que tels, ils ne seraient pas sujets à vérification. En conservant cela à l'esprit, Harry Maynard nous met en garde contre le fait de figer nos catégories. Le monde est un « processus », pas un « groupe d'éléments » immuables.

Dans le domaine du monde interne, nous devons être prudents car notre monde intérieur n'est qu'une image du monde extérieur. Nous avons tendance à faire des présupposés sur nos émotions et nos pensées. Ceci peut nous empêcher de faire la distinction entre « Je *sens* que... » et « Je *pense* que... » Le résultat de cette démarche aboutit à ce que l'on finisse par penser effectivement ce qui au départ n'était qu'une intuition.

La faculté d'anticiper sur les présupposés de l'autre peut aboutir, en affaires, à des résultats spectaculaires. Peu d'hommes d'affaires tentent de circonvenir le gouvernement en anticipant ses présupposés, alors qu'ils sont nombreux à rêver de trouver une faille légale dans les règlements auxquels ils sont soumis.

Cependant, de tels schémas se réalisent parfois — et deviennent alors des classiques.

La vaste expérience des services douaniers américains rend pratiquement impossible la mise en place d'un plan destiné à contourner les réglementations douanières — tout en restant dans le cadre de la loi. Pourtant, un importateur y arriva. Il y parvint en étudiant soigneusement les réglementations — et en anticipant certains présupposés que le personnel douanier pourrait faire.

Les gants en cuir pour dames, d'importation française, sont sujets à une forte taxe d'importation, ce qui les rend particulièrement chers aux États-Unis. L'importateur en question se rendit en France et acheta dix mille paires de gants parmi les plus chers. Puis, il sépara en deux toutes les paires de gants et expédia dix mille gants de la main gauche aux États-Unis.

L'importateur ne récupéra pas sa marchandise, mais la laissa au service des douanes jusqu'à ce que la période de réclamation expire. Ensuite, les services douaniers mirent aux enchères toutes les marchandises non-réclamées — parmi lesquelles les dix mille gants de la main gauche.

Étant donné que dix mille gants de la main gauche n'ont aucune valeur, le seul enchérisseur fut le représentant de l'importateur. Il les obtint pour une somme insignifiante.

À ce stade, les autorités douanières s'étaient aperçues que quelque chose se tramait. Elles prévinrent leur personnel de guetter l'arrivée d'un lot de gants de la main droite. Il n'était pas question de laisser l'importateur mener son plan à terme.

Mais l'importateur avait prévu cette réaction. Il avait aussi prévu que les douaniers *présupposeraient* que l'expédition de gants de la main droite se ferait en bloc. Il plaça ses gants restants dans cinq mille boîtes à raison de deux gants de la main droite par boîte. Il pariait ainsi sur le fait que les douaniers présupposeraient que si deux gants étaient dans la même boîte, ils appartenaient à la même main.

Il gagna son pari. La seconde expédition passa les douanes et l'importateur ne paya de droits que sur cinq mille paires de gants — plus la petite somme versée au cours de la vente aux enchères pour récupérer son premier envoi. Il avait fait passer dix mille paires de gants aux États-Unis.

Les impressions que nous avons emmagasinées au cours des ans forment notre jugement et peuvent nous conduire à des partis-pris. Par conséquent, nous devons être conscients du fait que nous n'interprétons pas les idées de la même manière que les autres. Nous devons faire la distinction entre notre propre perception du monde interne et celle d'autrui. Si l'on ne prend pas conscience de cette différence dans les interprétations d'une même situation, on risque d'être conduit à baser le règlement d'une négociation sur le point de vue qui paraît le plus « raisonnable ». Cette approche n'est pas productive. Si le but est d'aboutir à un compromis tenant compte de points de vue divergents, alors la négociation peut déboucher sur un nombre infini de solutions, qui du presque positif au quasiment impossible.

Arrêtons-nous un instant pour commenter l'un des présupposés les plus sophistiqués et les plus dangereux qui soit — pour ne pas le nommer, celui qui consiste à dire que vous êtes toujours *conscient* de vos propres idées préconçues.

Il y a quelques années, je donnais un cours de sémantique générale. Afin de démontrer aux étudiants l'existence des idées reçues, je leur montrai ce qui semblait être un crayon et leur demandai de s'attacher aux *faits* — et non aux présupposés — concernant l'objet que j'avais en main. Les étudiants affirmèrent que cet objet était un crayon, qu'il était en bois, qu'il y avait du plomb à l'intérieur, etc. Puis, je pliai l'objet, leur montrant qu'il était en caoutchouc — et que tout leurs « faits » n'étaient en réalité que des présupposés.

Un an ou deux plus tard, animant toujours ce cours, j'assistais personnellement à un séminaire dirigé par le docteur Bontrager de l'Institute of General Semantics. Durant le séminaire, le docteur Bontrager montra un objet ressemblant à un crayon et demanda à son auditoire de rédiger une fiche sur les *faits* concernant cet objet. J'écrivis que l'objet semblait avoir six côtés, paraissait jaune, et ainsi de suite. Je conclus par l'affirmation que moi-aussi, j'utilisais un crayon en caoutchouc pour illustrer le même problème avec mes étudiants.

Une fois toutes les fiches ramassées, le docteur Bontrager laissa tomber le « crayon » sur son bureau. Au lieu de rebondir, il fit un bruit métallique. Le « crayon » n'était pas en caoutchouc mais en acier.

Nous nous plaçons souvent dans une position désavantageuse en raison de presupposés cachés concernant les motivations et les actions d'autrui. Pour le moins, ces présupposés sur le monde interne des autres sont teintés de nos propres points de vue. St. Paul nous en donna un merveilleux exemple lorsqu'il dit : « Pour le pur, tout est pur. » Nos présupposés sur les autres prennent souvent une qualité irréelle. Au lieu d'écouter ce que disent les autres, nous nous adonnons à une écoute où notre désir a sa place. Nous supposons, sans aucune base réelle, qu'ils disent certaines choses. Parfois, nous allons si loin que nous faisons des présuppositions sur ce que quelqu'un va dire avant même qu'il ait eu la chance de le formuler. Nous interrompons, nous présentons notre version de ce que l'autre allait dire et nous ne nous donnons jamais la possibilité d'entendre ce qu'il aurait pu avoir à dire. Nous nous privons ainsi d'informations précieuses. En écoutant notre adversaire, nous devons être conscients que notre perception du monde nous est personnelle, que nos jugements de valeur sont aussi des jugements personnels et que nos concepts moraux ne sont valables que pour nous seuls.

Le présupposé caché joue un rôle considérable dans toutes les phases de la négociation d'affaires.

Nous devons être constamment attentifs aux effets possibles des présupposés cachés sur une négociation. Ceci s'applique aussi bien à ceux de votre adversaire qu'aux vôtres. Supposons par exemple qu'un adversaire commence la discussion avec tellement de véhémence que vous vous rendiez compte qu'il s'investit de manière irrationnelle et émotionnelle. Allez-vous le laisser déclencher en vous une réaction émotionnelle qui vous poussera à réagir ? Travaillez avec lui, comme le ferait un judoka en n'opposant pas la force à la force ou comme un remorqueur qui ramènerait au port un paquebot. Le remorqueur ne met pas le cable en tension d'un seul coup, mais l'y amène par étapes successives puis exerce une tension continue. Face à un tel interlocuteur, essayez de comprendre ce qui l'amène à réagir de manière irrationnelle. Vous pouvez l'amener à la raison en lui présentant les faits. Cette présentation des faits peut faire l'objet d'une réunion à part, au cours de laquelle vous pouvez même faire accepter à votre adversaire les objectifs de votre négociation de départ. Francis Bacon est l'un des pionniers de cette technique de présentation des faits : « Dans une situation de litige une seule méthode reste à notre disposition : en tant que conseil votre rôle est d'amener les parties en présence à examiner précisément les contraintes de chacun dans l'ordre dans lequel elles se présentent, ainsi que leurs conséquences. Pour leur part, les parties doivent accepter de mettre de côté leur présupposés pour se concentrer sur les faits. Une telle réunion peut permettre

d'arriver à un accord. Les deux parties doivent analyser ensemble
les contraintes de chacun. Dans le cas contraire, les conclusions
risquent d'être déformées par un point de vue trop personnel et
de ce fait demeurer des points de blocage. »
Les faits établis conjointement sont autant d'éléments pour
arriver à une solution. Si l'on consacre suffisamment de temps
à la recherche et à l'analyse des faits, les points de désaccord
peuvent être identifiés. Les différences qui subsistent alors ne
sont plus que des divergences d'opinion concernant ce qui
adviendra, et des divergences d'appréciation de certains faits
présentés. Lorsque l'on reviendra à la négociation proprement
dite, on s'attachera à faire évoluer les idées et plus généralement
tout ce qui est extérieur aux faits déjà établis. On ne peut pas
être en désaccord avec un fait, sauf si on l'a mal compris. La
notion même de fait, cependant, peut être sujette à désaccord.
« La pure vérité, nul homme ne l'a vue ni ne la connaîtra
jamais, » écrivit Xénophane.

La sémantique générale envisage divers types de classification
des « faits ». Voici quatre façons de percevoir les faits :

1. C'est un fait car il se conforme à la réalité et peut être
vérifié. Exemple : « Certains pistolets sont chargés ».
2. C'est un fait car c'est un enseignement dans lequel nous
croyons. (C'est « vrai »). Exemple : « Ce que vous n'aimez
pas que l'on vous fasse, ne le faites pas à autrui ».
3. C'est un fait parce que c'est communément accepté.
Exemple : « Les enfants ont besoin d'amour ».
4. C'est un fait car il est vrai selon les règles d'un système,
par exemple dans le langage de l'algèbre : $2x + 2y = 2(x + y)$.

En conséquence, définissons un fait comme une information
connue pour être à la fois « envisagée » et acceptée par les
parties selon l'une de ces quatre méthodes. Si un désaccord
intervient sur un fait, il s'agit d'un désaccord sur l'origine,
l'information ou la méthode.

Une fois que les faits sont mis à jour, on peut découvrir un
présupposé par l'une des parties et qui empêchait la conclusion
d'un accord. Le négociateur habile sera alors capable d'exploiter
cette nouvelle situation à la satisfaction de tous.

CHAPITRE 5 : APPLICATIONS

1. Vous souvenez-vous d'un cas où un présupposé fait par l'adversaire vous a été utile ? Où un présupposé caché vous a aidé tout en vous étant nuisible ?

2. Au cours de vos activités quotidiennes, observez les présupposés cachés de ceux qui vous entourent. Dressez la liste de ceux qui ont été formulés à tort. Essayez de savoir pourquoi la personne en question n'a pu s'apercevoir de son erreur.

3. Faites une liste énumérant vos propres présupposés qui au début étaient cachés, mais qui par la suite ont été ramenés dans le conscient. Essayez de savoir pour quelle raison ceux-ci ont été mis à jour.

6

QU'EST-CE QUI NOUS MOTIVE ?

La satisfaction des besoins motive virtuellement tous les types de comportement humain. Une liste détaillée de ces besoins serait infiniment trop longue à dresser. Ces classifications ne montrent pas en quoi les besoins se chevauchent. Un tel classement ne peut que donner une image figée d'un processus vivant et changeant. Lors de la préparation d'une négociation, nous n'avons le temps que d'étudier les grandes catégories ayant trait à l'essentiel et au prévisible.

Le professeur Abraham H. Maslow de l'université de Brandeis, dans son livre *Motivation and Personality* (publié à New York chez Harper & Row en 1954), propose sept catégories de besoins comme facteurs fondamentaux du comportement humain. Elles offrent une hypothèse de travail intéressante pour l'analyse des besoins dans le cadre d'une négociation.

Voici la liste proposée par Maslow :

1. Les besoins physiologiques (homéostatiques).

2. Les besoins de sécurité et de sûreté.
3. Les besoins d'amour et d'appartenance.
4. Les besoins de considération.
5. Les besoins d'auto-actualisation (motivation interne pour devenir ce qu'on est capable de devenir).
6. Les besoins de savoir et de comprendre.
7. Les besoins esthétiques.

Les besoins physiologiques sont communs à tous les membres du règne animal. Leur but est la satisfaction des nécessités et des énergies biologiques telles que la faim, la fatigue, la sexualité et bien d'autres encore. Le développement récent du concept d'homéostase tente de définir plus précisément ce type de besoins. *L'homéostase* fait référence à l'effort automatique que fournit le corps pour se maintenir dans un état normal d'équilibre.

On raconte, à propos d'un besoin homéostatique, une histoire amusante sur un magnat de la finance qui gisait sur son lit de mort. Il respirait sous une tente à oxygène. À ses côtés, le visage noyé de larmes, était assis son loyal assistant. « Ne sois pas triste, » murmura avec effort le potentat à l'agonie, « je veux que tu saches que j'ai apprécié tes loyaux services au cours de ces longues années. Je te laisse mon argent, mon avion, mes biens, mon yacht... tout ce que je possède. » « Merci monsieur, » dit l'assistant dans un sanglot, « vous avez toujours été si bon pour moi. Si seulement je pouvais faire quelque chose pour vous dans ces derniers instants. » « Tu le peux... tu le peux », dit le mourant dans un soupir. « Dites-le moi. . . » implora l'assistant, « dites-le-moi ! » « Retire ton pied du tuyau d'oxygène ! », parvint à murmurer dans un effort le vieil homme à l'agonie.

Les besoins *homéostatiques* sont sans nul doute les besoins les plus dominants. Une personne peut manquer d'amour, de sécurité ou de considération, mais si simultanément elle a vraiment faim ou soif, elle ne fera aucun cas des autres besoins tant que sa faim ou sa soif ne sera pas satisfaite au moins partiellement. Un homme affamé n'a ni désir, ni motivation pour peindre ou écrire un poème. Pour lui, il n'existe d'autre intérêt que de se nourrir. Toutes ses capacités sont tournées vers cet objectif, et tant qu'il ne l'a pas atteint, ses autres besoins sont pratiquement inexistants.

Il faut dire que la satisfaction d'un besoin concerne l'ensemble de l'organisme. Personne ne dit : « Mon *estomac* a faim. » Mais plutôt : « *J'ai* faim. » Lorsque quelqu'un a faim, tout son être est concerné, ses perceptions changent, sa mémoire est affectée et ses émotions sont exacerbées par les tensions et l'irritabilité nerveuse. Tous ces changements disparaissent dès que sa faim est apaisée. Une fois un groupe de besoins satisfait, un autre vient le remplacer pour devenir la force de motivation.

Quand les besoins physiologiques sont assouvis, l'organisme se tourne d'abord vers la *sécurité*. Le mécanisme se transforme en une recherche de la sécurité. Il en va de même avec l'homme qui a faim qu'avec l'individu en quête de sécurité. Toute sa vision du monde est affectée par le manque de sécurité. Tout lui semble moins souhaitable que l'accomplissement de l'objectif de sécurité. Le besoin de sécurité est plus facile à observer chez l'enfant, car notre culture a appris à l'adulte à inhiber toute réaction ouverte au danger. Mais l'inattendu et la menace communiquent à l'enfant un sentiment d'insécurité et transforme son univers de stabilité rayonnante en monde des ténèbres où tout peut arriver. Un enfant se sent en sécurité dans un environnement prévisible et ordonné ; il préfère suivre une routine qui ne change jamais.

Dans notre société, les adultes sont rarement confrontés à la violence, excepté pendant les guerres. Ils sont relativement à l'abri des dangers que pourraient constituer les animaux sauvages, les conditions climatiques difficiles, le meurtre ou les massacres. Cependant, le besoin de sécurité s'exprime dans la recherche de protection et de stabilité que procurent l'argent en banque, la stabilité de l'emploi, et les plans de retraite. Bien que les humains ne vivent plus dans la jungle, ils ont besoin de se protéger des dangers auxquels ils sont confrontés dans la « jungle » inquiétante de la concurrence économique.

Une fois assurés les besoins physiologiques et la sécurité, le besoin suivant à se faire jour est l'*appétit d'amour et d'affection*. Cette recherche d'amis, d'un flirt ou d'une famille peut prendre totalement possession de l'individu solitaire. Quand il avait faim ou qu'il était menacé par le danger, il ne pensait qu'à la nourriture et sa sécurité ; maintenant que ces besoins sont assurés, il veut, plus que tout au monde, être aimé. Il a faim de relations affectives avec les gens en général et d'une place dans le groupe. Dans notre culture, ce sont ces besoins et ces appétits qui demeurent le plus souvent insatisfaits. Les sentiments de ne pas être aimé, d'être rejeté, de ne « pas appartenir », sont les causes d'un grand nombre de cas de déséquilibre psychologique et des névroses parmi les plus sévères. Ce besoin d'amour ne doit pas être assimilé à la sexualité. De toute évidence, c'est l'un des composants du désir sexuel ; mais le comportement sexuel comporte de multiples facettes et peut être considéré dans le cadre de notre démarche comme un besoin physiologique.

Dans l'ordre hiérarchique, le besoin fondamental suivant est celui de la *considération*. En fait il s'agit d'une pluralité de besoins, tous de la même espèce. Ces besoins peuvent être divisés en deux catégories. D'abord et avant tout, vient le désir de liberté et d'indépendance avec comme corrolaire, celui de force, de compétence et de confiance face au monde. Ensuite, la deuxième catégorie comprend : le désir de réputation ou de prestige, la recherche d'un statut, la domination, et la considération des autres. La satisfaction des besoins de considération aide une personne à se sentir utile et nécessaire dans le monde. La considération la plus saine est fondée sur le respect mérité que témoignent les autres, et non sur une adulation non-méritée.

La recherche et l'expérience démontrent continuellement la puissance de la considération dans la motivation des êtres humains. Des études ont tenté de découvrir ce qui faisait que les gens se sentaient bien dans leur travail. Les sentiments les plus forts et les plus durables de « bien-être » venaient de : l'apprentissage de leur travail, l'augmentation de leurs compétences, la croissance de leur maîtrise, leur reconnaissance en tant qu'expert.

En étudiant les motivations des commerciaux, le *Research Institute of America* est arrivé aux mêmes conclusions. De nombreux commerciaux répondront, si la question leur est posée à brûle-pourpoint, que la seule chose qui les motive est l'argent. Cependant, *l'auto-approbation* ou *l'approbation sociale* les motive souvent tout autant les commerciaux. La fierté de s'être montré un bon vendeur lors de la négociation d'un marché difficile — et la possibilité d'être considéré par d'autres commerciaux comme un « professionnel » stimule un homme, alors que le surplus d'argent aura une importance relative.

En admettant que tous les besoins précédents aient été assouvis, l'individu peut encore être insatisfait. De quel besoin va-t-il se mettre en quête ? La plupart des gens ne seront heureux que dans une profession dans laquelle ils se sentent bien. Un musicien veut faire de la musique, un peintre veut peindre ; chacun aimerait faire le travail dont il est capable et dans lequel il se sent bien. Malheureusement, ce n'est pas le lot de tout le monde, et tant que ce but n'est pas atteint, un désaccord existe avec ses propres aspirations. Pour Maslow, ce besoin quasi universel est *l'auto-actualisation*. Grossièrement parlant, l'auto-actualisation est la somme de tous les désirs et toutes les pulsions poussant quelqu'un à devenir ce qu'il est capable de devenir. Ces pulsions prennent divers aspects et varient d'un individu à l'autre.

Chez l'individu normal, il existe une pulsion fondamentale qui le pousse vers la *connaissance* de l'environnement, l'exploration, la compréhension. Nous sommes tous motivés par une curiosité active qui nous incite à l'expérience et nous attire vers le mystère et l'inconnu. Le besoin de découvrir et d'expliquer l'inconnu est un facteur fondamental du comportement humain. Ce *besoin de savoir et de comprendre* présuppose de se trouver dans des conditions de liberté et de sécurité au cours desquelles cette curiosité peut s'exercer.

Enfin, le comportement humain est mû par une quête qui pourrait être appelée le besoin *esthétique*. Certains individus deviennent effectivement malades dans un environnement laid et ne peuvent être soignés qu'en se retrouvant dans un cadre agréable. L'envie du beau semble être plus fort chez l'artiste. Certains d'entre eux ne tolèrent pas la laideur. Mais Maslow inclut dans la catégorie des besoins esthétiques le geste de celui qui « ressent une forte impulsion consciente le poussant à redresser le tableau accroché de travers au mur ». Effectivement, le besoin d'ordre et d'équilibre est une partie fondamentale de toute expression esthétique.

Ces sept besoins fondamentaux ont été présentés selon une échelle d'importance décroissante. Pour la plupart des gens et pour la plupart des comportements humains, cet ordre peut être considéré comme vrai. Cela dit, il ne doit pas être considéré de manière rigide et ne peut en aucun cas s'appliquer à *tous* les individus (toute forme de généralisation ayant ses limitations). Pour certains, concept de considération, revêtira autant d'importance que celui d'amour, tout comme il existe des individus créatifs pour lesquels la réalisation de besoins esthétiques paraît aussi importante que celle de besoins plus fondamentaux.

Les différences sont liées à la diversité de la nature humaine. Tout dépend de la façon dont la personnalité de l'individu s'est développée. Une personne privée d'amour au début de sa vie, perd parfois le désir ou la faculté de donner ou de recevoir de l'amour. Un autre facteur a tendance à modifier l'ordre d'importance relative des besoins : c'est la sous-estimation de tous les besoins totalement satisfaits. Celui qui n'a jamais fait l'expérience de la faim considèrera la nourriture comme secondaire à tout autre besoin.

Maslow se représente chaque besoin successif comme émergeant après la satisfaction du besoin précédent. Ce qui n'implique ni qu'un besoin doive être satisfait à 100 p. cent avant que le suivant prenne sa place, ni que chaque nouveau besoin surgisse soudainement comme un diable d'une boîte. En général, le besoin précédent n'est que partiellement satisfait avant que ne survienne, peu à peu, le nouveau besoin ressenti. La plupart des gens ont en partie satisfait leurs besoins fondamentaux et, en même temps, ne les ont pas totalement satisfaits. Par exemple, tant que le besoin de sécurité ne sera satisfait qu'à 10 p. cent, alors, le prochain besoin dans l'ordre de priorité, la recherche de l'amour et de l'appartenance, n'apparaîtra pas. Cependant, si la satisfaction du besoin de sécurité s'accroît, disons jusqu'au niveau de 25 p. cent, alors le prochain besoin se fera jour, disons à un niveau de 5 p. cent ; au fur et à mesure que le besoin de sécurité approchera les 75 p. cent, les besoins d'amour et d'appartenance pourront tendre vers 50 p. cent. Ce recouvrement d'une série de besoins par la série suivante, et le changement constant d'emphase quant à la nature des besoins, empêchent la satisfaction complète des besoins fondamentaux. En effet, les gens qui cherchent à satisfaire leurs besoins essaient d'éviter l'inconfort physique, fuient l'insécurité, recherchent la compréhension, abhorrent l'anonymat, craignent l'ennui, exècrent l'inconnu et haïssent le désordre.

Si l'on s'en tient à un point de vue strictement financier pour évaluer une situation, on court le risque d'être aveugle au fait qu'il existe d'autres manières de satisfaire les besoins humains. La sécurité de l'emploi et l'argent étaient les points les plus importants. Des années de prospérité continue après la Deuxième Guerre mondiale ont permis à la majorité des travailleurs américains d'aller au-delà de ces deux éléments de motivation.

En décembre 1969 Le magazine *Fortune* a publié une étude conduite en collaboration avec la société Daniel Yankelovich, dans laquelle plus de trois cents des responsables d'entreprises figurant dans le *Fortune 500 Directory* (répertoire des 500 responsables d'entreprises les plus importantes) furent interrogés sur la gestion de leur personnel de direction. « Ce qui à l'évidence ressort de cette étude est que le salaire et la position dans l'entreprise sont devenus des facteurs moins déterminants pour attirer les hommes de valeur... Les valeurs de cette nouvelle génération dépassent les données strictement financières d'autrefois. »

Ne laissez pas l'argent vous aveugler et vous bloquer sur les « solutions » immédiates qu'il « achète ». Regardez au-delà. Que représentent ces solutions ? De quelle autre manière peut-on arriver à satisfaire les besoins ? Si nous examinons une situation de négociation hors de l'ordinaire, on peut se rendre mieux compte de l'importance de l'argent par rapport à la satisfaction des besoins.

Une compagnie minière anglaise qui employait des milliers de personnes dans une filiale africaine se trouva confrontée à une difficile négociation relative au travail. Quatre-vingts pour cent des employés étaient des femmes noires qui avaient récemment quitté leurs tribus. La compagnie minière venait juste d'être syndiquée, et le syndicat avait fait une revendication que la société avait trouvé presque impossible à satisfaire. Il demandait qu'on accorde à une employée qui accoucherait un congé de maternité de quatre mois durant lequel elle toucherait 75 p. cent de son salaire. La culture africaine autorisait la polygamie et considérait les enfants comme un « placement » pour les vieux jours. Par conséquent, un fort pourcentage d'employées de la mine serait en mesure de bénéficier de cet avantage.

Si la compagnie avait envisagé la demande sur un plan strictement pécuniaire, cela lui aurait valu une grève longue et coûteuse. Reconnaissant que la compagnie était implantée dans un pays de culture différente, s'apercevant de ses limites, et comprenant toutes les conséquences, la direction fut contrainte de poursuivre les négociations sans parti pris. Elle s'efforça de se mettre en quête de faits avant l'ouverture des négociations. Au cours de cette enquête, elle apprit qu'une fois l'accouchement passé, la mère renvoyait son enfant dans la tribu. Les 75 p. cent de salaire qu'elle demandait étaient destinés à pourvoir aux besoins de l'enfant alors qu'elle devait retourner au travail. Du fait que la direction abordait le problème d'une manière flexible, elle ne s'était pas limitée à une négociation en termes d'argent. De nombreuses solutions furent discutées : les femmes et leurs désirs, les conventions tribales et le fait que les lois en vigueur interdisaient le contrôle des naissances. L'embauche d'hommes seulement était impossible. Donner un seul mois de salaire n'était pas non plus une solution. Finalement, une solution synergique se présenta d'elle-même. La direction offrit de créer une crèche pour les nouveaux-nés. L'offre fut acceptée avec reconnaissance et poussa les employées à manifester envers la société une loyauté qui était auparavant réservée à leur tribu.

En résumé, l'existence d'un individu se ramène à une bataille constante pour la satisfaction de ses besoins.

CHAPITRE 6 : APPLICATIONS

1. Pouvez-vous, dans le cadre d'une négociation, réagir en fonction de ce que vous supposez que votre interlocuteur *fera* plutôt qu'en fonction de la raison qui le *poussera à* agir ainsi ?
2. Pensez-vous que pour certaines négociations c'est le *pourquoi* d'une action qui est plus important ?

7

LA THÉORIE DES BESOINS
EN NÉGOCIATION

Les besoins et leur satisfaction sont les dénominateurs communs d'une négociation. Si les gens n'avaient pas de besoin insatisfaits, ils ne négocieraient jamais. La négociation présuppose qu'*à la fois* le négociateur et son adversaire désirent quelque chose, sans quoi, ils feraient la sourde oreille à leurs demandes respectives et il n'y aurait pas de négociation. Ce qui est vrai, même si le besoin se ramène simplement à un maintient du statu quo. Pour être ouverte, la négociation exige deux parties, motivées par des besoins. Des individus marchandant l'achat et la vente d'un bien immobilier, un syndicat et une direction négociant un nouvel accord ou les directeurs de deux sociétés discutant les termes d'une fusion — ce sont là autant de recherches de satisfaction de besoins.

La nature de ces besoins a été présentée dans le chapitre précédent. Les informations qui y sont données peuvent être mises en application pour mettre en place des techniques de négociation réussie : connaître la Théorie du Besoin nous permet de découvrir quels sont les besoins à satisfaire des deux côtés de la table de négociation. La théorie va plus loin : elle dirige notre attention sur les besoins et l'éventail des applications possibles qui motivent l'adversaire, et nous montre, soit comment adopter des méthodes de travail différentes, soit comment contrecarrer ou modifier les motivations de notre adversaire. Ces besoins, comme nous l'avons expliqué, se classent d'eux-même par ordre d'importance. La Théorie du Besoin nous permet de déterminer l'efficacité propre à chaque technique de négociation. Plus encore, la Théorie du Besoin met à notre disposition une grande variété de méthodes qui peuvent être utilisées dans un sens positif ou défensif. Connaissant la force et la puissance relative de chaque besoin, nous pouvons décider de la manière d'en jouer. La technique qui utilise le besoin le plus fondamental dans chaque cas sera probablement la plus efficace. Plus primaire sera le besoin, plus efficace elle sera, tel un gambit.

À ce niveau de réflexion, soulevons une objection que pourrait faire l'avocat du diable. Les besoins sont souvent intangibles. Les gens qui satisfont leurs besoins agissent sur les bases de l'émotionnel — pas du rationnel. Puisque c'est le cas, n'est-il pas futile de tenter d'offrir une théorie hautement structurée de la négociation ? Cette question fut sans aucun doute partiellement responsable jusqu'à aujourd'hui de l'inexistence d'une telle théorie.

La réponse à la question est *non*. Prenons comme analogie la religion. Les gens s'investissent émotionnellement dans la religion ; cela dit, la théologie n'en a pas pour autant besoin d'être irrationnelle. À l'inverse, bien que la théologie commence par un acte de foi, c'est l'une de nos disciplines les plus ordonnées et les plus rationnelles.

Une théorie de la négociation, comme toute théorie théologique doit prendre en compte la relativité des forces en présence, les alternatives et les multiples choix.

La Théorie du Besoin fournit une telle structure en ordonnant et en reliant niveaux, diversités et besoins.

TROIS NIVEAUX DE NÉGOCIATION

Dans la Théorie du Besoin en négociation, j'ai classé les différents domaines de négociation en trois niveaux principaux :

1. Inter-personnes. (négociation entre individus)
2. Inter-organisations (négociation entre institutions à l'exclusion des pays).
3. Inter-nations. (négociation entre pays)

On doit noter que les organismes quels qu'ils soient ne peuvent agir seuls, indépendamment des personnes. Ils doivent agir par l'intermédiaire d'individus. Souvenez-vous de cela lorsque vous traiterez avec des gens agissant au nom d'organismes. Vous pouvez déterminer deux niveaux actifs de besoins : celui des besoins de l'organisme lui-même, et celui des besoins personnels du négociateur.

Les individus, par un phénomène d'identification, dépassent les limites de leur structure personnelle et deviennent mentalement partie intégrante du vaste organisme auquel ils sont intégrés. Dans certains cas, un besoin moins fondamental du groupe — par exemple, la considération — prendra le dessus sur un besoin plus fondamental telle que la sécurité. La majorité des gens de la plupart des nations ne veulent pas la guerre ; mais leur indentification au pays à travers le nationalisme les pousse à croire au bien-fondé du conflit et par là-même met en danger leur sécurité. Nous ne devons pas pour autant penser que la hiérarchie de la structure des besoins est faussée lorsqu'un individu risque volontairement la mort (besoin de sécurité) pour l'honneur national (besoin d'estime). Il semble que le besoin d'estime dans de tels exemples précède le besoin de sécurité. Ce n'est pas le cas du fait de l'identification nationale.

VARIÉTÉS D'APPLICATION

La Théorie du Besoin est applicable à tous les niveaux d'approche. Une analyse plus approfondie des techniques de négociation concernant chaque besoin permet de dégager certaines formes-types qu'on appellera variétés d'application du besoin. Je les ai divisées en six groupes ou catégories.

Les différentes variétés d'application sont placées dans un ordre correspondant à l'importance du contrôle objectif que nous pouvons normalement exercer sur chaque application dans une situation réelle. En d'autres termes, un négociateur a plus de contrôle lorsqu'il agit *lui-même* par rapport aux besoins de son adversaire (1) que lorsqu'il laisse son adversaire agir en faveur de ses besoins (2), et ainsi de suite jusqu'au niveau (6) qui est le moins contrôlable. Les six variétés d'application sont les suivantes :

1. Le négociateur agit par rapport aux besoins de son adversaire.
2. Le négociateur laisse son adversaire agir par rapport à ses propres besoins.
3. Le négociateur agit par rapport aux besoins de son adversaire et des siens.
4. Le négociateur agit à l'encontre de ses besoins.
5. Le négociateur agit à l'encontre des besoins de son adversaire.
6. Le négociateur agit à l'encontre des besoins de son adversaire et des siens.

Ces catégories représentent la façon dont un négociateur tente de satisfaire ses *propres* besoins et sont énumérées dans un ordre de risque croissant.

TABLEAU I
VARIÉTÉ D'APPLICATION
(1À 6 DANS L'ORDRE DE RISQUE CROISSANT
ET DE CONTRÔLE DÉCROISSANT)

6   Le négociateur agit à l'encontre des besoins de son adversaire et des siens

5   Le négociateur agit à l'encontre des besoins de son adversaire

4   Le négociateur agit à l'encontre de ses besoins

3   Le négociateur agit par rapport aux besoins de son adversaire et des siens

2   Le négociateur laisse son adversaire agir par rapport à ses propres besoins

1   Le négociateur agit par rapport aux besoins de son adversaire

On crée chaque semaine des mots nouveaux pour mieux définir certaines applications dans le domaine de la diplomatie, de la relation acheteur-vendeur, des négociations d'affaires et des problèmes mondiaux. En voici une illustration dans le cadre de la Théorie du Besoin en négociation :

Variétés d'applications	*Déclinaison*	*Applications spécifiques Slogans idées communes*
1. Le négociateur agit par rapport aux besoins de son adversaire.	Persuader Concéder Assurer Exhorter Induire Cajoler Soutenir Se faire le champion de Encourager	Libérer de la peur.
2. Le négociateur laisse l'adversaire agir par rapport à ses propres besoins.	Confier Garantir Provoquer Inciter Motiver Eperonner Stimuler Aiguiser Soutenir Permettre Autoriser Promettre	Touche pas à mon pote B.C.B.G
3. Le négociateur agit par rapport aux besoins de son adversaire et de siens.	Promouvoir Reconnaître Enhardir Coopérer Confesser	Force tranquille Cohabitation Union pour le Progrès

Transiger   S'investir
Admettre   Coexistence pacifique
Reconnaître   Fraternité
Autoriser
Supporter
Encourager
Favoriser
Aider
Assister
Soutenir

4. Le négociateur   S'abstenir   Cessez-le-feu
   agit à   Renoncer   Paix
   l'encontre de   Sacrifier   Désarmement
   ses besoins.   Abjurer
                     Se rétracter
                     Désavouer
                     Lâcher prise
                     Se soumettre
                     Se rendre
                     Céder
                     Se résigner
                     Renier

5. Le négociateur   Prohiber   Terrorisme
   agit à   Opposer son veto Génocide
   l'encontre des   Interdire
   besoins de son   E v o q u e r u n
   adversaire.   tabou
                     Faire honte
                     Gêner
                     Trahir
                     Injurier
                     Insulter
                     Harceler
                     Décourager
                     empêcher
                     Contredire
                     Menacer
                     Intimider
                     Mettre en péril

Exposer
Interdire
Restreindre
Forcer

| 6. Le négociateur agit à l'encontre des besoins de son adversaire et des siens. | Se retirer Mettre un embargo Renoncer Démissionner Enjoindre Bannir Excommunier Ne pas être coopératif Contrecarrer | Confrontation Guerre des étoiles Guerre froide |

Pour expliquer la Théorie du Besoin en négociation, nous avons utilisé les sept besoins fondamentaux d'Abraham Maslow. Chaque besoin fondamental présente une classification générale et souple. Chaque classification contient de nombreux termes particuliers qui pourrait être eux aussi considérés comme des besoins particuliers. Il est par conséquent indispensable de considérer chaque besoin fondamental comme un foisonnement de besoins, comme Bernard Berelson et Gary A. Steiner l'affirment dans *Human Behavior : An Inventory of Scientific Findings :* De nombreux écrivains ont établi des listes de motivations, certaines très courtes et générales, d'autres très longues comportant cinquante ou soixante motivations sociales. Cela dit, le schéma classique réduit les motivations sociales à quatre souhaits : la sécurité, la reconnaissance, la réaction d'autrui et les nouvelles expériences.

TABLEAU II
GROUPES DE BESOINS
(DU PLUS FONDAMENTAL AU MOINS FONDAMENTAL :
PLUS LE BESOIN EST FONDAMENTAL, PLUS LE GAMBIT
DE NEGOCIATION EST FORT).

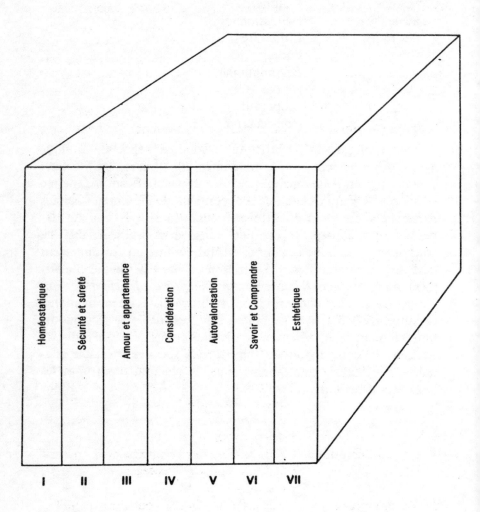

Le tableau suivant est une comparaison entre les inventaires de Berelson et Steiner et les catégories de Maslow (les chiffres romains se réfèrent à l'ordre proposé par Maslow, à l'exclusion des besoins Homéostatiques) :

Besoin	*Définition*
Besoin Acquisition II	Accéder à la propriété, s'approprier. Prendre, saisir ou voler des biens. Négocier ou marchander. Travailler pour de l'argent ou pour acquérir des biens.
Besoin Rétention II	Garder les choses en sa possession. Refuser de donner ou de prêter. Amasser. Etre frugal, économe et avare.
Besoin Agression II	Harceler ou injurier. Assassiner. Amoindrir, maltraiter, accuser ou ridiculiser quelqu'un délibérément. Punir sévèrement. Exercer son sadisme.
Besoin Prise en charge II, III	Chercher secours, protection ou charge sympathie. Implorer de l'aide. Chercher à apitoyer. Rester dans le giron parental. Etre dépendant.
Besoin Rejet III	Snober, ignorer ou exclure. demeurer distant et indifférent. Etre discriminatoire.
Besoin Déférence III	Admirer et suivre délibérément un supérieur. Coopérer avec un chef. Etre satisfait de servir.
Besoin d'affiliation III	Se forger des amitiés et créer des associations. Accueillir les autres, se regrouper et vivre avec eux. Coopérer et se grouper en société. Aimer. Adhérer à des groupes.
Besoin Conservation III	Rassembler, réparer, nettoyer et conserver les choses. Protéger de la destruction.
Besoin Similitude III	Ressembler. Imiter ou être l'émule. S'identifier aux autres. Etre d'accord et croire.

Besoin Elever III	Nourrir, aider et protéger le démuni. Exprimer de la sympathie. Materner un enfant.
Besoin Eviter la punition III, IV	Eviter l'ostracisme ou la punition en inhibant les attitudes ou les impulsions sociales ou inconventionnelles. Bien se conduire et obéir à la loi.
Besoin Humilité IV	Se soumettre. Accepter et exécuter une punition. S'excuser, avouer, expier. Autodépréciation, masochisme.
Besoin Exhibition IV	Attirer l'attention sur sa personne. Exciter, amuser, émouvoir, choquer, faire frémir. Autodramatisation.
Besoin Reconnaissance IV	Inciter au compliment et à l'éloge. Exiger le respect. Se vanter et mettre en avant ses réalisations. Rechercher les distinctions, le prestige social, les honneurs ou les postes élevés.
Besoin Inviolabilité IV	Eviter une perte du respect de soi-même. Préserver sa réputation. Se mettre à l'abri de la critique. Maintenir ses distances psychologiques. Fonder son comportement sur l'orgueil et la sensibilité personnelle.
Besoin Eviter la disgrâce IV	Eviter l'échec, la honte, l'humiliation, le ridicule. S'empêcher de succomber à la tentation de faire quelque chose qui dépasse ses moyens. Cacher sa laideur.
Besoin Défense IV	Se défendre des reproches ou des accusations. Justifier ses actions. Offrir des explications, des justifications et des excuses. Résister aux interrogatoires.
Besoin Domination IV	Influencer ou contrôler les autres. Persuader, interdire, imposer. Diriger et mener. Empêcher. Organiser le comportement d'un groupe.
Besoin Réagir IV	Surmonter avec fierté une défaite en luttant et en exerçant des représailles. Choisir les tâches les plus difficiles. Défendre son honneur dans l'action.

Besoin Supériorité IV	Volonté de pouvoir sur les choses, les gens et les idées.
Besoin Reconnaissance IV	S'efforcer d'obtenir un statut social élevé.
Besoin Contruction V	Organiser et construire.
Besoin Autonomie V	Résister à l'influence et à la coercition. Défier l'autorité ou chercher la liberté ailleurs. Lutter pour l'indépendance.
Besoin Accomplissement V	Surmonter les obstacles, exercer le pouvoir, lutter pour réussir quelque chose de difficile aussi bien et aussi rapidement que possible.
Besoin Connaissance VI	Explorer. Poser des questions. Satisfaire sa curiosité. Regarder, écouter, examiner. Lire et faire des recherches.
Besoin Exposer VI	Montrer et démontrer. Rapporter des faits. Donner des informations, expliquer, interpréter, donner des cours.
Besoin Jouer VII	Se détendre, s'amuser, chercher des diversions et des distractions. Se divertir. Rire, plaisanter et être gai.
Besoin Ordre VII	Disposer, organiser, ranger les objets. Etre soigneux et propre. Etre scrupuleusement précis.

Les relations humaines peuvent se comprendre selon trois niveaux : A, relations inter-personnes. B, inter-organisations. C, inter-nations. Les différents besoins décrits plus haut, et leurs applications, touchent chacun des trois niveaux de manière équivalente.

TABLEAU III
NIVEAUX D'APPROCHE

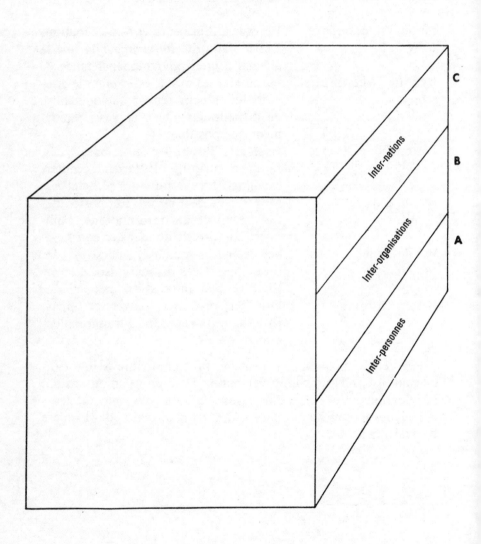

TABLEAU IV
LA STRUCTURE ET L'ORDRE DES GAMBITS
DANS LA THEORIE DU BESOIN EN NEGOCIATION

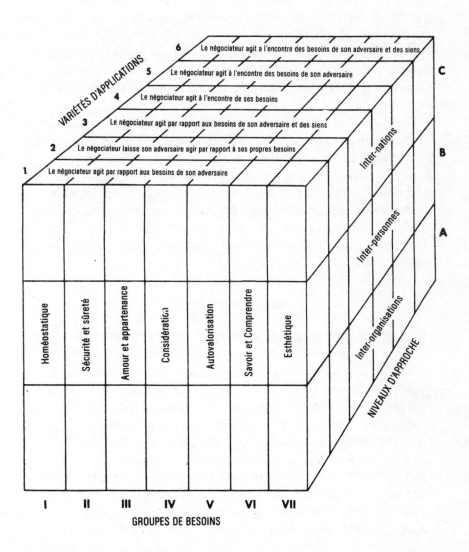

Ce tableau combine les six variétés d'application, les sept besoins fondamentaux et les trois niveaux d'approche. Vous pouvez utiliser la figure matricielle composée de 126 cubes, chacun d'eux représentant un gambit de négociation différent, pour vous aider à générer des idées de négociation créative. Vous pouvez calculer la puissance et la facilité d'application de votre gambit et de celui de votre adversaire en situant sa position relative dans le tableau.

Plus grand sera le nombre d'alternatives pour aborder une situation de négociation, plus grandes seront vos chances de succès face à des gens qui n'utilisent sans cesse que deux ou trois méthodes.

La Théorie du Besoin montre l'ordre probable d'importance des manoeuvres de négociation. En conséquence, elle donnera au négociateur un large choix de méthodes possibles pour aboutir à une solution. Si l'adversaire utilise une manoeuvre faisant intervenir un besoin peu fondamental, alors vous devrez choisir un besoin qui le soit plus pour augmenter vos chances de succès.

(Pour une illustration pratique de chacun des cubes, voir Appendice. Vous pouvez le lire dès maintenant ou vous y référer pour une utilisation future.)

SUBLIMATION

La sublimation peut révéler d'apparentes contradictions dans la hiérarchie de la Théorie du Besoin. Il n'est pas difficile de concevoir des individus prêts à sacrifier leurs besoins les plus fondamentaux au profit de besoins qui le sont moins, mais qui se situent sur un plan symbolique plus élevé ; ainsi le soldat est-il prêt à sacrifier sa vie pour la gloire ou la considération de son régiment. Dans le monde d'aujourd'hui, cette tendance s'est étendue au point que les membres d'une même race sont prêts à sacrifier leur vie pour l'estime de la race toute entière, ce qui peut être considéré comme supérieur à un simple nationalisme.

Lorsque nos besoins les plus fondamentaux sont continuellement satisfaits, nous voulons passer à un niveau supérieur de satisfaction de besoins. Et pour ce faire, nous pouvons souvent prendre le risque de ne plus satisfaire des besoins plus fondamentaux, comme un artiste qui, ayant fait l'expérience de satisfaction d'un besoin de haut niveau, prend le risque de mourir de faim pour sa conception de l'art.

Voici un autre exemple pour illustrer ce phénomène est qui celui de l'attitude des élèves pilotes de chasse au cours de la Deuxième Guerre mondiale. Chaque classe d'étude possédait son annuaire de promotion. Lors de la réalisation de la maquette, la première page était toujours blanche, prête à recevoir la photo de celui qui, statistiquement sur les cinquante élèves aviateurs de la promotion, allait mourir à l'entraînement. Quand les élèves en eurent connaissance, du haut de leurs dix-neuf ans, ils regardèrent autour d'eux et prirent en pitié ce pauvre camarade qui aurait sa photo sur la première page de l'annuaire.

La motivation qui nous pousse à satisfaire nos besoins n'est pas une action préméditée mais strictement émotionnelle dont l'intensité varie suivant les moments. Nous sommes souvent incapables d'en calculer les conséquences. Mettrons-nous notre vie en danger si nous satisfaisons ce besoin ? Quelles sont mathématiquement les chances de nous voir arriver quelque chose si nous tentons de satisfaire ce besoin ? Nous répondons à chaque pression spécifique au fur et à mesure qu'elle se crée, en choisissant la solution qui nous semble la meilleure. Certains d'entre nous sont plus mûrs (plus âgés que les élèves aviateurs) et tenteront de se projeter dans l'avenir pour en voir les conséquences et déterminer si cette approche doit être menée à terme. Cependant, les moins matures d'entre nous ont tendance à chercher une gratification et une satisfaction immédiate — par exemple, risquer de mourir en cherchant à satisfaire notre besoin de considération.

Par ailleurs, il n'est pas utile d'aller bien loin pour trouver des exemples de personnes prêtes à abandonner de nombreuses gratifications personnelles au profit d'autrui. L'attitude de la mère envers son enfant en est le meilleur exemple. Ainsi les médecins, les prêtres et les religieuses abandonnent leurs propres besoins fondamentaux pour le bien-être du malade. Durant la guerre sino-japonaise, des soldats chinois blessés étaient soignés par une religieuse. Elle lavait leurs plaies atteintes de gangrène. Un reporter l'observant dit à un autre de ses collègues : « Je ne ferais pas cela pour un million de dollars. » La religieuse l'ayant entendu lui répliqua : « Moi non plus. »

L'Histoire fourmille d'exemples de personnes courageuses se sacrifiant (besoin homéostatique) pour le bien de leur cause ou de leur pays (besoin de considération). Une histoire semblable concerne Alexander Hamilton. Alors qu'il était Secrétaire d'Etat au Trésor américain, un maître chanteur lui demanda d'user de son influence pour extorquer des fonds en sa faveur, sinon il révélerait au monde ses amours cachées avec une certaine Melle Reynolds. Au lieu de céder à ce chantage, Hamilton se rendit chez le Président Washington pour l'informer de cette situation, puis en informa le gouvernement et enfin informa la presse des détails de sa liaison. Ceci démontra sa haute opinion des responsabilités publiques et évita toute suspicion sur l'honnêteté de sa gestion du Trésor Public. Conséquence directe de cet aveu : la femme d'Hamilton finit dans un asile d'aliénés et son fils mourut en duel pour défendre l'honneur de son père.

SATISFACTION DES BESOINS ET PRIVATION

La privation paraît être une contradiction apparente dans la hiérarchie des besoins. Les jeunes gens aisés s'inquiètent plus des conséquences sociales de leur carrière que des bénéfices matériels qu'ils peuvent en retirer. Dans les années 70, les enfants issus de milieux riches étaient plus prêts à devenir des hippies et capables de se priver que les enfants issus de milieux plus modestes. De nombreux jeunes gens ayant une sécurité financière la sacrifièrent pour entrer dans des associations humanitaires intervenant sur le terrain de pays en voie de développement. Ils se plaçaient en situation de privation et certains d'entre eux pouvaient supporter une satisfaction limite de leurs besoins fondamentaux. Certains d'entre eux furent touchés par ce qu'on appelle le Complexe d'Albert Schweitzer. Bien que leur travail fut exhaltant et l'environnement pittoresque, parfois, après avoir travaillé pendant trois ou quatre mois, ils découvraient que l'environnement n'était plus aussi sympathique. Ils commencèrent à se sentir frustrés et décidaient d'abandonner, ayant fait l'expérience de ce qu'on appelle un « choc culturel ». Leur capacité à supporter ce choc semble dépendre de la saturation de leurs besoins à cet instant particulier. S'ils avaient pu, comme le dit Maslow, se sentir gratifiés tant sur le plan de leurs besoins les plus élevés que sur celui des plus bas, ils auraient valorisé davantage les besoins les plus élevés. Ils auraient supporté d'être privés au niveau le plus bas avec en perspective la satisfaction de besoins de niveau supérieur.

L'armée américaine étudia la capacité des Marines à supporter les privations de leurs besoins au cours d'une expérience. Celle-ci consistait à priver totalement certains d'entre eux de la satisfaction de leurs besoins les plus fondamentaux en les soumettant à des conditions de combat simulées pendant un certain temps ; parallèlement, un groupe semblable n'était pas soumis à cette tension et voyait tous ses besoins fondamentaux satisfaits. Puis les deux groupes furent placés dans des conditions réelles de combat pour déterminer lequel des deux était le plus susceptible de supporter la privation de ses besoins. On en conclut que ceux des hommes qui avaient reçu satisfaction de leurs besoins supportaient mieux la situation que ceux qui en avaient été privés. Ceci allait à l'encontre de l'idée selon laquelle des hommes seraient plus aptes à supporter des privations dans la mesure où ils y auraient été préalablement conditionnés.

Ceci semble être en accord avec la façon dont les grandes sociétés américaines traitent leur personnel d'encadrement. Nombre d'entreprises sont confrontées au problème suivant : comment se débarrasser d'un cadre. Elles préfèrent le voir donner sa démission, ce qui n'aura pas d'effet négatif sur ses collègues et leur besoin de sécurité. Les méthodes utilisées semblent coïncider avec l'ordre inverse de la hiérarchie des besoins : la tendance est à supprimer la satisfaction des besoins en commençant par le plus haut niveau, dans l'espoir que le cadre comprendra l'allusion et remettra sa démission.

Voici quelques-unes des méthodes d'intimidation utilisées par les entreprises dans l'ordre inverse des niveaux de besoin, espérant que le cadre donnera sa démission après chaque étape.

Niveau esthétique. Un beau jour, le cadre entrera dans son bureau et découvrira que son tapis a été enlevé ou peut-être que sa secrétaire a été remplacée par une autre beaucoup moins jolie.

Niveau de savoir et de connaissance. L'entreprise le fait participer à toutes les réunions et conférences quotidiennes, de telle sorte qu'il ne puisse plus s'occuper de son propre travail, ou bien il ne l'autorise plus à assister à la moindre conférence, ou encore son bureau est déplacé continuellement à seule fin que personne ne puisse plus le localiser ou enfin on lui demande des conseils et qu'on ne suivra pas.

Niveau d'autovalorisation. L'entreprise lui retire ses responsabilités, éventuellement lui accorde une promotion et un poste sans fonction réelle.

Niveau de considération. On lui confie des tâches dégradantes, ou on lui retire son parking, on lui supprime ses privilèges de flexibilité d'horaire aux repas.

Niveau d'amour et d'appartenance. On lui parlera d'autres entreprises et d'autres postes qui lui conviendraient, on peut même aller jusqu'à lui faire une offre d'emploi.

S'il ne donne pas sa démission, l'entreprise devra descendre jusqu'au niveau de la sécurité. Le cadre sera convoqué devant un médecin qui, après examen, hochera la tête et suggèrera une mise à la retraite anticipée.

Si le cadre se sent si peu capable d'assurer la satisfaction de ses besoins homéostatiques — c'est-à-dire son salaire — qu'aucune des actions citées plus haut ne le poussera à la démission, alors l'entreprise devra recourir à une mise à la retraite sommaire ou au licenciement.

ÉMOTIONS ET NÉGOCIATIONS

Les objets, les positions et les situations peuvent être négociées, mais il est plus difficile de négocier des sentiments. Il est conseillé dans une situation émotionnelle de tenter d'aller au-delà du sentiment, d'examiner les éléments et des actions qui sont à l'origine de l'émotion. C'est particulièrement vrai d'une situation maritale non-satisfaisante. S'il n'y a pas d'amour émotionnel, il se peut que les partenaires aient simplement négocié une trêve dans laquelle ils vivent en état « d'hostilités suspendues ». Nous pouvons anticiper ces problèmes avant qu'ils ne surgissent et pouvons trouver les méthodes permettant de les résoudre. Il s'agit de découvrir des alternatives créatives évitant les situations en cul-de-sac. Qu'importe si l'avenir paraît sombre, l'imagination, en proposant un éclairage différent, permettra de mieux l'appréhender.

Voici l'histoire d'un examinateur des chemins de fer qui faisait passer un test à un candidat au poste d'aiguilleur et qui essayait par ses questions d'entraîner le postulant dans une impasse.

« Supposons, » dit-il, « que vous soyez au sommet d'une montagne et que vous voyez deux trains sur la même voie fonçant à vive allure l'un vers l'autre, tous deux étant incapables de se voir mutuellement. Que feriez-vous ? »

« J'utiliserais mon pistolet de signal d'urgence en visant dans leur direction. »

« Où avez-vous pris ce pistolet de signal d'urgence ? »

« Dans le même placard où vous avez pris ces deux trains. »

En quoi des termes multi-dimensionnels peuvent-ils être utiles dans le cas des situations émotionnelles ? Des termes multi-dimensionnels ou des termes de satisfaction multi-dimensionnels sont des éléments capables de satisfaire quelqu'un à tous les niveaux, du plus fondamental (homéostatique) au moins fondamental (esthétique). L'un de ces termes est l'argent ; un autre est le sexe ; un autre encore, pour certains, la foi. Après avoir envisagé le terme multi-dimensionnel, les questions suivantes se posent : A quel niveau recherchez-vous une satisfaction sexuelle dans l'immédiat ? Êtes-vous seulement satisfait au niveau le plus fondamental — homéostatique ? L'utilisez-vous pour vous sécuriser ? L'utilisez-vous pour le sentiment d'amour et d'appartenance ? Ou bien la considération ? Certaines personnes utilisent le sexe non seulement pour obtenir une satisfaction au niveau le plus bas mais aussi à tous les niveaux jusqu'à celui le plus élevé, l'esthétique. Envisageons à quels niveaux vous recherchez une satisfaction de l'utilisation de l'argent. En reconnaissant les termes multi-dimensionnels et leurs facultés de satisfaction à tous les niveaux de besoin, vous pourrez vous donner de nouvelles alternatives créatives.

L'UTILISATION DE LA THÉORIE DU BESOIN EN VUE DE MOTIVER LES CRÉATIFS

Les personnes qui dirigent des gens doivent être capables de les amener à adopter les objectifs de l'entreprise. Comment créer un climat tel que les créatifs soient motivés ? En satisfaisant leurs besoins les plus fondamentaux de telle sorte qu'ils puissent travailler à un niveau plus élevé — au moins au niveau cinq, celui de l'auto-valorisation. C'est seulement après avoir satisfait les besoins fondamentaux que les aspects les plus créatifs d'une personne peuvent être réalisés et libérés. Une personne créative ne souffre pas du manque d'idées nouvelles mais de la difficulté à pouvoir les faire accepter. Juger sévèrement une idée nouvelle ou même inapplicable le prive d'une atmosphère propice à l'utilisation de l'intuition et de la perspicacité.

Plus le stress est grand, plus le comportement tend à devenir moins créatif et plus routinier. Les gens tendent à réagir d'une manière habituelle et familière, et leur faculté à agir créativement de manière improvisée ou différenciée est amoindrie. Voyez la tortue. Elle n'avance que lorsque sa tête dépasse. Laissez les employés créatifs sortir leur tête.

La créativité est considérée comme l'un des éléments les plus importants d'une négociation réussie. On dit : « Ne donnez pas aux enfants des fleurs coupées, mais montrez-leur comment les faire pousser. »

CHAPITRE 7 : APPLICATIONS

1. Relisez les mots décrivant les variétés d'applications. Parcourez-les avec attention et notez ceux que vous avez utilisés au cours de négociations. Ne continuez pas à lire cet ouvrage tant que vous ne l'aurez pas fait. Lorsque vous l'aurez fait, vous saurez que ceux que vous *avez* utilisés représentent vos styles de négociation. Cependant, il n'y a aucune raison que vous ne puissiez appliquer l'une ou l'autre ou l'ensemble de ces techniques à des situations de négociation au cours de votre vie. Dans certaines circonstances, elles peuvent être toutes utilisées.

2. Essayez de trouver un mot supplémentaire décrivant les différents besoins dans chacune des classifications par groupe de besoin.

3. Essayez de trouver un mot supplémentaire décrivant une variété d'applications.

4. Les individus et les nations ont tendance à conserver le même style de négociation et ne possèdent généralement que deux ou trois choix possibles. Au niveau international, certaines nations possèdent un style propre (dont nous reparlerons), par exemple, la patience pour les Chinois, les échéances pour les Français,

« Je dois en référer au Kremlin » pour les Soviétiques, le compromis pour les États-Unis. Pouvez-vous penser à d'autres styles de négociation typiques d'une nation que votre étude de l'Histoire a pu vous faire percevoir ? Pouvez-vous penser à certains styles de négociation pratiqués par certains membres de votre famille ? Par certains de vos collègues ? Par certains de vos adversaires ?

5. Donnez une illustration relative à votre expérience personnelle pour chacun des besoins et chacune des variétés d'application, pas nécessairement dans le cadre d'une négociation.

6. Au cours de la prochaine négociation à laquelle vous participerez, évaluez en ce qui vous concerne les besoins sur lesquels votre adversaire joue et la variété d'applications qu'il utilise.

8

L'UTILISATION DES QUESTIONS

Pour savoir ce que pense et ce que vise votre adversaire, vous devez vous transformer en détective, et appliquer diverses méthodes et techniques à votre premier objectif : déterminer ses besoins. En premier lieu la communication, comment atteindre les gens. L'excellent livre *Getting Through to People,* de Jesse S. Nirenberg, peut servir de référence. Le négociateur endurci est toujours à l'affût de la moindre information sur les processus mentaux de son adversaire, recherchent des indices qui lui révéleront ses motivations. Il écoute attentivement ce que dit son adversaire et observe méticuleusement ses agissements. Ses manières et ses gestes, les phrases qui reviennent et son mode d'expression sont autant d'indices de son mode de pensée, de ses besoins et de ses désirs cachés.

La manière courante d'obtenir une information, bien sûr, est de poser une question. Dans certaines situations, j'ai souvent demandé à mon adversaire : « Qu'attendez-vous de cette négociation et quel est votre objectif ? » En sondant directement les gens, et en regroupant d'autres informations, je suis souvent parvenu à découvrir les besoins de mon adversaire, ce qu'il cherche, pour ensuite guider en conséquence le cours de ma négociation.

Utiliser des questions au cours d'une négociation pour déterminer les besoins de l'adversaire implique en général trois choix : *Quelles* questions poser, *comment* les formuler et *quand* les poser. L'effet produit sur l'adversaire est également un élément important à prendre en compte. L'importance de la formulation correcte d'une question est parfaitement bien illustrée par l'anecdote suivante. Un prêtre demanda à son supérieur : « Puis-je fumer en priant ? » La permission fut refusée catégoriquement. Un autre prêtre demanda au même supérieur : « Puis-je prier en fumant ? » La question ainsi formulée reçut une réponse affirmative.

Il est tout aussi important de savoir quand poser la question. De nombreux comités sont bloqués et de nombreuses réunions tournent cours lorsque le président de séance ouvre les débats en disant : « Faisons le point avant de commencer la discussion » ou « Que pensez-vous de ce plan ? » Le fait de poser cette question à cet instant précis tends à figer les gens sur leur position.

Avant de demander aux gens de prendre position, il serait plus avantageux de demander à chacun de poser une ou deux questions. Retardez toute prise de position. Essayez de trouver la question qui demande une réponse précise. Éviter la question qui dicte la réponse. Les questions doivent servir au participants à se familiariser aux faits et pouvoir en tirer leur propre conclusion. Souvent, les questions posées au cours d'un procès n'ont pour but que de révéler les faits.

Au cours d'un interrogatoire contradictoire, un avocat essaie d'éviter les questions dont les réponses sont incontrôlables.

L'utilisation de questions est un outil de négociation très puissant ; il doit être employé avec discernement. La question détermine la direction dans laquelle la conversation, l'argument ou le témoignage sera orienté. Une bonne utilisation de la question peut souvent être à l'origine de l'issue favorable de la négociation. La question que vous posez décide également de la somme d'informations que vous pourrez obtenir en retour, un peu comme en tournant plus ou moins le robinet, vous décidez du débit de l'eau. Les questions stimulent la réflexion de votre adversaire et souvent le mène à considérer de manière critique ses propositions. En posant une question précise telle que : « Quelle heure est-il ? » ou « Aimez-vous la pastèque ? » vous ne demandez qu'une quantité limitée d'informations spécifiques. Il est facile de répondre à de pareilles questions, et par essence, nous guidons la pensée de la partie adverse. Cependant, si nous nous tournons vers l'autre extrême, en posant une question générale telle que : « Pourquoi avez-vous agi de la sorte ? » ou « Comment y êtes-vous parvenu ? » alors la réponse est plus difficile. En répondant à de telles questions, votre adversaire est forcé de réfléchir beaucoup plus — avec le risque croissant qu'il réexaminera ses pensées premières, ou pis encore, qu'il réévaluera les vôtres.

Par l'utilisation judicieuse de questions, vous pouvez aisément attirer l'attention, maintenir l'intérêt sur les sujets actuellement en cours de discussion, et diriger le cours de la conversation dans le sens qui vous convient le mieux. Bien souvent, à l'aide de questions, l'adversaire peut être conduit aux conclusions que vous désirez.

Cependant, l'utilisation de questions soulève plusieurs problèmes. On peut innocemment faire vibrer la corde émotionnelle avec une question et provoquer un antagonisme. J'en fis l'expérience très tôt lorsque je posais à une femme cette question toute simple : « Quelle est votre date de naissance ? » Nous remplissions un formulaire et ma question était de pure routine ; du moins le pensais-je. Mais cette femme était obsédée par la peur de vieillir et par le sentiment que la vie lui échappait. Elle réagit violemment à ce que je considérais être une question anodine.

Cette femme me donna une leçon. Désormais, je procède de la manière suivante : « Sur ce formulaire, il faut que vous mettiez votre âge. » Certaines personnes auraient préféré répondre : « majeur qu'en pensez-vous ? » L'expérience montre qu'il est nécessaire de préparer le terrain avant de poser les questions.

De toute évidence, il est souhaitable d'expliquer les raisons pour lesquelles on pose une question chaque fois que c'est possible. Cela évite gêne et ennui. Une autre façon d'éviter des réponses émotionnelles inutiles et désagréables est de ne pas poser des questions contraignantes telles que « Comment comptez-vous

vous justifier ? » Par contre une question non-contraignante comme « Qu'en pensez-vous ? » permet de continuer la discussion.

Préparer le terrain avant de poser une question me rappelle une observation faite par l'un de mes amis architecte. La communication, disait-il, c'est comme l'érection d'un bâtiment. L'information est comparable aux matériaux utilisés pour la construction. Si vous faites livrer les matériaux sur le chantier sans avoir préalablement fourni des plans, les ouvriers vont commencer le travail sans savoir ce que l'architecte avait en tête. La bonne procédure est que l'architecte envoie d'abord sur le chantier les plans du bâtiment, et quand les matériaux arriveront, les ouvriers placeront (espérons-le) les éléments à leur place, selon les plans. Par vos questions, vous fournirez par avance à la partie adverse un plan de ce que vous espérez obtenir au cours de la conversation. Si elle possède d'abord le plan, vous pourrez ensuite lui fournir les informations en posant des questions au moment où vous le jugerez bon. Posez des questions et vous obtiendrez en retour tout ou partie de l'information selon la perspective appropriée.

Un autre problème concernant les questions a trait à leur formulation, problème auquel allusion fut déjà faite à propos de l'histoire des deux prêtres. Ne posez jamais de questions comportant d'implications vagues ou pouvant être retournées à votre désavantage. Accordez une attention particulière au ton de votre voix et au choix des mots. Ceci est important pour la compréhension et pour éviter tout malentendu. Les questions devront être posées, non pas pour marquer un avantage sur votre adversaire, mais pour permettre de clarifier la situation. Des questions bien conçues — concises et directement liées au sujet de la discussion — sont des outils de négociation puissants pour reconnaître les besoins de l'adversaire et découvrir ses motivations.

Les questions peuvent également être utilisées pour contrôler la discussion au cours d'une négociation. Cet aspect est très bien illustré dans un article de Irving L. Lee, publié dans *Harvard Business Review* et intitulé « Prodédure pour ''Forcer''l'Accord ». Le problème mettait en cause les cadres d'une entreprise relativement importante qui semblaient incapables d'adopter une politique commune et d'arriver à des décisions positives. Ceci était dû aux désaccords permanents qui opposaient les chefs de service. Après une étude approfondie, le problème fut résolu en adoptant une procédure spéciale au cours des réunions. Voici un extrait de l'article de M. Lee :

> *Le président procédait de la manière habituelle jusqu'à ce qu'il sente une impasse, une situation dans laquelle le conflit était très présent. Ceci pouvait intervenir à tout moment : quand la discussion présentait des divergences importantes, quand il paraissait évident qu'un vote allait intervenir ; quand le point de vue de la minorité était plus convainquant ; quand les participants se contredisaient. Dès cet instant, le président de séance devait annoncer que la présidence soulevait une* Question de Privilège *pour le Groupe et jusqu'à nouvel ordre, toute discussion qui exprimerait une divergence d'opinion serait hors de propos. Il donnait alors la parole à tout individu qui présentait un point de vue soulevant la controverse, et il était invité à formuler ou à reformuler sa position sans être interrompu. Aucune contreproposition n'était autorisée. Le rôle de l'opposition se bornait à formuler des questions...*
>
> *L'opposition pouvait poser des* Questions de Clarification, *comme : « Pourriez-vous reformuler différemment votre propos ? » « Quand vous avez dit..., Est-ce que cela voulait dire... ? » Ce procédé est sensé prévenir un désaccord général, et tenter un désir de compréhension... C'est également une manière d'insister sur le fait que celui qui fait une proposition est en droit de s'attendre à pouvoir exposer clairement sa position et qu'elle ne sera pas discutée avant d'avoir été totalement formulée. Si les auditeurs sont encouragés à écouter et à comprendre, ils auront plutôt tendance à s'ouvrir qu'à se fermer sur leur position.*

La procédure présentée ci-dessus est remarquablement efficace. L'utilisation de la technique de la question appropriée conduisit les réunions à aboutir à des décisions et « força » les cadres à tomber d'accord. L'article de Lee donne une illustration parfaite de l'utilisation des questions dans le but de guider et d'influencer des négociations.

ASSERTIONS POSITIVES

Des questions habiles peuvent mettre à jour un présupposé caché qui est à l'origine d'une réaction émotionnelle violente.

Dans de telles circonstances, la meilleure stratégie serait simplement de dire : « Je vous comprends parfaitement mais... ». Cela peut faire tomber toute méfiance car vous dites à votre adversaire qu'il a été entendu et compris, que vous admettez la validité de son point de vue. Plus encore, en lui disant que vous saisissez sa conception d'esprit, vous pouvez l'amener à examiner la vôtre.

L'utilisation appropriée d'assertions est non seulement une manière de contrôler la négociation mais aussi une façon de donner à votre adversaire des informations que vous voulez qu'il détienne. Par-dessus tout, tentez de conserver un contrôle émotionnel complet de vos déclarations. N'évitez pas les affirmations émotionnelles, mais assurez-vous qu'elles fassent avancer — plutôt que bloquer — la négociation. Machiavel donne un conseil avisé sur la façon de ne *pas* utiliser les assertions : « Je considère qu'il est très prudent de s'abstenir de proférer insulte et menace envers qui que ce soit, car celles-ci n'entament nullement les forces de l'ennemi : la première le rend plus prudent, tandis que la seconde augmente sa haine et le rendent plus persévérant dans ses efforts pour vous blesser. »

Lorsqu'une négociation semble se diriger vers une impasse, il est de bonne stratégie de détendre l'atmosphère en faisant une affirmation neutre : « C'est le meilleur résultat auquel nous puissions parvenir étant donné les circonstances. » Ceci fait directement appel au besoin de comprendre et votre adversaire se trouve obliger de reconsidérer la situation. Selon votre stratégie, vous pouvez prendre la décision de choisir une ligne de conduite plus souple ou de faire un compromis sur un point de discussion précis. Dans ces conditions, vous pouvez fort bien dire : « Je ne pense pas que nous aurons de grosses difficultés sur ce point, si nous parvenons à régler le suivant. » L'assertion témoigne d'une intention formelle de faire des concessions sur le premier point, en vue de faciliter le déroulement de la négociation. Il s'agit là de communication tacite, sorte de manière pour protéger ses positions tout en indiquant l'existence possible d'une compensation. Une autre assertion du même type pourrait être : « Si vous étiez un peu moins exigeant, je ferais l'impossible pour que mes partenaires acceptent votre proposition. » Cela dit, si aucune concession ne peut être envisagée, de telles affirmations feront aboutir la négociation à une impasse.

L'utilisation appropriée d'assertions demande une attention soutenue quand au choix des mots et des phrases. Parfois, un mot chargé de signification émotionnelle peut aboutir au désastre. Par exemple, au cours d'une séance de travail, l'un des avocats utilisa les adjectifs « heureux » et « riche » et récolta des résultats inattendus. Il essayait de défendre les avantages d'un point précis qui, affirmait-il, rendrait son client riche ; dans la suite de la conversation, il parvint également à placer l'adjectif « heureux ». Plus tard, en discutant de l'affaire, mon associé et moi-même en déduisîmes qu'en utilisant les formes comparatives, « plus riche et plus heureux », il n'aurait pas provoqué l'antagonisme de notre client et arrêté la négociation qui fut la conséquence ultime de ces mots malheureux. Même une personne importante qui se considère comme *heureuse* et *riche* ne voit pas d'inconvénient à s'entendre dire : « Ceci vous rendra *plus heureuse* et *plus riche.* »

Voici un autre exemple qui illustre comment une personne peut forcer son adversaire à faire les premiers pas, en comprenant les positions relatives de chacun, et en utilisant le vocabulaire approprié.

J. P. Morgan voulait acheter un important site minier du Minnesota appartenant à John D. Rockefeller. Celui-ci se contenta d'envoyer John D. Rockefeller Junior pour traiter.

« Alors, quel est votre prix ? » demanda Morgan.

« M. Morgan, je pense qu'il doit y avoir un malentendu, » répondit John D. Junior, « Je ne suis pas ici pour vendre. J'ai cru comprendre que vous vouliez acheter. ».

Une bonne technique résulte bien plus que d'une simple découverte des besoins de votre adversaire. La connaissance que vous en avez doit être exploitée de la manière la plus efficace possible. Webb et Morgan, dans *Strategy in Handling People*, montrent comment un politicien hors pair, Mark Hanna, exerça ses talents pour influencer un jeune homme d'affaires. Il s'agit d'un exemple d'application de la Théorie du Besoin.

Le célèbre politicien, Mark Hanna, en 1896, alors que McInley était candidat à la présidence, organisa pour les Républicains la plus grande campagne électorale de l'Histoire des États-Unis. Il voulait rallier à sa cause William Beer, un jeune homme d'affaires new-yorkais. Il exploita le fait que les

conduites guidées par l'instinct sont toujours présentes dans
un organisme, prêtes aux sollicitations, à cause du caractère
imprévisible de leur réponse peuvent toujours être mises en
jeu sous divers aspects. Il essaya de stimuler, de provoquer
chez le jeune homme d'affaires des réactions instinctives, en
l'occurrence, celles liées à la loyauté familiale. Le stimulus
qu'il utilisa au cours de la conversation, fut une série de
remarques concernant le père de Beer. Il lui demanda d'abord :
« Êtes-vous le fils du juge Beer de l'Ohio ? Vous avez un
oncle à Ashland, n'est-ce pas ? », etc. Passant en revue tous
ces grands hommes qui étaient ses parents, Beer se mit
rapidement à parler et il le laissa faire pendant au moins une
heure. Par ce procédé, il se fit un ami du jeune homme et
l'entraîna dans le parti Républicain.

On doit considérer l'entrevue entre Mark Hanna et M. Beer
comme une négociation. De toute évidence, Hanna avait un
objectif précis — persuader le jeune homme de travailler pour
la cause républicaine. La stratégie utilisée par Hanna a fait appel
au besoin d'appartenance qu'éprouvait Beer, et à celui de faire
partie de son groupe familial.

Il existe, bien sûr, plusieurs façons d'exprimer ce mot brutal
que nous avons tous à prononcer — « non ». L'agent dit
toujours : « Ce n'est pas la peine de nous appelez, nous vous
contacterons. » Pour refuser de faire un discours, un homme
important écrit : « Je tente de réduire mes activités extérieures
au minimum et quand je reçois une proposition aussi intéressante
que la vôtre, je dois réellement faire un effort pour refuser. »
Le client peu séduit par une proposition dira : « Je vais réfléchir
à votre offre » ou « Il faut que j'en parle avec mes associés
d'abord. » Quant au négociateur, il pourra déclarer : « Disons
que nous laissons la question en suspens — nous y reviendrons
plus tard. »

COMMENT FORMULER LES QUESTIONS

De manière subconsciente, votre adversaire perçoit l'énorme
force potentielle contenue dans les questions. En conséquence,
si le processus d'interrogation n'est pas mené de façon pertinente,
il peut entraîner une forte anxiété chez la personne qui y est

soumise. Cette anxiété est signe que l'on se sent menacé dans sa considération personnelle, son respect ou sa personne. Si c'est le cas, vous devez intervenir — vous devez agir immédiatement pour supprimer la source d'inconfort. Vous pouvez passer à un autre domaine de discussion, ou éliminer l'ambiguïté de la question en exposant clairement votre but. Comme le dit le docteur George Gallup : « Dès que vous commencez à poser des questions, l'autre se demande immédiatement "Pourquoi me pose-t-il cette question ?" »

Sachez éviter cette anxiété en ménageant vos transitions. Lorsque vous devez aborder un nouveau sujet. Le changement de direction doit se faire de la manière la plus logique. En tout état de cause, sachez que le processus d'interrogation provoque des réactions dans l'esprit de l'autre et soyez attentif à ses réactions. Efforcez-vous de les imaginer. Ne posez pas de questions au hasard sans souci des conséquences possibles. Souvenez-vous de l'histoire de ce jeune avocat qui interrogeait un témoin.

« Avez-vous vu la bagarre commencer ? »

« Non. »

« Vous n'êtes arrivé sur les lieux qu'une fois l'altercation terminée ? »

« C'est exact. »

Plutôt que de se satisfaire de ces réponses et de s'en tenir là, l'avocat continua : « Alors comment pouvez-vous savoir que l'accusé a mordu un bout de l'oreille de la victime ? »

« Je l'ai vu le cracher. »

Comme nous l'avons vu, on peut regrouper les questions en différentes catégories : quelles questions poser, comment les formuler et quand les aborder. Par exemple, une question formulée d'une certaine manière, elle peut apporter un avantage substantiel ; formulée autrement, elle peut mettre l'adversaire en colère ou le plonger dans l'embarras, ou encore le pousser à se retirer. Regardons brièvement ces catégories arbitraires. Elles permettent certaines observations intéressantes, sans être d'une grande aide pour formuler une question précise dans une situation donnée.

QUOI

Les questions ne doivent pas être offensantes. Ce ne sont pas des outils disciplinaires, pas plus qu'elles ne doivent être le reflet d'une quelconque supériorité. Elles ont pour but d'être suffisamment significatives pour orienter différemment la discussion, susciter de nouveaux objectifs et amener de nouvelles « expériences ». Si vous dites à un de vos employés qui arrive en retard : « Vous savez l'heure qu'il est ? », vous n'avez pas vraiment envie de savoir l'heure ; vous voulez le discipliner, lui montrer qui est le patron. Une façon différente d'aborder la situation serait de lui demander : Votre retard est-il dû à un problème auquel je puisse remédier ? » Une difficulté personnelle est peut-être à l'origine de ce manque de ponctualité.

COMMENT

Les questions n'ont pas pour but d'acculer les gens au pied du mur. St. John nous rappelle : « C'est la question modeste et non pas la présomptueuse qui assure un progrès réel et certain. » Comme je l'ai déjà dit, si vous précisez pourquoi vous désirez obtenir une information, vous parviendrez à éliminer l'anxiété. S'il s'agit d'une question concernant l'avenir, il est important de savoir ce que vous cherchez : posez-vous la question en termes de *certain* ou en termes de *probable* ? L'un appelle les faits, l'autre une opinion. Pour en finir, formulez vos questions pour que la réponse en soit simple ; si vous vendez de la limonade, demandez : « Vous voulez un grand verre ? » plutôt que : « vous voulez un petit verre ou un grand verre ? »

QUAND

Pour prendre le contrôle d'une conversation ou éviter d'être interrompu, utilisez une question. En premier lieu, faites référence à l'interruption dont vous venez d'être victime, en en faisant le coeur de votre question suivante. Prenons le cas d'un vendeur présentant son produit à un client qui appelle sa femme alors que la présentation est presque terminée. Reprendre toute la présentation est hors de question, mais il est tout à fait possible de dire : « Bien sûr, nous réservons à nos femmes toutes les grandes décisions, mais il nous reste, nous à prendre de petites décisions en affaires, n'est-ce pas ? Eh bien Il faut nous décider cette commande de trois cents tracteurs. Comme je le disais, avec trois cents tracteurs... »

Introduire la dernière affirmation énoncée par un groupe à votre question, peut l'amener à retrouver sur quel point porte votre question. Par exemple, vous avez convoqué une conférence qui doit traiter d'un problème de *production*. Une heure après ils sont encore en train de discuter d'un problème d'*approvisionnement*. Vous pouvez alors intervenir de la manière suivante : « Jim, pourrais-tu consacrer la même ardeur aux problèmes de production que celle que tu viens de montrer pour les problèmes d'approvisionnement ? » Et vous les avez remis sur les rails.

Bien qu'une approche de classification des questions puisse paraître utile, elle n'a pas d'application pratique dans le cours d'une conversation. Envisageons une méthode différente : Quel est le rôle d'une question dans un processus de communication ? Voici une autre approche qui vous permettra d'élaborer des questions en fonction de vos intérêts.

LES CINQ FONCTIONS DES QUESTIONS

Les questions semblent pouvoir se diviser en cinq fonctions fondamentales.

I. Attirer l'attention. Fournir des conditions préparatoires à la réflexion de l'autre. Exemple : « Comment allez-vous ? »
II. Obtenir des informations. Fournir à l'interrogateur des informations. « C'est combien ? »
III. Délivrer des informations. Fournir à l'autre des informations. « Saviez-vous que vous pouviez vous en occuper ? »
IV. Débuter une réflexion. Mettre en mouvement la réflexion de l'autre. « Quelles seraient vos suggestions sur ce point ? »
V. Apporter une conclusion. Amener la réflexion de l'autre à une conclusion. « Ne serait-il pas temps d'agir ? »

Le grand avantage de cette approche est qu'elle envisage le processus interrogatif. En comprenant qu'une question peut servir une ou plusieurs de ces fonctions, vous pourrez préparer une série de questions fonctionnelles utilisables au cours d'une négociation. Avec une réserve de ce genre, vous pourrez diriger le flot de la conversation dans la direction qui vous convient le mieux. Ayez des séries de questions toutes prêtes pour des orientations au coup à coup. Même dans les cas où l'adversaire assure l'essentiel de la conversation, vous pouvez en toute sécurité le laisser faire puisqu'à l'aide d'une question, vous pourrez toujours reprendre le contrôle de la conversation. Examinons maintenant en détail chacune des fonctions :

FONCTION I. ATTIRER L'ATTENTION.

Lorsque vous rencontrez un voisin et qu'il vous demande : « Vous ne trouvez pas qu'il fait froid ce matin ? » Cette question est plus ou moins destinée à vous faire oublier vos préoccupations. C'est la fonction de nombre de questions rituelles telles que : « Comment allez-vous ? » « Ne serait-ce pas formidable... ? » « Cela vous dérangerait-il... ? » « Combien de fois n'ai-je pas... ? » « Puis-je... ? » « Pourriez-vous me dire... ? » « Auriez-vous la gentillesse... ? » Comme vous pouvez le constater, les questions remplissant cette fonction, sont peu susceptibles d'être génératrices d'anxiété.

FONCTION II. OBTENIR DES INFORMATIONS.

Certaines questions sont destinées à obtenir des informations. Elles commencent par : *qui, que, quand, où, par exemple, serait-on, pourrait-on, peut-on, pourra-t-on*. Comme la raison de la demande d'information ne peut pas être établie, elles peuvent être à l'origine d'anxiété.

FONCTION III. DÉLIVRER DES INFORMATIONS.

Il y a également des questions qui contiennent et délivrent de nombreuses informations bien qu'elles puissent paraître grammaticalement structurées pour en obtenir. Par exemple, prenez des questions désespérées telles que : « Pourquoi suis-je né ? » et « A quoi bon vivre ? » Elles contiennent de nombreuses informations que n'importe qui peut comprendre instantanément. Il y a aussi l'histoire de cette voiture qui dévale une pente et vient heurter une maison. La mère qui est à l'intérieur cherche immédiatement son jeune fils. Elle crie : « Georges, où es-tu ? » Et une voix timide répond : « Maman, je n'ai rien fait. » D'autres questions possédant cette fonction peuvent être utilisées pour mettre à jour des objections cachées : « Bon, pourquoi ne veux-tu pas y aller ? » En voici quelques illustrations supplémentaires : « Vous aimez vous faire prier ? » « Ainsi, vous... ? »

« *Certains* de *vos* problèmes peuvent-ils être résolus ? » « Ah, vraiment ? » Parfois, vous souhaitez soutenir l'intérêt de l'autre et vous dites : « N'avez-vous jamais... ? » Ou peut-être désirez-vous mettre l'auditeur sur la défensive : « N'avez-vous pas... ? » Les mots utilisés dans ce type de questions sont : *Parce que, si vous, avez-vous, pourriez-vous.*

Le processus d'interrogation en lui-même est une façon de se fournir en informations. Les gens à qui l'on pose deux fois la même question peuvent y répondre différemment, leur attitude a été changée du fait que la question a déjà été posée une fois. Des questions en cascade tendent à délivrer de plus en plus d'informations : « Y a-t-il une justice aux États-Unis ? » « Y a-t-il une justice pour tout le monde ? » « Y a-t-il une justice pour les noirs ? »

Les questions de fonction III peuvent être ressenties par l'auditeur comme menaçantes et donc provoquer de l'anxiété.

FONCTION IV. DÉBUTER UNE RÉFLEXION.

Ce sont des questions du type : « N'avez-vous jamais... ? » « Etes-vous désormais... ? » « Combien pensez-vous que coûte... ? » « N'avez-vous pas la chance de... ? » « Dans quelle mesure... ? » « Si vous deviez... ? » « Y a-t-il... ? » Les mots clefs de ces questions sont : *comment, pourquoi, peut-on, décrivez.* L'anxiété peut être un dérivé né de la réflexion si celui qui répond se sent menacé.

FONCTION V. APPORTER UNE CONCLUSION.

Cette fonction peut provoquer de l'anxiété lorsqu'il y a contradiction : vous voulez mener l'auditeur à certain point et lui ne le souhaite pas. Ceci peut se produire quand vous posez des questions telles que : « N'est-il pas vrai ? » « Que préférez-vous ? » « Est-ce la seule façon ? » « Où préférez-vous manger, ici ou là-bas ? » « Était-ce aussi parce que... ? »

MATRICE DE QUESTIONS

Une grande variété de questions pouvent être crées en combinant les différentes fonctions en voici cinq matrices.

Chaque question comprend deux combinaisons différentes pour cinq fonctions, soit un total de vingt-cinq types de questions.

		I (Attirer l'attention) Fournir des conditions préparatoires à la réflexion de l'autre.
I.	Fournir des conditions préparatoires à la réflexion de l'autre. (Attirer l'attention)	(I-I) « Excusez-moi, pourriez-vous m'aider ? » « Excusez-moi, puis-je vous aider ? »
II.	Fournir à l'interrogateur des informations. (Obtenir des informations)	(I-II) (Classification Secours) « Pourriez-vous me dire le prix ? »
III.	Fournir à l'autre des informations. (Délivrer des informations)	(I-III) « Combien de fois t'ai-je dit de traverser dans les clous ? »
IV.	Mettre en mouvement la réflexion de l'autre. (Débuter une réflexion)	(I-IV) (Classification Planification) « Pourriez-vous me dire ce que vous suggérez ? »
V.	Amener la réflexion de l'autre à une conclusion. (Apporter une conclusion)	(I-V) « J'espère que cela ne vous dérange pas que je vous pose la question : est-ce que l'affaire est conclue »
		II (Obtenir des informations) Fournir à l'interrogateur des informations.
I.	Fournir des conditions préparatoires à la réflexion de l'autre. (Attirer l'attention)	(II-I) « Auriez-vous le temps par hasard ? »

II.	Fournir à l'interrogateur des informations. (Obtenir des informations)	(II-II) « Où puis-je déjeuner, et comment m'y rendre ? »
III.	Fournir à l'autre des informations. (Délivrer des informations)	(II-III) Comment écrivez-vous 'échalote', avec un 't' ou deux ? »
IV.	Mettre en mouvement la réflexion de l'autre. (Débuter une réflexion)	(II-IV) (Classification Ouverte et Directive) « Que fera l'entreprise quand vous aurez donné votre avis ? »
V.	Amener la réflexion de l'autre à une conclusion. (Apporter une conclusion)	(II-V) « Dès que vous aurez pris une décision, on continue ? »
		III (Délivrer des informations) Fournir à l'autre des informations.
I.	Fournir des conditions préparatoires à la réflexion de l'autre. (Attirer l'attention)	(III-I) « Oserais-je vous demander s'il vous arrive d'acheter à crédit ? »
II.	Fournir à l'interrogateur des informations. (Obtenir des informations)	(III-II) « C'est parce que j'ai déjà fait des chèques sans provision que vous insistez pour avoir du liquide ? »
III.	Fournir à l'autre des informations. (Délivrer des informations)	(III-III) « Savez-vous que vous y arriveriez tout seul si vous essayiez ? »

IV.	Mettre en mouvement la réflexion de l'autre. (Débuter une réflexion)	(III-IV) « Si ce que je vous dis est vrai, pourquoi ne pas le faire ? » « La réponse me paraît évidente, vous ne trouvez pas ? »
V.	Amener la réflexion de l'autre à une conclusion. (Apporter une conclusion)	(III-V) (Classification Association-on suscite d'importantes associations dans la question) « Le président aime cela, pas vous ? » « Relisez l'accord et regardez s'il vous convient ; si oui, pourriez-vous signer ici ? »
		IV (Débuter une réflexion) Mettre en mouvement la réflexion de l'autre.
I.	Fournir des conditions préparatoires à la réflexion de l'autre. (Attirer l'attention)	(IV-I) « A propos, comment réagiriez-vous à cette suggestion ? »
II.	Fournir à l'interrogateur des informations. (Obtenir des informations)	(IV-II) (Classification Fenêtre, en Douceur et Directive) « Dans quelle mesure pensez-vous que nous en avons les moyens ? »
III.	Fournir à l'autre des informations. (Délivrer des informations)	(IV-III) (Classification Filtre—met en lumière l'état d'esprit de l'autre.)
IV.	Mettre en mouvement la réflexion de l'autre. (Débuter une réflexion)	(IV-IV) (Classification Induite Alternative) « Vos méthodes sont acceptées ici, le seront-elles ailleurs ? » « Ou vous vous calmez, ou vous sortez ? »

V.	Amener la réflexion de l'autre à une conclusion. (Apporter une conclusion)	(IV-V) « Pourquoi ne me laissez-vous pas décider du restaurant puisque vous me dites que vous aimez autant les spécialités italiennes que chinoises ? »
		V (Apporter une conclusion) Amener la réflexion de l'autre à une conclusion.
I.	Fournir des conditions préparatoires à la réflexion de l'autre. (Attirer l'attention)	(V-I) « Vous ne savez pas que c'est la seule solution qui existe, si vous me permettez de vous le dire ? »
II.	Fournir à l'interrogateur des informations. (Obtenir des informations)	(V-II) « D'après vous alors, je tomberais sous le coup de la loi anti-trust ? »
III.	Fournir à l'autre des informations. (Délivrer des informations)	(V-III) (Classification Hypothétique) « Que feriez-vous d'un yacht ? »
IV.	Mettre en mouvement la réflexion de l'autre. (Débuter une réflexion)	(V-IV) « Est-il vrai que vous ne l'aimez pas en raison de ses opinions politiques ? »
V.	Amener la réflexion de l'autre à une conclusion. (Apporter une conclusion)	(V-V) (Classification Double —deux idées de conclusion) « Préférez-vous traiter avec une équipe de négociation importante et une grande entreprise ou avec une équipe restreinte et une petite entreprise ? »

QUESTION A TROIS FONCTIONS OU PLUS

Une question peut également contenir trois fonctions. Parfois, de telles questions peuvent être dangereuses ou trompeuses ; trop de fonctions incitent à la confusion. Par exemple, « Ne pensez-vous pas qu'une fois l'âge passé, les chevaux utilisés par la police ne doivent pas être vendus à l'abattoir ? » Dans ce cas, un « non » ou un « oui » peut signifier la même chose. « Non » et « Oui » peuvent l'un et l'autre vouloir dire que la vente ne doit pas être effectuée. La question-type à trois fonctions a pour but d'attirer l'attention, de délivrer des informations, et d'amener à une conclusion. Les vendeurs l'utilisent beaucoup : « Pourriez-vous lire le contrat pour voir s'il vous convient puis le signer ? » Cette questions englobe les fonctions I, IV et V.

COMPARAISON ENTRE LA CLASSIFICATION TRADITIONNELLE DES QUESTIONS ET LEUR NOUVELLE UTILISATION FONCTIONNELLE

Comparons certaines des classifications des questions et voyons comment elles révèlent les fonctions qu'elles contiennent. Ce qui suit est une liste de classifications des questions : le premier groupe comprend des questions considérées comme maniables ; le second celles qui sont considérées comme difficiles. Vous noterez que le premier groupe ne comprend que des fonctions I, II et IV, tandis que le second est essentiellement constitué de fonctions III et V. Ce qui n'implique pas nécessairement que vous ne devrez pas utiliser des questions remplissant les fonctions III et V, mais simplement qu'il est plus difficile de fournir à l'auditeur des informations et de l'amener à une conclusion par l'intermédiaire du processus interrogatif que d'obtenir des informations, de l'amener à réfléchir, et d'attirer son attention.

CLASSIFICATION DES QUESTIONS MANIABLES

Fonctions

IV   Les questions Ouvertes à Terme ne peuvent pas admettre une simple réponse telle que « oui » ou « non ». Elles commencent par : qui, que, quand, où, pourquoi ou comment- exemple :

« Pourquoi avez-vous agi de la sorte ? »

II-IV Les questions Ouvertes invite l'autre à exprimer ses pensées librement. Elles lui offrent toute latitude de réponse. « Tom, pourrais-tu me dire ce que tu penses de cela ? »

II-IV Les questions Directives donnent à la réponse une direction. « Ne penses-tu pas que tu pourrais envoyer une lettre à Tom ? »

IV-II Les questions en Douceur mettent peu d'émotion en jeu. « Bon, qu'elle serait d'après toi la prochaine étape dans la résolution de ce problème de mathématique ? »

IV Les questions de Planification font partie d'une séquence logique d'ensemble préparée d'avance. « Une fois que vous aurez résolu le premier point, que suggérez-vous pour le suivant ? »

I-II Les questions de Secours permettent à celui qui répond de savoir qu'il peut vous aider en exprimant son point de vue. « Pourriez-vous m'aider avec l'une de vos excellentes suggestions ? »

IV-II Les questions Fenêtre vous permettent de regarder dans l'esprit de l'autre. « Pourquoi pensez-vous cela d'elle ? »

IV-II Les questions Directives se concentrent sur un point particulier et bien défini. « Et à quelle somme faramineuse pensez-vous que cela se monte ? »

IV Les questions Jauge vous donnent un feedback sur l'état de l'autre. « Qu'en pensez-vous ? » « Dans quelle mesure cela vous étonne-t-il ? »

CLASSIFICATION DES QUESTIONS POUVANT OFFRIR UNE DIFFICULTE

III-V Les questions Fermées forcent l'autre à votre point de vue. « Si vous étiez convaincu que cette action vous était défavorable, vous ne l'entreprendriez pas, n'est-ce pas ? »

III-V Les questions Chargées mettent l'autre au pied

	du mur, quelle que soit sa réponse. « Vous voulez dire par là que votre solution est la seule, et de surcroît, la bonne ? »
III-V	Les questions Chaudes reflètent une dose importante de sentiment vis à vis de celui qui est questionné. « Ayant déjà longuement discuté de votre problème, ne pensez-vous pas que nous pourrions passer à autre chose. »
I-V	Les questions Impulsives viennent simplement à l'esprit de celui qui les pose. « A propos, comment pensez-vous que votre patron aborderait le problème ? »
IV-V	Les questions Piège demandent, en apparence, une réponse franche, mais vont en fait mettre l'autre au pied du mur. « Qu'envisagez-vous pour résoudre votre problème de couple — le divorce, la séparation ou la dissolution ? »
III-V	Les questions Réfléchies ou Miroir reflètent simplement un autre point de vue ou le vôtre. « Voici comment j'envisage les choses, vous n'êtes pas d'accord avec moi ? »
V-III	« Vous pensez que ce plan n'est pas viable parce qu'il est trop coûteux ? »

QUESTIONS GRAMMATICALES ET FONCTIONS

Grammaticalement il existe quatre manières de construire une question, et certaines de ces structures se prêtent plus facilement à un type de fonction qu'à un autre. La première manière consiste à placer le sujet après le verbe ou son auxiliaire ; nous pouvons ainsi construire une question de fonction IV : « Allez-vous ? » Ou une question de fonction II : « Avez-vous travaillé hier soir ? » La deuxième consiste à utiliser, un pronom interrogatif ou un adverbe : *qui, où, comment.* Il s'agit là en général de questions de fonction II ou IV : « Qui a travaillé hier soir ? » Le troisième type de questions est formé en ajoutant une phrase interrogative : « Vous avez travaillé, n'est-ce pas ? » Ce type de formulation peut être utilisé pour les questions de fonction V. La quatrième manière de construire des questions est de placer

un point d'interrogation à la fin d'une phrase affirmative :
« Vous avez travaillé ? » Utilisables pour les questions de
fonction V.

Toutes les constructions s'adaptent aux questions de fonction
I et III. Plus encore, si nous envisageons le contenu et l'intonation
d'un discours, nous pouvons affirmer que presque tous les types
de structures grammaticales s'appliquent aux cinq fonctions de
questions.

PROCESSUS DE CONSTRUCTION DES QUESTIONS

Comprendre la fonction d'une question n'est que l'un des
aspects du processus. La construction d'une question exige bien
d'autres compétences. Elle exige la mise en oeuvre de votre
perception intuitive de la situation et de votre faculté à formuler
une question qui prend en compte un certain nombre d'indices
conscients et inconscients que la situation véhicule au moment.

Nous vous avons fourni de nombreux exemples de questions.
Cependant n'oublions pas que toute question peut être modulée
par l'intonation, l'emphase, ou tout autre procédé que nous
utilisons à tel ou tel instant de la conversation. Le contexte
global d'un message écrit peut également varier d'une manière
similaire.

La simple utilisation de la question : « Comment allez-vous ? »
peut changer de fonction selon l'emphase :

> « Comment allez-vous ? » Pas d'emphase, tous les mots sont
> dits sur le même ton. Pour attirer l'attention. (I)
> « Comment *allez*-vous ? » Pour obtenir des informations. (II)
> « Comment allez-*vous* ? » Pour délivrer de l'information.
> (III)
> « *Comment* allez-vous ? » Pour pousser à réfléchir. (IV)
> « *Mais* comment allez-vous ? » pour amener à une conclusion.
> (V)

Une seule question peut parfois servir les cinq fonctions. En
voici un exemple : ne vous est-il jamais arrivé d'être le dernier
client dans un restaurant et remarqué la manière qu'a le serveur
d'essayer de vous faire payez la note ? Il s'approche de vous
et demande : « Vous prendrez autre chose ? » Il fait cela
essentiellement pour attirer votre attention (I), mais en même

temps, il demande une information (II). Il peut également souhaiter que vous partiez (III). Sa question peut vous donner à réfléchir (IV), et finalement vous amener à une conclusion (V). Par conséquent, conservez à l'esprit que le contexte et le moment que vous choisissez pour votre question est susceptible de déterminer sa fonction et son interprétation chez l'auditeur. La responsabilité appartient à l'orateur. Si la conversation tourne court, il doit avoir des solutions de remplacement.

DU FONCTIONNEMENT DES QUESTIONS OPÉRATIONNELLES

L'anxiété semble moins présente avec les fonctions I, qui attirent l'attention, II, qui obtiennent des informations, et IV, qui incitent l'autre à réfléchir, qu'avec les fonctions III, qui délivrent de l'information et V, qui amènent l'autre à une conclusion. Voyons comment ceci peut être mis en pratique dans des situations quotidiennes. On peut demander à quelqu'un son opinion sans le mettre au pied du mur ou le forcer à répondre, et ce de la manière suivante : « Aimeriez-vous ajouter quelque chose ? » (une question de fonction I et II) plutôt que : « Quel est votre avis ? » (une question V). Un autre exemple : vous êtes vendeur et faites du porte à porte. Si vous demandez simplement : « Voulez-vous acheter l'Encyclopédie Universalis ? », c'est une question classée V et on peut vous répondre : « Non » en vous claquant la porte au nez. Il est préférable de commencer par : « Avez-vous des enfants à l'école ? » pour attirer l'attention de la personne et obtenir une information (fonctions I et II).

Aux États-Unis, la compagnie du téléphone a dépensé sept millions de dollars pour former les standardistes à mieux répondre au téléphone. En effet, la plupart d'entre elles décrochaient en disant : « Qui est à l'appareil ? » Cette réponse est souvent perçue comme agressive car elle laisse penser que les appels sont filtrés (fonction III). On suggéra aux réceptionnistes de demander plutôt : « Puis-je annoncer qui est à l'appareil ? », cette question attire l'attention (I), et donne l'impression à la personne au bout du fil qu'il possède le choix de répondre ou non. Autre formulation possible : « Dois-je vous annoncer à monsieur Untel ? » Ceci est une question à fonctions multiples contenant les fonctions I, III et V. Elle attire l'attention, fournit l'information que M. Untel est présent et permet au correspondant d'arriver à une conclusion. Vous avez le droit de répondre par « Oui » ou par « Non ».

Comparons d'autres types de questions en guise d'illustrations. « Vous ne faites rien pour l'instant ? » possède une fonction III et V. Mais : « Vous cherchez du travail tout de suite ou vous préférez remettre cela à plus tard ? » contient deux fonctions IV. Autre illustration : « Avez-vous l'habitude de régler vos problèmes personnels par une dispute ? » entre dans le cadre des fonctions III et V. Une meilleure façon d'aborder le problème pourrait être : « Lorsque survient un conflit, comment le réglez-vous ? » qui est de fonction III et IV.

Lorsque vous soumettez quelqu'un à un entretien, vous devez bien sélectionner vos questions. Votre but est d'attirer l'attention, puis d'obtenir des informations, enfin de pousser à la réflexion. Si vous découvrez qu'il vous arrive de poser des questions de type III et V, revoyez les. Admettons que nous posions des questions d'un type inadéquat tel que : « Je pense que vous ne prenez pas de cocaïne ? » Il s'agit là d'une question comportant les fonctions V et III. Il est préférable de demander : « M. Untel, aimeriez-vous nous parler de votre opinion sur la cocaïne ? » Question véhiculant une fonction IV et II. La question : « Désirez-vous aborder un problème que j'aurais omis de mentionner ? » appartient aux mêmes. Les questions ouvertes, de fonctions II et V sont de grande importance dans le cadre d'un entretien.

DE L'IMPORTANCE DES QUESTIONS FONCTIONNELLES DANS LA PRÉPARATION DES NÉGOCIATIONS

Pour relancer les débats au cours d'une négociation, prévoyez une série de questions fonctionnelles qui couvrent l'ensemble de la négociation. Elles doivent remplir leurs fonctions au moment voulu : au début d'une longue négociation, posez des questions attirant l'attention, puis celles destinées à recueillir des informations, ensuite celles qui poussent à la réflexion et enfin celles qui transforment la réflexion en conclusion. Ayez également en réserve un arsenal de questions fonctionnelles pouvant servir des objectifs immédiats et faire avancer la négociation tactiquement dans le sens de votre stratégie d'ensemble. Dans ces conditions vous pourrez laisser la partie adverse parler presque tout le temps. Vous contrôlerez la direction que prendra la négociation en injectant ça et là la bonne question.

AFFIRMATIONS UTILISÉES COMME QUESTIONS

Très souvent les gens font des affirmations qui sont en fait des demandes d'informations. Utilisés consciemment en guise de questions, les affirmations peuvent avoir les mêmes fonctions que des interrogations directes. Leur utilisation inconsciente nous est familière depuis notre plus jeune âge. De telles assertions peuvent marquer l'incertitude, donner l'impression que l'on sait quelque chose dont on ignore tout, ou simplement témoigner de l'impossibilité de poser des questions. Ces affirmations « interrogatives » méritent une attention particulière. Elles donnent un aperçu des besoins de votre adversaire. Traitée comme une question de fonction III en ajoutant un point d'interrogation, l'affirmation : « Personne ne m'aime » peut être un moyen efficace de se rapprocher d'une personne. Traitée comme une affirmation, c'est de la dynamite émotionnelle.

Les questions indirectes sont des affirmations qui appellent une réponse. Elles sont plus diplomatiques et peuvent tenir le même rôle qu'une question directe : « Le président veut savoir quand vous allez venir » est préférable à : « Quand allez-vous venir ? ». Un chef d'entreprise dont la société est à vendre, désire faire savoir à l'acheteur potentiel qu'il a d'autres postulants. La formulation : « Devinez qui a demandé si la société était à vendre », appellera une réponse sur laquelle le chef d'entreprise n'a aucun contrôle. La réponse de l'acheteur peut aller du facétieux au brutal. « Vous ne devinerez jamais qui a demandé à acheter ma société » permet un plus grand contrôle car la réponse sera probablement soit « Qui ? » soit « Non ». Grâce à cette réponse, il est possible d'aller de l'avant et éventuellement d'obtenir la réaction désirée.

La question indirecte (comme la fonction III) aide à provoquer un commentaire. (Exemple : « Comment les Américains perçoivent-ils cela ? ») Cela permet d'apporter additifs et corrections à ce qui est dit, d'induire ce que vous voulez savoir, de suggérer l'information que vous désirez obtenir et de vous assurer de la qualité de celle qui vous est fournie.

Il est des affirmations dans lesquelles les prémices sont considérés comme des acquis n'appelant aucune justification. De telles assertions commencent par : « On ne peut pas nier que... » « Le simple bon sens présuppose que... » « Chacun sait que... » « De toute évidence... » Cette méthode fort pratique est érigée en art véritable par les politiciens.

Les affirmations peuvent formuler, rendre compte, décrire, expliquer ou répondre, et par là-même remplir certaines fonctions des questions. Le mode impératif est un moyen encore plus fort d'utiliser l'affirmation comme une question. Ces assertions formulent un ordre, exigent ou donnent des directives : « Soyez prudent ! » « Ayez l'obligeance de revenir le plus vite possible. » « Prenez la prochaine à droite. » On les utilise avec des verbes tels que : *venir, aller, parler, faire,* et *être.* Ajoutez ces outils de dialogue à votre vocabulaire de négociation.

AUTO-INTERROGATION

Les journalistes se plaisent à citer Rudyard Kipling : « J'ai six loyaux serviteurs ; ils m'ont appris tout ce que je sais ; ils s'appellent Quoi, Pourquoi, Quand, Comment, Où et Qui. » Cette maxime illustre le travail du journaliste qui se doit de collecter toutes les informations indispensables à la rédaction d'un article. Les questions comportant les termes « qui, » « quoi, » « quand » et « où » sont de fonction II, c'est-à-dire de niveau d'abstraction bas, proche de la réalité, et la réponse que l'on peut y faire, laisse peu de place à l'interprétation. Les questions commençant par « pourquoi » de fonction IV, se situent à l'autre extrême et exigent une interprétation, tandis que celles débutant par « comment », de fonction IV, se placent entre les deux.

Une autre méthode d'auto-interrogation peut être utilisée pour permettre un développement ordonné de vos idées et de vos stratégies de négociation : l'utilisation répétée de « quand » : (1) quand allez-vous essayer de définir vos idées, (2) quand allez-vous essayer de rassembler les informations, (3) quand allez-vous essayer d'ordonner vos idées, (4) quand allez-vous essayer de faire une évaluation de vos idées. Avec « comment », vous développerez un flot d'idées débouchant sur la mise en place de stratégies alternatives : comment adapter, modifier, magnifier, minimiser, substituer, reformuler, inverser et combiner. Lorsqu'on se questionne soi-même, il est important de garder à l'esprit l'importance réelle de l'affirmation ou de la question sur laquelle on se penche. Einstein définissait l'interrogation créative comme : « l'esprit conducteur de la recherche. » Il incluait sûrement le concept recherche parmi les aspects de l'interrogation créative.

COMMENT RÉPONDRE (OU NE PAS RÉPONDRE) À UNE QUESTION

Dans un excellent article sur la manière de répondre à une question, paru dans la revue de sémantique générale *Etc.* , de mars 1969, le professeur Chandler Washburne termine par : « l'avenir de cette science indispensable est entre vos mains. » J'aimerais vous proposer une approche similaire et vous montrer certaines des applications qui peuvent être envisagées. Il ne s'agit pas de suggestions mais simplement d'exemples, d'alternatives auxquels vous pouvez avoir été soumis ou que vous avez utilisés sur d'autres. Le domaine peut être divisé comme suit : (1) laisser l'autre personne avec l'impression qu'on lui a répondu, (2) répondre incomplètement, (3) répondre inexactement, (4) laisser l'autre personne sans désir de poursuivre l'interrogation plus avant.

(1) LAISSER L'AUTRE PERSONNE AVEC L'IMPRESSION QU'ON LUI A RÉPONDU

Dans le processus d'interrogations nous abordons deux séries de présupposés — ceux de l'interrogateur et ceux de l'interrogé. Dans la réponse, nous devrions essayer d'envisager les présupposés de l'interrogateur et tenter de laisser de côté les nôtres. À une question qu'on lui posa, un capitaine de l'armée fit une fois un mauvais présupposé. Il était trésorier du club des officiers et avait empoché personnellement une partie des fonds. Alors qu'il faisait ses commissions dans un supermarché, il fut accosté par deux hommes de la police militaire. L'un d'eux mit sa main sur l'épaule du capitaine et dit : « Capitaine, pourriez-vous nous suivre ? » L'officier répondit : « Pourriez-vous m'excuser un instant ? » Il se rendit aux toilettes et se donna la mort. Les hommes de la police militaire furent étonnés. Ils étaient simplement venus demander au capitaine de déplacer sa jeep stationnée devant une bouche d'incendie. Il serait encore en vie aujourd'hui, peut-être derrière des barreaux, mais s'il avait fait l'effort d'envisager la question sur la base des présupposés de l'autre plutôt que les siens. Il aurait pu répondre à la question du policier par : « Pourquoi ? » et agir en conséquence.

(2) RÉPONDRE INCOMPLÈTEMENT

Une réponse incomplète couvre un domaine plus limité que celui posé par l'interrogateur. Admettons que vous veniez de dîner chez des amis tout juste mariés, et que la jeune épouse ait préparé le dîner. Le lendemain, le mari vous demande : « Comment avez-vous trouvé le repas préparé par ma femme ? » Vous pouvez alors répondre : « La table était superbement dressée et l'argenterie de qualité. Était-ce un cadeau de mariage ? »

Envisagez la question au sens restreint. Parfois au cours d'une négociation, si des détails sont discutés et que les deux parties savent qu'elles n'arriveront jamais à un accord sur des points précis, elles poseront des questions sujettes à des réponses restreintes plutôt que d'essuyer un refus absolu, ce qu'elles ne souhaitent nullement. Lorsqu'on posa à un fabriquant la question suivante : « Pouvez-vous vous occuper de cette commande ? », le fabriquant, considérant un sens restreint, répondit : « Certainement, nous pouvons nous occuper de ce type de commande. » Ni l'un, ni l'autre n'interrogeait ni ne répondait à la question du délai de livraison.

Comme nous l'avons dit précédemment, vous devez poser des questions en envisageant le niveau de réponse que vous vous voulez obtenir. Si vous posez une question de haut niveau, vous aurez une réponse abstraite de haut niveau. Une question de bas niveau délivrera des informations plus précises et plus détaillées. Cependant, vous pouvez inversé ce processus : lorsqu'on vous pose une question de haut niveau, vous pouvez donner une réponse de bas niveau en commençant simplement par : « Pour aller à l'essentiel... » À la question : « Que pensez-vous de l'avancement des pourparlers sur le désarmement ? », la réponse peut être : « En tant que diplomates avertis, nos représentants sont en liaison directe et constante avec ceux de l'adversaire. » À l'inverse une question de bas niveau peut recevoir une réponse de haut niveau ; par exemple cette histoire : Deux hommes qui avaient envie de se baigner virent un pêcheur sur le bord d'une rivière. Ils demandèrent s'il y avait des serpents dans l'eau. Le pêcheur assura que non. Une fois leur baignade terminée, les deux hommes demandèrent alors au pêcheur : « Mais comment se fait-il qu'il n'y ait pas de serpents ? » « Les alligators les ont tous mangés », répondit-il.

Autre méthode de réponse incomplète : à esquiver la question. Admettons que vous soyez représentant et que vous soyez au milieu de votre présentation. L'acheteur vous demande : « Combien cela coûte-t-il ? » Votre but est de ne pas répondre pour l'instant. Vous souhaitez terminer votre présentation avant de dévoiler le prix. Vous pouvez répondre : « Je suis certain que le prix vous intéresse, laissez-moi en finir avec les détails et je pourrais répondre plus complètement à votre question. » Vous pourriez également dire : « Lorsque j'en aurai terminé avec l'ensemble de ma présentation, c'est avec plaisir que je vous demanderai votre opinion sur le prix. » Parfois, l'utilisation du sens restreint peut être utile ; répondez en donnant juste le prix du produit dont vous êtes en train de faire la présentation, puis poursuivez.

(3) REPONDRE INEXACTEMENT

Utilisez une analogie en commençant par : « Si j'ai bien compris votre question... », puis formulez votre propre version de la question ; ou bien commencez par : « Une situation similaire... » et présentez une situation avec laquelle vous êtes prêt à faire la comparaison ; ou encore, proposez une analogie typique avec laquelle vous voudriez lier la question. Vous pouvez également changer la question en y substituant une autre. Suggérez que vous allez répondre et changez adroitement de sujet : « Je pensais que vous alliez dire cela, et vous méritez une réponse. Mais avant que je ne vous réponde, permettez-moi de poser cette question. » « Oui, je suis d'accord avec le fond de la question, mais permettez-moi de la reformuler. » Si l'interrogateur est toujours insatisfait et qu'il vous dit : « Je ne pense pas que la réponse soit pertinente » vous pourriez répondre : « Vous avez sans doute raison. Comment la formuleriez-vous vous-même ? » ou « Comment l'auriez-vous formulé ? »

ou « Préféreriez-vous que j'oriente différemment ma réponse ? »
ou « Comment aimeriez-vous que je formule ma réponse ? »

LAISSER L'AUTRE PERSONNE SANS DÉSIR DE POURSUIVRE L'INTERROGA-
TION PLUS AVANT

Formulez de nombreuses réponses qui ne vous engagent envers
personne. Par exemple : « Pourquoi ne peut-on pas améliorer le
service ferroviaire ? » Réponse : « Lorsqu'on envisage l'accroissement de la population banlieusarde, les modifications de la
situation économique dans les différentes zones de la région
envisagée, les manquements de l'État à fournir les subventions
nécessaires, les syndicats et le problème des salaires par rapport
à la productivité... »

Affirmez que la question est que la question n'appelle pas de
réponse : « C'est là l'une de ces questions n'ayant pas de
réponse. » « L'avenir seul détient les clefs de ce problème. »
« Il serait inutile en l'occurence de spéculer sur l'avenir. »

Faites une réponse « nulle » : « Ça, *c'était* un dîner. » « *Quelle
robe* ! »

Utilisez des éloges désarmants : si la mère d'une jeune fille
demande à un prétendant qui se fait tirer l'oreille : « Quelle est
votre opinion sur le mariage ? », il peut fort bien répondre :
« Si seulement je pouvais être certain que toutes les mères fussent
aussi charmantes que vous-même. À propos comment faites-
vous ? »

Si la question ne peut pas être réfutée logiquement, utilisez
une remarque destinée à stigmatiser le point de vue de l'adversaire
en faisant ressortir qu'il ne mérite pas d'être discuté : « N'est-ce
pas le devoir du gouvernement d'assister des citoyens qui sont
dans le besoin ? » Réponse : « À force d'assister, on tue
l'initiative personnelle. »

Utilisez l'humour dans certaines réponses : « Quelles furent
les premières personnes à faire de la discrimination à votre
égard ? » (question posée à un comédien juif). Réponse : « Mes
parents. »

Contre-attaquez sur un point n'ayant aucun rapport avec le
sujet : « N'est-ce pas le devoir du gouvernement d'assister des
citoyens qui sont dans le besoin ? » Réponse : « Certaines
personnes veulent détruire l'entreprise privée. »

Ne répondez pas. La méthode utilisée peut prendre de nombreuses formes : vous êtes distrait ; vous créez une diversion ; vous continuez intentionnellement à créer une diversion en choisissant une autre question ou en chargeant quelqu'un d'autre de répondre.

Regardons ce qui se passe lorsqu'une personne pose une question. Elle a aussi des problèmes — cf. les problèmes de l'interrogateur ! Elle ignore la profondeur du savoir de l'autre, elle peut ne pas avoir réellement décidé de ce qui l'intéresse à connaître, et ne pas être à l'aise avec la question à poser. L'interrogateur peut aussi avoir peur de poser la véritable question pour des raisons de sensibilité. Il peut également avoir des préjugés et ne pas souhaiter ses propres sentiments. Enfin, l'interrogateur peut manquer de confiance dans sa capacité à répondre lui-même à la question. Ces éléments sont des obstacles naturels au processus d'interrogation.

ABSENCE DE QUESTIONS

Nous avons discuté de la manière d'aborder une question au cours d'une négociation d'affaires. Si on contrôle la réunion, les questions sont automatiquement tranchées. L'intérêt que j'ai porté à ce domaine vient de l'article d'Alfred Fleishman « Comment saboter une réunion » publié dans *Etc.* , en septembre 1967. J'ai utilisé les différentes stratégies présentées dans le chapitre 9 pour vous montrer comment une réunion peut être perturbée. Ce ne sont pas des suggestions, mais simplement des situations possibles que l'on peut rencontrer. Soyez y préparé.

(a) Patience. Poursuivre la réunion ; tenir plus longtemps que l'adversaire.

(b) Surprise. Interrompre la réunion ; choisir exactement l'instant pour être efficace.

(c) Fait accompli. Ajournez la réunion avant que l'adversaire n'ait fini de parler.

(d) Retrait pur et simple. Quitter la salle.

(e) Retrait apparent. Ne se joindre à la réunion qu'après qu'il soit trop tard pour les autres d'accomplir quoi que ce soit.

(f) Renversement. Prévoir une autre réunion au même endroit et à la même heure.

(g) Limites. Appliquer des procédures de discussion ; demander un ordre du jour, etc.

(h) Feintes. Informer les membres de la délégation adverse que la réunion doit avoir lieu ailleurs, à un autre moment.

(i) Participation. Remplissez la salle de réunion ; amener des amis.

(j) Association. Obtenir l'aide d'associés ayant un intérêt similaire. Ils se mêlent au débat pour défendre leurs intérêts.

(k) Dissociation. Mettre en cause l'intégrité et l'honnêteté du locuteur. Exiger des noms.

(l) Carrefours. Créer une diversion ; changer de sujet ; aborder de nouveaux sujets.

(m) Couverture. Remplir la salle de réunion d'amis à seule fin que les adversaires ne puissent prendre place.

(n) Hasard. Défier l'adversaire à un jeu de hasard. Tirer à pile ou face.

(o) Fausse récurrence. Au cours de la réunion, proposer des « faits » limités que l'adversaire ne peut ni vérifier ni mettre en cause sur le champ.

(p) Saucissonnage. Diviser le but de la réunion en sous-parties devant être examinées en comité avant toute décision.

(q) Fourchette. Suggérez sans cesse que la réunion a été convoquée pour résoudre des problèmes qui dépassent les intentions de l'adversaire. Mettre fin à la réunion sur un compromis.

(r) Changer de niveau. Ajourner la réunion pour en convoquer une autre comportant plus — ou moins — de participants.

CHAPITRE 8 : APPLICATIONS

Après avoir revu la matrice de questions, fabriquez votre propre matrice à double entrée avec cinq fonctions de questions en lignes et cinq en colonnes à gauche. Remplissez le tableau avec vos propres exemples de questions contenant deux fonctions : I-I, I-II, I-III, I-IV, etc. , en vous inspirant des exemples donnés dans ce chapitre. Ceci fait, vous devez être capable d'émettre de bonnes questions utilisables dans toutes vos négociations.

9

COMMENT RECONNAÎTRE LES BESOINS

UN BON AUDITEUR

Regardons maintenant les autres moyens que l'on peut employer (hormis les questions et les affirmations) pour connaître les besoins de l'adversaire. Une bonne méthode consiste à écouter attentivement les mots prononcés par l'adversaire, sa façon de les formuler, le choix de ses expressions, le style de son discours, le ton de sa voix. Tout ceci donne des indices sur ses besoins véritables.

Mais si vous êtes un bon auditeur, vous devez conserver à l'esprit qu'une conversation ou une négociation peut comporter plusieurs niveaux de signification. Freud postulait qu'un rêve pouvait être interprété à trois niveaux différents. Pareillement, dans certains cas, le discours d'une personne possède différents niveaux de signification. Par exemple, l'affirmation de la partie adverse au premier niveau est le message qu'elle *semble* vouloir transmettre. À un second niveau, le message peut nous être transmis par le ton, les mots employés par la partie adverse. À un troisième niveau, c'est la manière dont la partie adverse aborde la négociation qui nous informe sur le message qu'elle souhaite nous transmettre.

Écouter est une technique aussi persuasive que de parler. Un bon auditeur doit conserver l'esprit ouvert et se libérer de toute notion préconçue. Toute affirmation peut avoir au moins deux sens. George Orwell, dans *1984*, donne certains slogans qui au premier abord paraissent inconsistants. Pourtant, ils ont un sens, dans certaines circonstances et dans certaines limites. « La liberté, c'est l'esclavage » est vraisemblable si l'individu peut satisfaire à tous ses caprices car il en devient l'esclave. « La guerre, c'est la paix » a un sens si nous pensons aux effets unificateurs d'une guerre sur les peuples d'une nation : ils sont en paix les uns avec les autres en étant unis dans la défense de leur pays.

Une fois que vous êtes prêt à être un bon auditeur, libéré des préjugés, avide d'en savoir plus sur les besoins de votre adversaire, qu'espérez-vous entendre ?

Sandor S. Feldman, dans son livre *Mannerisms of Speech and Gestures in Everyday Life* (New York : International Universities Press, Inc., 1950), fait mention de nombreuses particularités dans le discours offrant un intérêt en négociation. Par exemple, des procédés attirant l'attention ou signifiant exactement l'inverse de ce que la personne semble vouloir dire.

L'expression : « À propos... » peut laisser entendre que l'orateur vient d'avoir une idée qui lui traverse l'esprit. Mais neuf fois sur dix, ce qu'il dit revêt une importance considérable. Lorsqu'une personne débute ses phrases par des expressions telles que : « Pour être honnête » « Pour dire la vérité » « Franchement » ou « Honnêtement », il y a de fortes chances pour que ladite personne ne soit *ni* franche *ni* honnête. En fait de telles expressions ne sont souvent que des couvertures.

« Avant que je n'oublie » est vraiment une phrase dépourvue de sens. Il est évident que si une personne oublie quelque chose, elle ne le dira jamais. Mais si elle ne l'a pas oublié, pourquoi commencer son intervention par une telle phrase ? Cette expression ressemble singulièrement à celle que nous avons vue précédemment : « À propos », et dans les deux cas, on prétend que ce qui suit est sans importance.

Si une femme demande à son mari : « M'aimes-tu encore ? » et que le mari réponde : « Bien sûr », il y a toutes les chances pour que sa femme soit insatisfaite. Le terme « Bien sûr » est suspect. Il véhicule l'ombre d'un doute : il implique « Bien sûr que je t'aime, mais plus comme avant. » Un simple « oui » aurait signifié qu'il l'aimait réellement comme toujours et sa femme aurait été satisfaite. (« Plus que jamais » aurait été la meilleure réponse) « Bien sûr » indique une absence d'assurance absolue et le besoin de se rassurer soi-même.

Le terme « naturellement », si souvent utilisé, est très semblable à « bien sûr » quant à son sens et ses implications.

Il y a une centaine d'exemples de la sorte dans le livre du Dr. Feldman. On ne doit pas oublier que de telles phrases possèdent une signification psychologique. Elles nous donnent une indication sur l'esprit de l'adversaire. Pour cette raison, écoutez attentivement lorsque votre adversaire fait une affirmation et soyez toujours prêt à découvrir les motivations cachées et les besoins révélés par d'apparentes phrases innocentes revenant à espaces réguliers.

Parfois, vous pouvez vous apercevoir d'un changement d'attitude de la part de votre interlocuteur, non pas du fait de *ce* qui est dit, mais *comment* cela est dit. Admettons qu'une réunion se soit déroulée dans une atmosphère détendue, les participants s'appellent par leur prénom. Brusquement, quelqu'un interpelle l'un de ses adversaires par son nom de famille : « Monsieur Jones » ou « Monsieur Smith ». Ce changement est un signe de tension. Plus grave, il peut être le signe qu'une impasse vient d'être atteinte.

COMMUNICATION NON-VERBALE

Il faut écouter son adversaire dans le but de découvrir ses désirs et ses besoins, il faut également observer ses moindres gestes. Par exemple, si au cours d'une conférence amicale, l'un des participants recule brutalement dans son siège et croise les bras, vous saurez d'emblée que des problèmes vont surgir. Les attitudes ont une importance considérable. Elles offrent une large palette de significations et possèdent leurs propres nuances psychologiques. Par conséquent, observez attentivement les attitudes de votre adversaire pour obtenir des indices quant à sa réflexion.

Nous utilisons le terme « d'attitude » dans l'acception la plus large possible. Il inclut bien plus que les simples mouvements du corps. La tension peut être marquée par un certain nombre de signes tels que l'empourprement, la contraction des muscles faciaux, le rire forcé ou le ricanement, ou même le silence total. Il s'agit là en fait de moyens de communication non-verbaux. Le docteur Sandor Feldman analyse plus de cinquante attitudes et expressions non-verbales différentes : mouvements du corps, postures, expressions faciales.

Dans toute négociation, cela va sans dire, vous parlez avec votre adversaire. En même temps, vous le regardez et vous le voyez. Les psychologues font une distinction entre *regarder* et *voir*. Lorsque nous observons le monde extérieur, nous *regardons*. C'est une forme de perception objective. Mais lorsque nous voyons, nous assimilons la situation générale subjectivement. Supposez que vous rencontriez une jolie femme portant une robe courte révélant les charmes de son corps. Elle désire que vous la *voyiez* et elle sera déçue si vous ne manifestez aucune admiration à son égard. Mais si vous la regardez avec insistance, vous lui portez un œil inquisiteur, vous l'offensez et elle se sent obligée de se soustraire à vos yeux. Vous n'êtes pas un galant homme.

Une toux répétée peut avoir de nombreuses explications. Dans certains cas, il s'agit d'une forme de nervosité, un tic qui permet à l'orateur de parler et dont il est totalement dépendant. Dans d'autres, elle sert à couvrir un mensonge, à exprimer un doute ou une surprise si on parle de vous-même avec trop de confiance ou de suffisance.

Les expressions faciales sont des moyens évidents de communication non-verbale. Le visage impassible du « joueur de poker » ne nous offre qu'un regard vide et un manque total d'expression : l'individu ne veut rien laisser paraître de ses sentiments. En dépit du masque qu'il nous offre, il est possible de lire ses intentions.

Le clignement d'œil est un réflexe protecteur pour garder l'œil humide et éliminer les particules de poussière. Des études ont prouvé qu'il s'accroît avec la colère et l'excitation. Un clignement normal est à peine remarquable mais lorsqu'il devient plus fréquent, notre attention s'éveille. Cet état anormal reflète un sentiment de culpabilité et de crainte. Il est utilisé pour cacher quelque chose et d'ailleurs certaines recherches indiquent qu'un clignement excessif peut servir de détecteur de mensonges.

Parallèlement à cela, on s'aperçoit que les attitudes sont quelquefois utilisées consciemment à la place des mots, notamment si ceux-ci risquent d'être mal perçus. Ainsi un avocat peut ne pas vouloir montrer son désaccord avec le juge devant un jury, ou un soldat indiquer une différence d'opinion avec son supérieur. Seulement, les attitudes sont parfois *trop* expressives, révélant plus qu'on ne le désire. La police affirme pouvoir repérer le parrain au cours d'une réunion de la mafia en observant l'extrême déférence que lui témoignent les autres personnes présentes.

Le négociateur habile garde ses yeux et ses oreilles rivés sur son adversaire. Comme le disait Francis Bacon dans son essai *Of Cunning* : « Vos yeux doivent se mettre au service de votre interlocuteur, car il y a nombre d'hommes sages au coeur secret et à la contenance transparente. » Quant à Emerson il affirmait : « Ce que vous êtes parle si fort que je ne parviens pas à entendre ce que vous dites. »

Ceci dit, puisqu'il est impossible de jauger complètement l'état émotionnel de votre vis-à-vis, que ceci ne vous empêche pas d'avoir toujours à l'esprit que les émotions sont en arrière plan lorsque deux personnes ou plus se rencontrent pour parler. Si vous êtes en face d'une personne émotionnellement mure, tant mieux, elle peut accepter des faits, même déplaisants. C'est l'individu immature émotionnellement qui choisit des techniques de négociation visant à satisfaire strictement ses émotions plutôt que d'arriver à un accord.

Les facteurs qui affectent les émotions peuvent être intangibles. Le local et son agencement matériel ont souvent une incidence sur le contexte émotionnel. Le leader politique britannique Ernest Bevin affirmait que les conférences se déroulant dans des locaux aux couleurs éclatantes étaient plus souvent couronnées de succès. Les moindres détails de la siuation et de l'agencement revêtent une influence déterminante sur la négociation.

En dehors de l'environnement, vous apprendrez une foule de choses en observant la façon dont les participants se déplacent dans la salle de conférence. L'individu intéressé par ce qui se déroule à la table de conférence se penchera en avant pour s'incorporer au groupe. Dès l'instant que son intérêt tombera, il se reculera et s'écartera de la table.

Les actions silencieuses, les attitudes et les mouvements de toutes sortes possèdent un sens si vous les observez. Asseyez-vous en bout de table et l'on vous considérera comme une personne d'autorité. Par contre, au cours d'une négociation où les deux camps se placent de chaque côté de la table, asseyez-vous dans le clan adverse, puis discutez de certains points en prenant son parti. Sur les points mineurs, vous obtiendrez gain de cause et l'adversaire commencera à vous considérer comme des leurs. Par la suite, vos propositions seront écoutées d'une oreille plus attentive pour aboutir à un accord.

La difficulté dans l'évaluation des communications non-verbales est qu'elles sont liées, en grande partie, au subconscient et aux émotions. Il vous faudra donc faire appel à votre intuition (que je définirai comme le mélange d'une multitude de minuscules observations semi-conscientes). Les hommes parlent de « l'intuition féminine ». Si les femmes semblent effectivement plus intuitives, c'est aussi que les hommes se montrent transparents. Une femme cherche les détails et les observe de façon plus précise. Son contact non-verbal avec son enfant jusqu'à deux ans est un facteur qui développe aussi son intuition. Nous serions tous de meilleurs négociateurs si nous pouvions acquérir cette aptitude à comprendre les attitudes, cette faculté d'observer les détails et cette intuition qui semble être innée chez la femme.

Cela étant, pour éviter toute forme de généralisation, permettez-moi de vous rapporter cette histoire. Un jury devait être choisi pour un procès d'assises. Une jeune femme qui avait été sélectionnée expliqua au juge qu'elle ne voulait plus en faire partie. Lorsqu'on lui demanda pourquoi, elle expliqua qu'au premier coup d'œil elle avait su que l'accusé était coupable. Le juge lui demanda de se rasseoir et de se taire. La personne qu'elle désignait était l'avocat général.

Les attitudes innées sont assez semblables dans toutes les parties du monde, mais les attitudes acquises diffèrent d'une société à l'autre. Aux États-Unis, en moyenne, un homme s'écarte de quarante-cinq à cinquante centimètres pour parler à un autre homme. Lorsqu'il s'adresse à une femme, il recule de cinq centimètres de plus. En Amérique Latine et en France la distance habituelle est de trente-deux centimètres. Par conséquent, une Américaine à Paris se sentira agressée si un Français s'adresse à elle à une distance de trente-deux centimètres, tout comme lui se sentira rejeté si elle recule à soixante centimètres pour lui parler. (Serait-ce la raison pour laquelle de nombreuses Américaines trouvent la plupart des Français agressifs ?)

Les différences culturelles affectent non seulement notre utilisation et notre interprétation des attitudes, mais aussi notre mode de pensée et notre comportement vis-à-vis de la structure sociale. Il y a plusieurs manières de dire les choses. En français, la pendule marche, tandis qu'en anglais, elle court. En espagnol, on ne rate pas son bus, c'est le bus qui vous laisse. D'après Stuart Chase, l'un des conflits qui surgit entre les Indiens et les premiers immigrants était dû à une différence dans la définition des droits de propriété. Pour les Indiens, aucun individu n'avait de « droit » exclusif de pêche ou de chasse sur les terres. Quand ils vendirent la terre contre quelques couteaux et quelques perles, ils pensèrent qu'ils accordaient des droits de chasse supplémentaires. Évidemment, lorsque les visages pâles exercèrent leurs droits de propriété exclusive sur les terres, les Indiens en furent étonnés et mécontents. Les Européens, de leur côté, considérèrent les Indiens comme des menteurs et des tricheurs qui ne respectaient pas leurs engagements. Ce malentendu issu de concepts culturels différents causa une rupture de communication entre les deux communautés.

Une différence culturelle dans l'utilisation du mot « non » entraîne des conflits répétés entre les hommes d'affaires japonais et américains. L'homme d'affaires japonais a le sentiment que s'il répondait par la négative, son interlocuteur perdrait la face. L'homme d'affaires américain, qui ignore cette démarche, est souvent contraint de négocier sans aboutir à ce qu'il estime comme une réponse claire et précise. De nouveau, il s'agit là d'une rupture de communication en liaison avec des différences culturelles.

Si vous secouez plusieurs fois la main d'un Allemand pour lui dire bonjour, vous le mettez dans une situation gênante. En Inde, la couleur d'un cadeau possède sa signification propre : certaines teintes de vert offensent celui qui reçoit le cadeau. Aux États-Unis, la coutume exige que les voisins rendent visite au nouvel arrivant. En France, c'est l'inverse : le nouvel arrivant doit rendre visite à ceux qui sont déjà installés.

Les habitudes gestuelles ne sont pas strictement une affaire de différences ethniques. Un homme enfile son manteau en commençant par le bras gauche tandis qu'une femme met d'abord la manche droite. Lorsqu'un homme aide une femme à mettre son manteau, il y a souvent un instant de confusion.

Le problème est le suivant : pour le négociateur, chaque petit mouvement a un sens bien à lui. Le moindre battement de sourcil, l'inclinaison de la tête, le geste soudain de la main, tout cela est un langage qu'il faut apprendre à traduire.

La négociation réussie exige une communication parfaite et constante de tous les instants. Seulement, ne confondons pas communication et compréhension. À une époque plus optimiste, on croyait que si les gens se « comprenaient », ils auraient moins de problèmes à communiquer. Il n'est pas indispensable de se « comprendre » pour communiquer. La compréhension et la communion d'idées sont des objectifs à long terme. De nos jours, il semble plutôt que l'échec de la communication vienne de ce que les parties semblent se comprendre trop bien. De la même façon qu'il faut distinguer regarder de voir, comprendre est la réponse nerveuse (objective) à nos tentatives de communiquer (subjectives). Dostoïevski dans *Les Frères Karamazov* écrit : « Si les gens qui vous entourent sont malveillants, sans pitié et qu'ils ne vous écoutent pas, tombez à leurs pieds et implorez leur pardon, car en vérité vous seul êtes à blâmer. » Cet échec dans le processus de communication est inhérent à chacun.

Nous devons négocier de telle sorte que notre adversaire se révèle à nous, qu'il nous livre ses besoins, ses motivations et ses désirs. C'est en lui posant des questions, en notant ses habitudes de langage, en observant ses attitudes gestuelles tout en tenant compte des stress émotionnels et des différences culturelles que nous y parviendrons.

CHAPITRE 9 : APPLICATIONS

1. Parmi les livres publiés sur la communication non-verbale, je citerai : *Lisez dans vos adversaires à livre ouvert* de Gerard Nierenberg et Henry Calero, qui fournit une analyse de la communication non-verbale. Une telle analyse pourrait-elle vous servir au cours de votre prochaine négociation, autant pour la

compréhension de vos propres attitudes que pour celles de votre adversaire ?

2. Dressez une liste d'au moins cinq différences culturelles entre deux ou plusieurs cultures avec lesquelles vous êtes familier.

10

TECHNIQUES DE NÉGOCIATION

Lorsque les présupposés de toutes les parties sont bien sondés, et plus spécifiquement une fois que nous avons traduit notre connaissance en compréhension des *besoins*, alors nous maîtrisons les « éléments » de la négociation.

La façon dont nous les déploierons autour de la table de négociation est une question de technique : stratégie et tactique.

Ces deux mots — stratégie et tactique — sont clairement différenciés quant à leur définition. En pratique, il est souvent difficile de dire si tel mouvement fait partie de la stratégie ou de la tactique. En fait, le mot *stratagème* semble combiner l'idée de stratégie et celle de tactique.

Dans ce chapitre, nous considèrerons la *stratégie* comme étant l'ensemble des techniques utilisées effectivement dans le processus de négociation et la *tactique* comme les moyens utilisés pour mettre en œuvre la stratégie.

De nombreuses situations réelles illustrent ces techniques, par exemple lorsque nous dansons sur une piste surpeuplée. Comment nous nous déplaçons, où nous allons, à quelle vitesse nous bougeons, tout ceci est déterminé par certaines conditions précises : le rythme de la musique, le partenaire, les autres couples de danseurs, notre état d'esprit, l'état d'esprit présumé des autres gens, notre connaissance subconsciente des règles et règlements de la circulation, etc.

Notre stratégie, par exemple, peut consister à décrire un cercle autour de la piste ou de pénétrer au centre. La tactique que nous utilisons, un pas particulier ou un changement de direction, est régie par cette stratégie et par les conditions d'environnement du moment.

Les stratégies proposées sont toutes destinées à mettre en œuvre la Théorie du Besoin dont nous avons déjà parlé.

En étudiant les techniques de négociation, nous pouvons les envisager comme autant d'outils que nous apprenons à utiliser. *L'Encyclopedia Britannica* définit le mot outil comme « un objet ou un ustensile utilisé par un ouvrier dans le traitement des matières qu'il emploie dans son métier, soit au cours des opérations préliminaires de mise en œuvre ou de mesure des matériaux, en ramenant son travail à la forme requise par un processus de coupe ou tout autre processus, en sondant et en vérifiant son exactitude, soit dans le but de l'assujettir de manière appropriée durant les opérations de traitement. »

Dans cette définition, les phrases « opérations préliminaires » et « de mise en œuvre ou de mesure des matériaux » sont analogues à ce que nous faisons lorsque nous entrons en négociation. Nos « opérations préliminaires » comprennent la recherche, la prise en considération des besoins et des présupposés, et l'expérience passée que nous possédons dans un domaine semblable. Nous cherchons à sonder ou mesurer par avance les espoirs et les objectifs de nos adversaires et de nous-mêmes, leurs relations au conflit et les frustrations qu'ils éprouvent face au problème à négocier. Durant la négociation, nous employons d'autres outils pour atteindre nos objectifs.

La stratégie du négociateur inexpérimenté doit se limiter à quelques procédés simples et évidents. Le négociateur expérimenté utilisera une variété de moyens pour aboutir à ses objectifs. Ces moyens comprendront la stratégie du « quand » ou celle du « comment et où ».

La stratégie du « quand » met essentiellement en jeu un sens de la gestion du temps. Il est plus facile de l'utiliser au cours d'une négociation lorsqu'un nouvel élément entre en ligne plutôt que lorsque tous les éléments sont statiques. Appliquée correctement, elle peut faire passer une situation du statique au dynamique. La stratégie du « comment et où » met en jeu la méthode et le domaine d'application. Il est souvent avantageux d'utiliser au moins deux approches stratégiques au cours de la même négociation. Plus vous vous familiariserez avec les différentes techniques de stratégie, plus grandes seront vos chances de succès en négociation. Par dessus tout, ne tentez pas de vous inspirer du comportement décrit par Matthew Arnold dans *Empedocles on Etna* :

> *On ne fait pas ce que l'on doit ;*
> *Ce que nous ne devrions pas faire, nous le faisons ;*
> *Et sur l'espoir nous reposons*
> *Que la chance nous sourira.*

Voici des exemples d'une double stratégie appelée stratégie du « dumping ». La stratégie d'ensemble combine un retrait apparent avec un renversement, deux des stratégies de base dont nous discuterons plus tard dans ce chapitre. Elle est applicable à trois niveaux : inter-personnes, inter-organisations et inter-nations.

La vente d'automobiles est un domaine hautement compétitif, illustrant bien le niveau inter-personnes. De nombreux clients potentiels essaient de tirer avantage de ce fait en allant de revendeur en revendeur avec la question suivante : « Donnez-moi simplement le prix ». Tôt ou tard, le client tombera sur un prix « dumping », prix qui est trop bas pour être réaliste et peut même se situer en-dessous du coût du revendeur. Une fois que le client a terminé sa tournée, il reviendra au revendeur proposant le prix le plus avantageux, supposant que la négociation est terminée. En fait, la négociation vient juste de commencer. Le vendeur lui présentera les « suppléments » et le coût élevé du crédit. Il se peut qu'il prenne la commande mais ne parvienne jamais ni à livrer la voiture ni à décider le client à acheter un autre modèle. Le prix « dumping » a succombé.

Du côté de l'entreprise (niveau inter-organisations), les rôles peuvent être inversés. Cette fois, le vendeur est la victime mais la stratégie est essentiellement la même. Elle est utilisée lorsqu'une affaire se trouve en situation désastreuse et qu'on doit la vendre immédiatement. L'acheteur potentiel offre un prix qu'il sait être particulièrement alléchant. Il temporise et continue à présenter son leurre jusqu'à ce que tous les acheteurs potentiels se soient retirés. Il offre alors son prix réel en disant que c'est à prendre ou à laisser. Le vendeur est contraint d'accepter.

Au niveau inter-nations, le « ventes à perte » de surplus de marchandises est une forme « honnête » de dumping. Le prix de vente est bas, si bas qu'il oblige les industries concurrentes de l'autre pays à perdre leur marché. Alors la nation rivale jouit d'une position de monopole et applique des prix monopolistiques.

LA STRATÉGIE DU « QUAND »

La stratégie du « quand » peut être divisée en plusieurs parties : *patience, surprise, fait accompli, retrait pur et simple, retrait apparent, renversement, limites* et *feintes*. En voici quelques exemples :

Patience. Lorsqu'on remet, suspend, diffère une réponse au lieu de la donner sur-le-champ, que l'on ne répond pas à la question ou que l'on prend un temps de réflexion avant de trancher, on utilise la stratégie de la patience. Attendre que vos collaborateurs puissent réfléchir et donner à l'adversaire le temps de penser également rentre dans cette catégorie. Les jeunes disent : « Restez cool ». Dans les relations de travail, on peut appeler cela une période de dépassionnalisation.

Les Quakers en fournissent un exemple. Lorsque les membres d'une réunion de Quakers sont divisés sur un sujet, il est de coutume d'exiger une période de silence. Si la dissension demeure, le secrétaire remet la question à plus tard ou à une réunion ultérieure. Cela peut durer indéfiniment jusqu'à ce que la question soit résolue. La patience évite ainsi un conflit direct et éventuellement aboutit à un règlement.

Franklin D. Roosevelt racontait une histoire qui illustrait l'utilisation que les Chinois font de la patience, utilisation qui repose sur quatre mille ans de civilisation. Deux coolies avaient une discussion houleuse au milieu de la foule. Un étranger exprima sa surprise de constater qu'ils n'en venaient pas aux mains. Son ami chinois lui expliqua alors : « Celui qui frappe le premier admet qu'il a tort. »

Savoir quand s'arrêter est un autre élément constitutif de la patience. Le vendeur doit savoir quand s'arrêter de parler. L'avocat doit savoir quand arrêter l'interrogatoire du témoin. Au début de ce livre, nous avons rapporté l'histoire du dernier locataire habitant dans un immeuble voué à la démolition et dans ce cas, la négociation fut sans doute arrêtée un peu au-delà du point où il aurait été sage de le faire. Benjamin Disraeli rejoint cette opinion lorsqu'il dit : « S'il est important dans la vie de savoir saisir un avantage, il est plus important encore de savoir y renoncer. »

Surprise. Cette stratégie met en scène un changement soudain de méthode, d'argument ou d'approche. Ce changement est généralement radical et dramatique, bien que cela ne soit pas toujours indispensable. Parfois, en fait, le changement peut être introduit par un signe aussi insignifiant qu'une altération du ton ou de la voix au cours de la négociation. Lorsque vous avez mené l'ensemble de la discussion d'une voix égale et calme, un écart de ton peut efficacement faire la différence. La surprise s'utilise quelquefois en négociation quand une information nouvelle est introduite ou qu'une nouvelle approche est envisagée. Par exemple, au milieu de la négociation, il est parfois efficace de changer de chef d'équipe de la même façon que l'on change un avant-centre marqué de trop près par l'adversaire. Lorsque durant une négociation, l'un des membres de la partie adverse se met à agir de manière irrationnelle, il tente probablement d'utiliser la même tactique. Cet individu apparemment irrationnel a l'impression que l'adversaire aura plus de mal à venir à bout de la situation et on se rend même compte qu'un individu réellement déséquilibré mentalement est le plus difficile à manier, plus difficile qu'un négociateur inexpérimenté.

Une entreprise anglo-américaine ouvrit une nouvelle mine de cuivre en Zambie et fit venir des ouvriers de la province avoisinante. Ils étaient logés avec leur famille dans des bâtiments provisoires construits près de la rivière Kafue. L'entreprise dans une perspective paternaliste avait envisagé d'édifier un village moderne avec électricité et eau courante. Elle donna l'assurance aux ouvriers et au syndicat que les travaux commenceraient « bientôt ». Les bâtiments temporaires n'étaient pas satisfaisants ; non seulement n'étaient-ils pas solides mais le seul point d'eau était la rivière. Les ouvriers et leur famille descendaient à la rivière pour se baigner et tirer de l'eau pour leurs besoins personnels. Au grand désarroi de la direction, plusieurs enfants et quelques femmes disparurent au cours de la baignade en raison de la présence de crocodiles. La solution évidente semblait être de mettre immédiatement en place des canalisations d'eau à seule fin que personne ne s'approchât plus de la rivière. Simultanément, la direction décida de javelliser l'eau par mesure sanitaire.

Une fois la solution « évidente » annoncée, la direction fut surprise lorsque le représentant du syndicat se présenta et dit : « Nous ne voulons pas des canalisations d'eau. » « Soyez raisonnables, » argua la direction « de nombreuses personnes sont déjà mortes. Acceptez ces canalisations temporairement. C'est dans votre intérêt. Nous javellisons l'eau pour détruire les parasites qui atteignent les ouvriers et leur famille. Nous faisons cela pour vous et le syndicat refuse. Pourquoi ? » Le représentant du syndicat refusa de discuter. La direction décida de mener une enquête et découvrit que le syndicat supposait que si les canalisations étaient installées temporairement, l'entreprise ne construirait jamais le village définitif. Les ouvriers craignaient qu'à moins d'une certaine pression exercée sur l'entreprise, elle ne ferait jamais l'investissement nécessaire qu'exigeait le village définitif. Ils étaient prêts à subir des pertes humaines et ces conditions actuelles de vie si cela devait pousser la direction à tenir sa promesse.

La direction décida de ne pas faire cas de la protestation du syndicat et installa les canalisations. Deux semaines plus tard, elles étaient détruites et les ouvriers ainsi que leur famille retournèrent à la rivière pour se fournir en eau. La direction découvrit que le syndicat avait fait circuler la rumeur que la javellisation de l'eau était utilisée pour exercer un contrôle des naissances à seule fin que les femmes travaillant à la mine ne s'arrêtent pas pour cause de grossesse.

La direction essaya encore de discuter avec le syndicat, mais ce fut un échec. Du fait de sa position intransigeante, le syndicat força la direction à construire des bâtiments définitifs plus rapidement que si la promiscuité entre ouvriers et crocodiles avait pu être évitée. À la surprise de la direction, le syndicat était allé à l'encontre des intérêts à court terme des ouvriers pour forcer la main à l'entreprise.

Fait accompli (« maintenant c'est à vous de décider »). C'est une stratégie risquée mais on est souvent tenté de l'utiliser. Elle nécessite de parvenir à votre objectif contre votre adversaire, puis d'attendre la réaction de la partie adverse. Ceux qui emploient cette stratégie doivent en connaître les conséquences en cas d'échec. Une illustration parfaite d'une application ratée de cette stratégie est l'attaque menée contre l'Égypte par la France, la Grande-Bretagne et Israël durant la crise de Suez. Ces pays attaquèrent sans avoir consulté les États-Unis, espérant mettre le monde devant un fait accompli. Les États-Unis intervinrent néanmoins et les forcèrent à mettre fin à leur offensive et à se retirer.

Au cours de l'interrogatoire d'un témoin douteux, un avocat met en avant tous les mauvais aspects de la personne interrogée avant que la partie adverse n'ait pu pratiquer son interrogatoire. Il donne ainsi une image du témoin pis encore que ce qu'elle est. La partie adverse se trouve donc devant un fait accompli.

Lors de fusion de sociétés, on constate souvent l'utilisation de cette tactique. Quelquefois, les autorités compétentes informent les sociétés concernées que cette fusion peut être interdite. La fusion a tout de même lieu, mettant ainsi les autorités devant le fait accompli. En fait, le conglomérat ainsi formé dit : « C'est fait. Qu'est-ce que vous pouvez y faire maintenant ? » Les autorités trouveront plus simple de conserver le statu quo plutôt que de briser la fusion réalisée dans l'« illégalité ». Bien sûr, pour aboutir à un succès, un fait accompli requiert la reconnaissance de la partie adverse. Si aucune action n'est entreprise, l'utilisateur de cette tactique risque de se retrouver dans la position du secrétaire d'État à la Justice John Marshall lorsqu'il présenta au président Andrew Jackson un projet de loi que celui-ci refusa. « John Marshall a pris une décision » dit le président. « Qu'il l'applique. » Elle ne le fut jamais.

Le fait accompli est utile dans d'autres situations. Si un contrat vous est adressé contenant une condition avec laquelle vous n'êtes pas d'accord, rayez ce passage, signez le contrat et renvoyez-le. Votre adversaire, confronté au fait accompli, peut soit vous retourner le contrat et réouvrir ainsi la négociation, soit accepter la suppression du passage. En tout état de cause, il acceptera souvent le contrat modifié.

Retrait pur et simple (« Qui, moi ? »). Une entreprise de l'est des États-Unis avait décidé de construire une usine au Texas. Les plans exigeaient l'utilisation d'une charpente en acier. Après s'être penchée sur le problème, la direction s'aperçut qu'elle devrait utiliser les services d'ouvriers spécialisés dans les charpentes en acier, dont la plupart faisaient partie d'un puissant syndicat texan qui exigeait des salaires élevés.

Au lieu de payer les salaires exigés par les syndicats, l'entreprise utilisa ses propres ouvriers pour commencer la construction. Les travaux de l'usine étaient déjà bien avancés lorsque le syndicat texan s'aperçut de l'affaire. « Vous n'avez pas le droit de faire cela », protesta-t-il. « C'est anti-syndical ». La direction répondit : « Comment ? Nous ne savions pas. Nous pensions que nous pouvions faire venir nos propres ouvriers au Texas. Nous sommes prêts à engager des ouvriers syndiqués à partir de maintenant. »

Le syndicat fut satisfait de voir le problème se résoudre aussi facilement et l'entreprise plus que contente d'avoir déjà terminé la partie la plus onéreuse de la construction. Elle avait réalisé l'économie considérable des salaires des ouvriers texans.

Dans le domaine de la franchise, le retrait pur et simple s'utilise avec plus ou moins de succès. Le franchiseur a l'obligation vis-à-vis du franchisé d'anticiper toutes les situations pouvant se présenter dans le cours de l'exercice de la profession. Il faut parfois des années à la société de franchise pour prévoir toutes les situations, même les plus imprévisibles, et donner au franchisé les moyens d'y faire face. Voyons le cas du franchiseur d'une chaîne de motels qui avait effectivement tout prévu. Il me raconta l'histoire suivante : un client de sa chaîne de motels avait trouvé un cafard dans sa chambre. Indigné, il envoya une lettre au directeur de l'établissement. Celui-ci répondit sur-le-champ, utilisant la lettre type suggérée par le franchiseur. Elle expliquait à quel point était vif le plaisir qu'éprouvait le directeur du motel de recevoir une lettre d'un de ses clients. Elle assurait le client du besoin constant d'établir un contact direct entre la clientèle et la direction. Du bien-fondé de sa réclamation puisque après tout, c'était le client qui rémunérait le personnel de l'établissement. Du plaisir de la direction de recevoir une lettre comme celle-ci bien qu'elle relate un incident rarissime. Qu'enfin la direction veillerait personnellement à remédier à cette situation à seule fin que cet incident ne se reproduise plus jamais. Le client fut enchanté par cette réponse, mais il découvrit ensuite que sa propre lettre avait été agrafée par erreur à la réponse. Sur la lettre qu'il avait envoyée était écrit au feutre rouge : « envoyer lettre type « Acafard »A. »

Retrait apparent (« L'homme qui n'était pas là »). Cette stratégie est faite de patience, d'auto-discipline et d'un peu de supercherie. Le but est de convaincre l'adversaire que vous vous êtes retiré, sauf qu'à son insu, vous dominez encore la situation. J'ai utilisé cette stratégie avec un certain succès lors d'un litige opposant mon client à la commission de contrôle des loyers de la Ville de New York. La commission avait décidé que l'audience aurait lieu à un moment choisi arbitrairement et allant à l'encontre des intérêts de mon client. La Cour Suprême de New York admit que le moment choisi pour l'audience était défavorable à mon client. Cependant, au lieu de se conformer à cette injonction, la commission refusa de différer l'audience. Je m'y présentai donc, mais avant qu'elle ne soit ouverte je demandai au greffier de mettre sur le procès verbal la déclaration suivante : « Je préviens les participants que cette audience va à l'encontre des décisions de la Cour Suprême de New York ; je ferai en sorte que la Cour Suprême en soit informée et envisagerai toutes les conséquences qui peuvent en découler. Plus encore, je ne prendrai pas part à l'audience. » Ayant fait cette déclaration, je quittai la salle. Mon retrait était apparemment total. Or, à l'insu des membres de la commission, l'un de mes associés était présent dans la salle d'audience. Assis sur le banc des témoins, il était prêt à reprendre le flambeau au cas où la commission aurait décidé de maintenir l'audience. Cette stratégie, fort heureusement, fut efficace, le responsable de l'audience ne sachant quelle conduite tenir. Il demanda l'avis de ses supérieurs qui lui conseillèrent de suspendre l'audience. Résultat, les responsables de la commission comprirent que les propriétaires étaient des membres à part entière de la communauté, et pas des moindres, et que nul ne pouvait être défavorisé sans que des conséquences en découlent.

Dans le domaine de l'acquisition, une illustration du retrait apparent est le cas par exemple d'une société par actions ayant vent d'un rachat par une autre compagnie. L'affaire est déjà bien engagée en bourse. Une fois que la société par actions a pris quelques mesures de représailles, couronnées de succès ou pas, contre la compagnie acheteuse, cette dernière se retire. Elle donne l'impression d'avoir été arrêtée ou d'éprouver des craintes. Ce retrait n'est qu'apparent, la compagnie acheteuse travaille désormais en sous-main, cherchant des capitaux, ou prenant des options auprès de ceux qui, sachant qu'une opération de reprise de contrôle est en cours, prennent contact avec elle discrètement. Cette opération se poursuit quelque temps, puis soudain, la société par actions s'aperçoit que la société acheteuse est désormais majoritaire. La raison de son retrait apparent, après avoir fait connaître publiquement son désir de rachat, était de permettre aux prétendus amis de la société par actions de se rapprocher d'elle sans craindre d'être découverts, et par là-même d'en faciliter le rachat.

Renversement (« Un pas en avant, un pas en arrière »). Dans cette stratégie, vous agissez à l'encontre de ce qui pourrait être considéré comme l'opinion ou l'ojectif de tout le monde. Bernard Baruch disait que les gens qui gagnent de l'argent en bourse sont ceux qui sont les premiers à se placer sur le marché et les premiers à en sortir. Il voulait dire par là que vous devez acheter quand tout le monde est pessimiste et vendre lorsque l'ambiance générale est optimiste. Cette stratégie peut paraître facile à réaliser, mais en fait il est extrêmement difficile d'y parvenir. S'il n'en était pas ainsi, nous serions tous riches et puissants.

Gertrude Stein disait de Wall Street : « L'argent demeure le même, ce sont simplement les poches qui changent. »

Après la Deuxième Guerre mondiale, l'American Labor Party (A.L.P.), parti de gauche, occupait une place prédominante dans la vie politique new-yorkaise. L'A.L.P. avait pris en aversion le sénateur de Brooklyn et avait décidé de le « faire sauter ». Ce parti présenta un candidat aux primaires démocrates dans la circonscription. Il était tout à fait possible de battre le gouverneur mais aussi de prendre le contrôle du Parti Démocrate dans cette circonscription.

Le sénateur refusa de se soumettre et de travailler pour le compte de l'A.L.P. Il devait empêcher l'adversaire de « faire de lui un exemple. »

Le sénateur et ses collaborateurs décidèrent d'opter pour une stratégie de renversement. Ils décidèrent de présenter un candidat à eux dans les primaires de l'A.L.P. Des ouvriers furent mobilisés et au bout de deux jours, le nombre des signatures était suffisant. Le drapeau blanc fut alors hissé. L'A.L.P. acceptait de ne pas se mesurer au sénateur s'il consentait à se retirer des élections primaires. La stratégie avait parfaitement réussi.

La stratégie de renversement doit vous faire penser à des solutions alternatives. Rien ne dit a priori, ni même logiquement, qu'une entreprise qui augmente ses profits doit augmenter les salaires de ses ouvriers. Les syndicats n'accepteraient certainement pas comme absolument nécessaire le concept d'une baisse de salaire liée à une baisse de profits de l'entreprise.

Il y a quelques années, au cours d'une visite au Brésil, un de mes amis se rendit chez un marchand d'art de Rio, en quête d'un tableau. Il était particulièrement attiré par une peinture — la Bataille de Jericho, réalisée dans un style primitif. Les tableaux de la galerie se vendaient entre 100 et 150 dollars, mais celui-là cotait 500 dollars. Comme l'œuvre lui plaisait, il s'étonna de la différence de prix et en demanda la raison. Mon ami insista et finalement obtint cette réponse :

Un Indien du nord de l'Amazone était entré un jour dans la boutique avec trois tableaux. Le marchand en reconnut la valeur et offrit 50 dollars pièce, prix normal pour les artistes reconnus de Rio. L'Indien lui répondit simplement : « Deux cent cinquante dollars les trois. »

« C'est impossible », répliqua le marchand. « Je ne peux pas mettre une somme pareille. »

Ils eurent beau discuter, l'Indien ne voulait pas baisser son prix. Le marchand se mit en colère. Alors, l'Indien sortit dans la rue, déposa l'un des tableaux dans une poubelle et y mit le feu. C'en était trop pour le marchand de tableaux. Il sortit en courant et bondit sur l'Indien. « Mais vous êtes fou ! », dit-il « Arrêtez ! Combien voulez-vous pour les deux autres ? » L'Indien répondit : « Deux cent cinquante dollars. »

Le marchand essaya de le raisonner mais l'Indien restait obstinément sur ses positions. Lorsqu'il fut évident qu'il n'obtiendrait pas gain de cause, l'Indien sortit de nouveau du magasin, brûla un deuxième tableau et attendit patiemment le marchand. « Je vous en prie » dit celui-ci, « Ne brûlez pas le dernier ! Combien en voulez-vous ? »

« Deux cent cinquante dollars. »

Et c'est la raison pour laquelle mon ami paya la somme de cinq cents dollars pour cette Bataille de Jericho qu'il ramena du Brésil.

Certaines personnes utilisent assez naturellement la stratégie du renversement. Un homme avait lu que le tabac était mauvais à la santé et décida donc d'arrêter de lire. Autre exemple : une firme industrielle qui travaillait dans un domaine dépourvu de toute concurrence commençait à prendre une ampleur certaine. La direction de la société décida de créer une entreprise concurrente avant que quelqu'un d'autre ne le fasse.

Le jeu de Trollope est une forme de stratégie du renversement. Il s'agit de deux messages que vous recevez de votre adversaire. Vous acceptez le message que vous pensez être le plus avantageux, ignorant le contenu de l'autre. Ce que nous pourrions appeler le double jeu de Trollope est plus complexe. En utilisant cette stratégie, vous envoyez intentionnellement deux messages, forçant l'adversaire à accepter le moins désavantageux des deux. Par exemple, si des demandes peu exigeantes sont faites d'abord, puis sont suivies de demandes qui le sont un peu plus, la partie adverse aura tendance à accepter les demandes les moins exigeantes.

Limites (« Je n'irai pas plus loin »). Les limites peuvent être de plusieurs natures. Il y a les limites de communication, celles placées sur chaque membre de l'équipe de négociation et concernant les sujets qu'il peut aborder et les personnes avec qui il peut s'entretenir ; les limites de temps et les limites géographiques — une proposition peut s'appliquer seulement à une région ou seulement à une entreprise. Lorsque l'une des parties instaure une limite, il n'y a aucune raison pour que vous vous y restreigniez, à moins que cela ne serve vos objectifs de vous y conformer. Au cours de débats parlementaires, lorsque la limite de temps est atteinte — disons le 1er décembre à minuit — la discussion s'arrête. Si certains des participants veulent encore prendre la parole, la pendule est arrêtée avant minuit, et les débats continuent. En négociation, si vous avez décidé de ne pas vous fixer de limites, essayez de sauver les apparences vis-à-vis de celui qui en a placé une. À cet égard, l'humour peut être d'un précieux secours. Une fois, alors que la limite avait été fixée à 5 heures, l'adversaire présenta le dessin d'une horloge sans y avoir inscrit le nombre 5. Cela détendit l'atmosphère et les négociations continuèrent.

Le négociateur expérimenté convoquera une réunion trois jours avant Noël ou Pâques. Cela établit une limite naturelle de temps. L'adversaire ne veut pas que les négociations se prolongent et manquer les fêtes en famille. J'ai vu cette stratégie résoudre un problème qui se posait à la direction d'une société qui avait l'intention d'en absorber une autre. La majorité des actionnaires était en faveur de l'absorption mais la minorité ne possédait pas le même optimisme béat. Il menaçait de mener l'affaire en justice. À seule fin de résoudre ce problème, la majorité des actionnaires présenta à la minorité un « marché » : Si l'action baissait en-dessous d'un certain cours, la minorité des détenteurs d'actions se verrait garantir un cours minimum. Une limite fut instaurée pour toute perte possible dont elle pourrait être la victime. Dans ces conditions, la minorité accepta l'absorption.

Parfois, les négociateurs limitent les communications vers l'extérieur lorsque les résultats de la négociation ne concernent que les parties en cause et que toute publicité pourrait avoir une influence sur le cours de cette négociation.

Enfin, des limites de toutes sortes peuvent être utilisées dans le seul but de tester les positions de la partie adverse. Si votre adversaire vous impose une limite, vous savez ou bien qu'il considère votre position comme n'étant pas une position de force ou bien qu'il veut vous mettre à l'épreuve. Il est important d'avoir d'autres stratégies en réserve.

Feintes (« Regarde à droite, va à gauche »). C'est un mouvement apparent dans une direction pour détourner l'attention de l'objectif réel. Vous pouvez également donner à votre adversaire l'impression que vous possédez plus d'informations que vous n'en avez réellement. Cette stratégie est menée avec succès au cours des procès criminels. L'avocat général a le devoir de communiquer à la cour toutes les informations et tous les faits en sa possession. Il lui est interdit de cacher une preuve qui peut contribuer au bon déroulement du procès même si elle n'est pas en sa faveur. Mais ce n'est pas toujours le cas. Une stratégie de feinte exercée par la défense peut consister à faire croire à l'avocat général qu'elle est en possession de « toutes » les informations et par conséquent obliger l'accusation à communiquer *d'emblée* 'à la cour l'ensemble du dossier plutôt que de garder en réserve des faits importants.

De nos jours, la rapidité des communications fait qu'une décision gouvernementale peut être testée par la feinte. Une « source autorisée » communique la décision avant qu'elle ne soit réellement prise. Ceci permet au gouvernement d'examiner les éventuelles réactions. Puis, si une forte opposition se développe, le gouvernement peut soit préparer une stratégie pour contre-attaquer soit rechercher une autre solution au problème.

À Buffalo, dans l'État de New York, l'hôtel Buffalo était l'un des plus grands hôtels de la ville depuis plusieurs années. C'était aussi le premier de la chaîne Statler. Statler lui-même avait décidé qu'il en serait ainsi. Lorsqu'il le construisit, il fit dessiner les plans d'un deuxième hôtel. Et quand il apprenait qu'une société d'hôtellerie se rendait à Buffalo pour rechercher un site de construction, Statler déposait ses plans pour obtenir un permis de construire en s'assurant que ses rivaux en étaient informés. Quand la société d'hôtellerie apprenait la demande du permis de construire, elle abandonnait son projet. Statler pouvait ranger ses plans pour la fois suivante.

Au cours d'une négociation, lâcher du lest sur un point qui ne vous est pas essentiel peut être une feinte utile. Cette concession doit paraître très importante ; cela dit, si vous traitez avec quelqu'un qui n'est pas très au fait de l'ensemble de la négociation, faites en sorte qu'il doive se battre pour obtenir la concession que vous lui accordez. La feinte peut être utilisée lorsque vous désirez cacher des éléments importants. Faites oublier l'important et insistez sur ce qui ne l'est pas.

LA STRATÉGIE DU COMMENT ET DU OÙ

Les formes principales de la stratégie du « comment et du où » sont les suivantes : *participation, association, dissociation, carrefours, couverture, hasard, fausse récurrence, saucissonnage, fourchette, utilisation d'un agent,* et *changer de niveau.*

Participation (« Nous sommes amis »). Dans cette forme de stratégie, vous tentez d'obtenir l'aide de la partie adverse de manière directe ou indirecte. Les instances internationales telles que l'O.N.U. ou le Pacte de Varsovie en sont de très bons exemples. Chaque participant aidera probablement l'autre grâce à sa stratégie personnelle. Ceci inclut la stratégie du « moi aussi » telle qu'elle fut utilisée dans le domaine des relations entre syndicats de marins. Comme le rapportait le *New York Times* du 28 août 1965 : « Presque tous les syndicats de marins possèdent une clause dans leur contrat stipulant que si des propositions plus avantageuses sont faites ultérieurement dans un autre contrat, elles seraient immédiatement applicables au présent contrat. » Le *Times* ajoutait : « C'est l'une des raisons principales pour lesquelles la Marine Marchande entre dans son soixante-treizième jour de grève. » Il semble que cette stratégie syndicale se soit retournée contre elle-même.

Si vous arrivez à un point de non-retour à la table de négociation, il est parfois utile de persuader les deux partenaires de désigner un membre dans chaque équipe pour qu'ils se rencontrent loin de la table de négociation et essaient de réduire les différends.

La négociation de coalition est une extension et un raffinement de la négociation de participation. L'organisme qui régit les relations du travail aux États-Unis indique qu'un employeur ne peut pas être contraint de négocier avec tous les syndicats en même temps. Par ailleurs, lorsqu'un syndicat négocie avec l'employeur, les autres sont autorisés à assister aux débats. Dans ces conditions les autres syndicats possèdent des éléments d'information sur la stratégie utilisée par l'employeur et peuvent même, dans un second temps, l'obliger à octroyer certains avantages qu'il a déjà concédés ou bien à donner les raisons pour lesquelles il les refuse. Ces procédures prennent des appellations différentes, négociations coordonnées ou « conspiratoires », selon le côté de la table où l'on se trouve.

La participation ne doit pas être unilatérale. Aussi bien l'employeur que les représentants syndicaux tirent bénéfice d'une action concertée. Un promoteur immobilier utilisa une fois cette stratégie pour résoudre un problème délicat. On lui offrit de prendre en sous-traitance la construction de plusieurs immeubles. D'autres sous-traitants avaient refusé le travail, arguant que les syndicats leur imposeraient un contrat impossible. Ils ajoutèrent même que quiconque accepterait le chantier perdrait de l'argent. Le promoteur décida de prendre le risque.

Lorsque les syndicats proposèrent des contrats plutôt difficiles à admettre, le promoteur, au lieu de s'y opposer, tenta d'obtenir leur participation. Il examina le contrat clause par clause avec les représentants syndicaux et leur demanda comment, en apportant leur participation, se conformer aux réglementations tout en s'assurant une marge bénéficiaire raisonnable. Les responsables syndicaux comprirent l'esprit dans lequel il fallait travailler et lui montrèrent à partir de leur expérience de « terrain » comment respecter les réglementations, puis comment tirer avantage de ce respect.

L'une des clauses qui lui semblait inacceptable stipulait que seul un chauffeur pouvait conduire un camion sur le chantier. Dans son cas, le promoteur n'avait besoin que d'une seule livraison par jour. Pour se conformer à la clause, il devrait avoir un chauffeur de poids lourd sur le chantier toute la journée. C'était parfaitement déraisonnable. Les responsables syndicaux envisagèrent la chose différemment : « Pourquoi ne pas simplement sous-traiter ce travail d'une heure avec une société de transport ? Ils ont des chauffeurs qui assurent des tournées. De notre point de vue, ce serait conforme au règlement. » Et la négociation se poursuivit sur cette base. Au lieu de s'opposer aux représentants syndicaux, le promoteur en fit des participants et mena son chantier à bien.

La participation peut revêtir une importance certaine dans le cadre d'une fusion ou d'un achat. L'une des façons de pratiquer cette stratégie est de faire savoir au vendeur que vous continuerez à gérer l'entreprise selon les mêmes traditions que celles qui firent leurs preuves par le passé. Après quoi l'acheteur et le vendeur pourront participer à la gestion de manière satisfaisante pour les deux parties. Cette technique de négociation est particulièrement utile dans le cas d'affaires ayant une longue tradition familiale.

Association (« Rien que toi et moi »). On demande souvent aux avocats et autres conseils d'accepter des honoraires inférieurs à ceux qu'ils ont l'habitude de pratiquer lorsqu'il s'agit d'affaires de « prestige ». Après quelques années d'expérience, le conseil s'aperçoit qu'il est exploité. Mais il se trouve toujours en face de clients qui lui disent : « Il s'agit d'une affaire tout à fait exceptionnelle. Si vous acceptez, cela vous fera des références ». Le client utilise la stratégie de l'association, cherchant à associer le conseil à son projet pour le prestige, et pas seulement pour l'argent. J'ai entendu un avocat chevronné répondre à une telle requête : « Si les références permettaient de voler, je serais chef d'escadrille ».

La célèbre Théorie des Dominos, qui domina durant vingt-cinq ans la politique américaine, est également un exemple d'association. Également appelée Théorie de la Réaction en chaîne, elle rend rationnel le fait que si un pays passe au communisme, d'autres pays y passeront de la même manière.

Une nuit, l'épouse d'un homme d'affaires aperçut son mari au bras d'une jeune femme. Lorsqu'il rentra chez lui, sa femme lui demanda : « Qui était cette fille qui t'accompagnait ? » Lorsqu'il répondit : « Ma maîtresse », sa femme se mit dans un rage folle et lui dit de quitter la maison.

« Calme-toi », essaya-t-il de lui expliquer. « Tu as une famille, une belle maison, des fourrures, ta voiture et tout ce que tu peux désirer. Tu ne veux pas perdre tout cela ? À propos, sais-tu quel jour nous serons demain ? »

« Oui », dit-elle en pleurant, « Le jour de notre anniversaire de mariage. »

« Alors », dit-il, « Nous irons au restaurant et au spectacle après. Ce serait dommage de gâcher notre soirée. »

Le lendemain au restaurant, l'épouse trahie parcourut du regard la salle et se tourna vers son mari.

« Ce n'est pas ton associé qui est assis là-bas ? » demanda-t-elle.

« Si »

« Qui est la jeune femme qui est avec lui ? »

« Sa maîtresse. »

Elle regarda son mari et lui dit avec un air de satisfaction : « *Notre* maîtresse est plus jolie que la *sienne*. »

Cette technique est régulièrement utilisée en publicité. On montre que certaines personnes célèbres utilisent et apprécient telle marque de cigarette, de savon ou de shampooing, et par là-même, ces produits sont associés à des personnages puissants, riches ou importants. De nombreuses personnes s'identifient à ces personnalités et se mettent à utiliser ces produits.

De nombreux hommes d'affaires ont l'impression d'avoir un niveau de conscience suffisamment important pour ne pas céder à ces pressions publicitaires. Ils ne s'aperçoivent pas que le fait d'élire un militaire en vue, un scientifique de renom ou un personnage politique au conseil d'administration d'une société relève de la même démarche. L'entreprise est sensée tirer profit de « l'auréole » que porte le personnage célèbre.

Dissociation (« Qui est votre ami ? ») De toute évidence, cette stratégie est l'inverse de celle de l'association. Un produit, ou plus fréquemment une cause, est discrédité si l'on montre que des personnages équivoques y sont associés. Il s'agit d'une stratégie souvent employée en politique, à la fois par l'extrême gauche et l'extrême droite. Elle attire l'attention de l'opinion publique sur le genre d'individus associés à certains mouvements, ou à certaines causes. On espère que la réputation présumée des personnes liées au mouvement entraînera l'opinion dans la direction opposée.

Parfois, en négociation, les stratégies surviennent par inadvertance. Exemple, l'ambassade japonaise à Washington, à seule fin de satisfaire une demande de machines-outils américaines, invita les représentants de deux sociétés américaines pour les faire rencontrer des acheteurs japonais. L'un des représentants était un homme truculent, l'autre était plutôt silencieux. Le plus bavard des deux dominait la conversation laissant l'autre sur la touche, incapable qu'il était de faire autre chose que de sourire aux plaisanteries et d'acquiescer de la tête. Il sentait que le marché lui échappait, lorsque l'autre américain dit : « J'adore votre pays. Je suis impatient d'y retourner pour y séjourner quelque temps. » L'un des acheteurs japonais demanda poliment à quelle époque il était allé au Japon. « En 1945 », répondit-il, révélant par là-même qu'il avait fait partie des troupes d'occupation du Japon. Lorsqu'il expliqua, de surcroît, qu'il avait fait partie d'une escadrille de bombardiers dans le Pacifique, le vendeur qui était resté silencieux ressentit un soulagement. Il était certain d'obtenir la commande. Le phénomène de dissociation avait joué en sa faveur.

Carrefours (« Croiser, entrelacer et emmêler »). Dans cette forme de stratégie, on introduit plusieurs sujets dans le cours de la discussion à seule fin de faire des concessions sur certains et de gagner sur d'autres. Les points les moins importants doivent être traités avec prudence. Si vous y consacrez trop de temps, la partie adverse se battra pied à pied, considérant qu'il s'agit là de questions vous tenant à coeur. Ensuite, au moment où l'adversaire cèdera du terrain, il le fera en s'attendant à ce que vous fassiez des concessions sur des points vraiment importants.

Cette stratégie des carrefours recouvre également la situation dans laquelle vous mettez en jeu des forces, des arguments ou des pressions pour étayer un objectif particulier de la négociation. Ceci équivaut à la tactique militaire dans laquelle les mitrailleuses sont placées de telle sorte, qu'elles créent un feu croisé dévastateur en vue de couvrir totalement une zone particulière. Aux échecs, cette approche est utilisée lorsqu'une attaque est portée par plusieurs pièces sur une case ou une pièce particulière de l'adversaire.

La stratégie des carrefours s'utilise également pour formuler une contre-proposition en tant que point de discussion temporaire lorsque votre adversaire a formulé une demande inacceptable. Par exemple, si les négociateurs syndicaux disent : « Nous voulons une semaine de travail plus courte », l'employeur peut répondre : « Du fait que vous demandez une semaine de travail plus courte, nous souhaitons mettre un terme à l'octroi de jours de repos supplémentaires que nous vous avions accordés auparavant. »

Le fait de soulever un point secondaire pour cacher votre objectif essentiel est à placer dans cette rubrique.

Couverture (« Volée de plombs »). Dans cette stratégie, il s'agit de couvrir la plus grande zone possible pour arriver à faire une percée dans un ou plusieurs domaines. Inversement, pour éviter une percée de votre adversaire, vous pouvez couvrir un domaine avec plus de force et de pression qu'il ne serait nécessaire. Les Rockfeller, du fait de leurs énormes investissements immobiliers à New York, voulaient à tout prix maintenir à un taux élevé le prix des terrains et, pour ce faire, souhaitaient attirer le plus grand nombre d'institutions prestigieuses dans la ville. John D. Rockfeller junior sentit que la présence de l'O.N.U. apporterait une plus-value certaine. On raconte que William Zeckendorf, qui à l'époque était marchand de biens, discuta du projet avec Rockfeller et fut autorisé à acquérir plusieurs parcelles de terrain qui conviendraient à l'installation de l'O.N.U.

Avec l'appui de l'argent des Rockfeller, Zeckendorf jeta son dévolu sur une parcelle de terrain située à l'est de New York. Elle comprenait essentiellement des abattoirs désaffectés. Il fit faire des estimations précises de la valeur de chaque parcelle et s'assura du prix que demandait chacun des propriétaires pour son terrain. Puis il offrit le double du prix. Cela permit de réaliser rapidement les rachats avant que les propriétaires n'apprennent que Rockfeller était derrière le projet et que les prix ne se mettent à flamber.

La stratégie de couverture permet éventuellement d'empêcher votre adversaire de savoir où se situent vos faiblesses. Vous pouvez l'inonder de preuves ou d'informations dans le but de cacher un domaine que vous estimez être votre point faible.

Fréquemment, lorsque syndicats et employeurs sont prêts à négocier et que les syndicats ont de nombreuses demandes à présenter, l'employeur fera toutes les tentatives possibles pour empêcher l'adversaire d'être le premier à formuler ses exigences. Un chef d'entreprise arrivait systématiquement en avance dans la salle de réunion avec un tableau noir et le couvrait complètement de *ses* exigences. Il ne laissait pas le moindre espace libre. Ce rappel visuel des demandes de l'employeur empêchait toute initiative des syndicats et toute formulation de leurs *propres* demandes.

Certains hommes d'affaires sont en fait des « marchands d'affaires » (comme on dit marchands de biens) et mettent en présence acheteurs et vendeurs. Le « marchand d'affaires » moyen utilise la méthode de la « volée de plombs ». Sans considération des conséquences, il réunit autant de personnes que possible en espérant que deux d'entre elles s'entendront et lui permettront de toucher une commission. En ce qui me concerne, je préfère la méthode du « tir à la carabine ».

Hasard (« Bluff et probabilité »). L'utilisation des lois de la probabilité est essentielle pour ne pas se laisser influencer par un bluff. Par exemple, j'étais devenu assez doué au jeu de « Devine dans quelle main est la pièce ? » En faisant passer ma pièce d'une main à l'autre, je trompais régulièrement mon fils. Son pourcentage d'erreur était assez élevé. Un beau jour, il décida d'appliquer les lois de la probabilité. Il tirait à pile ou face pour désigner la main où se trouvait la pièce. Grâce à cette technique, il aboutit à 50 pour cent de réussite. La stratégie du hasard, utilisant les lois de la probabilité, améliora son score en rendant mon bluff inopérant.

Il y aura toujours des gens chanceux, ceux qui manient les probabilités et les statistiques de telle sorte qu'ils touchent le gros lot au bon moment. Le meilleur exemple est celui du Baron

Long, un joueur des années vingt. Il fit un coup de maître sur le champ de course d'Agua Caliente au Mexique.

Sa tactique fait appel à un système de paris dans lequel des bookmakers hors-champ paient en fonction des rapports pratiqués sur le champ. Les rapports du champ sont bien évidemment déterminés par la somme des paris placés sur chaque cheval. Lorsque les bookmakers hors-champ paient selon les rapports pratiqués sur le champ, ils ont le droit de garder pour eux l'équivalent du pourcentage prélevé par l'hippodrome.

Le Baron Long voulait faire monter les rapports sur le champ pour que les gains fournis par les meilleurs chevaux — les favoris — soient largement supérieurs au risque encouru. Il mit en place aux guichets des comparses qui empêchaient les parieurs de jouer les favoris et misaient sur les plus mauvais chevaux de la course.

Par ailleurs, d'autres comparses investirent d'énormes sommes sur le favori auprès des bookmakers, qui gagna à 1000 contre 1. Les bookmakers qui n'avaient pas fait faillite furent obligés de payer au prix du champ.

À partir de ce jour, les bookmakers changèrent de stratégie pour éviter qu'une telle manœuvre ne se renouvelle. La même tactique fut utilisée en 1964 en Grande-Bretagne lors d'une course de lévriers. Le cerveau, un joueur appelé John Turner, mit en place ses hommes devant les guichets à la Baron Long. Ils manipulèrent les rapports de la course de telle sorte que la combinaison gagnante arrivât à un rapport de 9875 contre 1. En Grande-Bretagne, les bookmakers ont un statut officiel. Ils portèrent l'affaire devant le tribunal qui ne trouva rien d'illégal à ce stratagème.

Fausse récurrence (« La partie pour le tout »). Cette méthode consiste à choisir un exemple et à supposer que cet exemple est représentatif de l'ensemble. Les partis politiques utilisent cette technique assez fréquemment pour montrer à l'opinion que tel sondage prouve la victoire future de leur candidat. La supercherie consiste à sélectionner les individus qui seront sondés dans des régions bien précises. Les statistiques présentées au cours d'une négociation sont souvent fondées sur des exemples choisis au hasard et doivent être étudiées attentivement. L'ouvrage de Darell Huff et Irving Geis *How to Lie with Statistics* vous permettra de savoir mettre à jour exemples faussés, moyennes truquées et autres irrégularités.

On raconte l'anecdote de ce voyageur qui hésitait à prendre l'avion par peur des attentats à la bombe. Parlant de ses craintes à l'un de ses amis statisticien, il lui demanda : « Qu'elle est la probabilité pour qu'il y ait une bombe dans l'avion que je vais prendre ? » Le statisticien fit ses calculs et lui assura qu'il y avait une chance sur un million. Le voyageur réfléchit un instant et dit : « Et quelle est la probabilité pour qu'il y ait deux bombes dans l'avion que je vais prendre ? » Le statisticien reprit ses calculs et répondit : « À ta place, je ne m'inquièterais pas. La probabilité est tellement faible que cela ne t'arrivera jamais. » Un an plus tard, le statisticien rencontra le voyageur et lui demanda s'il avait surmonté sa peur des bombes. « Totalement », répondit-il, « Désormais, je ne crains plus qu'il y ait une bombe à bord puisque j'en transporte toujours une avec moi. » Les fouilles aux aéroports ont rendu cette histoire obsolète. Aussi difficile que cela puisse paraître, on raconte que les Beatles doivent une partie de leur succès à la stratégie de la fausse récurrence. Brian Epstein, leur impresario, reconnut les potentialités du groupe bien avant que le grand public ne connaisse leur existence. La popularité des Beatles se limitait alors à la région de Liverpool et leurs disques n'étaient pas au hit parade. Pour changer cela, Brian Epstein envoya ses agents dans les différentes villes de Grande-Bretagne où se faisait le hit parade. Sur une période de temps très courte, ils mirent en avant les disques des Beatles (qu'Epstein revendait dans ses propres boutiques de disques.) Le taux de popularité des Beatles monta en flèche. L'un des résultats de cette stratégie fut que la Grande-Bretagne rééquilibra ainsi une partie de sa balance des paiements.

En automne 1967, la popularité du président Johnson était au plus bas ; on entreprit donc de faire un sondage. Celui-ci fut effectué dans des régions où Johnson avait la plus forte position. Plus encore, ils le mirent en concurrence avec des adversaires sans grande envergure. Les résultats furent ensuite publiés et présentés comme une remontée de la popularité du président. Les organismes de sondage protestèrent, mais le résultat escompté était obtenu.

Une grande société voulait se débarrasser de l'une de ses filiales. Mais avant d'agir, la direction estima souhaitable de prouver que cette filiale occupait une place dominante sur le marché. Elle fit donc appel à un bureau d'études respectable et lui demanda une étude. La société mère choisit des critères extrêmement précis de telle sorte qu'aucun produit concurrentiel ne se trouve dans la zone d'activité envisagée. Inutile de dire que l'étude réalisée par cet organisme indépendant aboutit à la conclusion que la filiale dominait le marché à 70 pour cent. La filiale apparaissait donc extrêmement intéressante.

La plupart du temps, lorsque vous vous trouvez en face d'une récurrence, vous n'avez aucune idée ni de la façon dont l'échantillon a été choisi ni de la personne qui a bien pu faire ce choix. Quand bien même l'auriez-vous, le défaut inhérent au choix de l'exemple peut ne pas être évident. Une publicité télévisée pleine d'humour proclamait que neuf médecins sur dix consommaient telle marque de poulet aux pousses de bambous. Mais quand on montrait la photo des dix médecins, l'un était blanc et les neuf autres chinois.

Saucissonnage (« *Une tranche à la fois* »). C'est le fait de prendre les choses morceau par morceau, à la seule fin d'entrer en possession de la totalité. On attribue la paternité de cette stratégie à Matyas Rakosi, Secrétaire général du Parti Communiste hongrois. Il expliquait l'opération du « saucissonnage » à ses collaborateurs de la manière suivante : « Lorsque vous voulez vous emparer d'un saucisson que vos adversaires défendent avec opiniâtreté, vous ne devez pas le saisir brutalement. Commencez par vous en couper une tranche très fine. Le propriétaire ne s'en apercevra qu'à peine, ou cela lui importera peu. Le lendemain, vous couperez une autre tranche, puis une autre. Ainsi, progressivement, le saucisson passera en votre possession. Ce processus de grignotage a été manifestement employé par les communistes depuis la Deuxième Guerre mondiale.

De manière générale, ne montrez jamais à votre adversaire que vous essayez de lui prendre quelque chose, si peu soit-il. Un bon vendeur de cacahuètes ne remplit jamais son plateau complètement car il devrait ensuite retirer des cacahuètes pour arriver au poids souhaité par le client. Au contraire, il ajoute petit à petit des cacahuètes pour atteindre le poids exact. Il additionne, ne soustrait jamais.

La tactique du saucissonnage permet de mettre un pied dans la place. Les grandes entreprises ont compris qu'une première vente a pour but de créer une ouverture, de faire quelque chose pour le client potentiel, de s'octroyer un petit morceau du gâteau.

Cette tactique du saucissonnage a été employée dans le domaine des assurances-vie liées aux emprunts. Dans le passé, les compagnies d'assurance vendaient des contrats à ceux qui souscrivaient à un emprunt pour l'achat de leur maison. Cette assurance couvrait les traites en cas de décès ou d'invalidité du souscripteur. Une compagnie décida de se lancer dans ce type de produit. Son service des ventes découvrit que la plus grande banque de prêts n'avait pas l'intention de travailler avec une autre compagnie d'assurances que celle avec laquelle elle traitait déjà. Pour faire face à cette situation, la compagnie qui voulait imposer son nouveau produit décida d'adopter la tactique suivante.

Les démarcheurs se présentèrent aux banquiers en leur disant : « Nous vous offrons un nouveau service. Nous ne solliciterons pas vos clients au moment où ils souscrivent leur premier emprunt, pas plus que nous ne leur rendrons visite comme le fait la compagnie avec laquelle vous travaillez. Nous proposons un service entièrement différent. Nous nous bornerons à leur envoyer un courrier personnalisé. Nous voulons simplement les noms des clients qui n'ont pas souscrit auprès de la compagnie d'assurance actuelle. Nous pensons que votre banque mérite une double garantie pour protéger ses emprunts. » La banque ne pouvait qu'accepter. La sollicitation par courrier remporta un énorme succès. Les emprunteurs étaient dans une bien meilleure position pour souscrire une assurance lorsqu'ils étaient dans leurs murs depuis plusieurs années. Leurs responsabilités s'étaient accrues, ils étaient plus mûrs et plus capables d'en assumer le coût.

Bien vite, 90 pour cent des assurances-vie sur les emprunts passèrent entre les mains de la nouvelle compagnie. Une fois cette position acquise, la direction prit contact avec les banques pour leur dire : « Nous détenons désormais 90 pour cent du marché ; ne pensez-vous pas que la qualité de notre service mérite que nous traitions avec la totalité de vos clients ? » La compagnie était devenue le seul et unique fournisseur de ce type de produits dans la région. Elle utilisa la tactique du saucissonnage dans d'autres domaines avec un égal succès et finit par s'approprier le marché de nombreuses banques sur l'ensemble du territoire américain.

Le gouvernement des États-Unis utilise la technique du saucissonnage pour se retirer de certains marchés de fabrication concernant la Défense. Au lieu d'arrêter brutalement ses approvisionnements, il diminue tranche par tranche ses commandes auprès de l'entreprise jusqu'à ce que celle-ci ne fournisse plus rien du tout.

Fourchette. Cette expression est empruntée à l'artillerie d'antan. À cette époque, le premier obus devait taper au-dessus de la cible, le deuxième en dessous, puis cette fourchette était successivement divisée jusqu'à ce que la cible fût atteinte. Le responsable d'une importante société expliquait qu'il était capable de conserver sa position la plus forte grâce à la stratégie de la « fourchette ». Cette position exigeait qu'il prenne de fréquentes décisions. Il ne pouvait pas occuper son temps à déterminer qu'elle était la « bonne cible ». Il lui suffisait d'être dans la bonne zone. Par la suite, il se contentait simplement de diminuer le degré d'erreur.

Lorsqu'un débiteur ne paie pas sa note, essayez de lui envoyer une facture du montant qu'il doit. En général, il vous appellera pour discuter les chiffres, vérifier ce qu'il vous doit vraiment et acceptera probablement de régler la plus petite des deux sommes.

Un employeur avait signé un contrat avec un syndicat de tailleurs. Bien que le contrat reconnaisse quatre classifications d'ouvriers, ils percevaient tous le même salaire. Selon l'employeur, ce salaire était élevé, ce qui n'empêchait pas le syndicat de demander une augmentation. L'employeur émit une contre-proposition : il acceptait d'augmenter les salaires — évidemment en-dessous de ce que proposait le syndicat — mais il souhaitait rediscuter des classifications des ouvriers. Au lieu de quatre, il désirait en avoir six. Le syndicat, du fait de l'augmentation de salaire, augmenta le nombre de classifications. L'employeur voulait arriver à un accord de père de famille — c'est-à-dire qu'aucun employé actuellement en poste ne serait sujet aux nouvelles classifications ; il voulait aussi augmenter les salaires des ouvriers les plus qualifiés. Cependant, il diminuerait par la suite les salaires des ouvriers les moins qualifiés. En établissant une fourchette, salaires plus élevés et moins élevés, il était parvenu à équilibrer les salaires et atteindre son but si l'on envisageait la moyenne de la masse salariale.

Utilisation d'un agent. L'utilisation d'un agent en négociation est tellement importante que nous l'envisageons comme une stratégie à part. Elle sous-entend que tout avocat est un partisan zélé de son client de même que l'agent représentant l'une des parties au cours d'une négociation.

Il est parfois préférable de laisser un agent conduire pour vous une négociation. Certaines circonstances vous poussent à une telle décision, mais vous pouvez y avoir recours quelles que soient les circonstances. Francis Bacon, dans son essai *Of Negociating*, écrivait :

> *Il est généralement préférable de traiter... par l'intermédiaire d'une tierce personne que par soi-même... Dans le choix que vous ferez, il est souhaitable de choisir des hommes droits, susceptibles de faire ce pour quoi ils furent engagés et de rendre compte en toute bonne foi de l'issue de l'affaire, plutôt que d'hommes rusés prêts à outrepasser les affaires d'autrui pour se mettre en valeur eux-mêmes et qui travestiront les propos de leur rapport par simple désir de se satisfaire. Employez également des individus compétents dans le négoce qu'ils exercent, agiles d'esprit, convenant à la tâche qui leur incombe, des hommes audacieux pour les remontrances, des hommes à la parole courtoise pour la persuasion, des hommes cauteleux pour les enquêtes et les recherches, des hommes hardis et déraisonnables pour les affaires d'un abord délicat. Engagez également ceux à qui la chance sourit, et montrèrent dans le passé quelque réussite dans des affaires vous ayant concerné ; car cela engendre la confiance et ils s'efforceront de respecter le mandat qui leur fut donné.*

Voici un exemple montrant le rôle important que joua un agent dans la réussite d'une négociation.

Une conférence avait été organisée entre mon client et son adversaire. L'avocat de la partie adverse et moi-même devions être également présents. Mon client n'était pas au rendez-vous. Après l'avoir attendu quelque temps, je suggérai de commencer la négociation. Au cours de la discussion, je pris conscience que je parvenais à faire prendre des engagements à la partie adverse, alors qu'à chaque fois qu'on me demandait d'en prendre un, je disais : « Désolé, mais je n'ai qu'une autorité limitée en la matière. » En prenant le rôle d'agent, j'obtenais pour mon client bon nombre de concessions sans pour autant l'engager lui personnellement à en faire.

La technique qui consiste à ne donner à un agent qu'une autorité limitée ou à lui demander de se conformer à des instructions précises au-delà desquelles il ne peut s'engager, s'est révélée très avantageuse en de nombreuses circonstances. La partie adverse, s'apercevant que l'agent est tenu à se limiter aux directives qui lui furent données, réfrène ses exigences.

Dans certains cas, l'agent peut avoir un intérêt supplémentaire à réaliser un accord favorable. Lorsqu'une compagnie d'assurances défend l'un de ses clients dans le cas d'un accident de la circulation, elle se trouve dans la position d'un agent. Elle a intérêt à parvenir au meilleur règlement possible car elle devra payer à la victime des indemnités et sera condamnée à régler les frais de justice.

Il est parfois judicieux de déléguer toute autorité à un agent. Les chefs d'entreprises utilisent cette méthode lorsqu'ils souscrivent une police d'assurance défense juridique et contentieux visant leurs employés. En cas de vol, de détournement ou d'agissement malhonnête, l'assurance se charge elle-même des poursuites. Les chefs d'entreprises n'ont pas autorité pour agir puisqu'ils l'ont déléguée à la compagnie d'assurances. Cette méthode leur évite de prendre des décisions souvent fort désagréables. Je connais personnellement un employeur qui arrive quasiment au même résultat sans avoir à faire la dépense d'une police d'assurance pour l'ensemble de ses employés. Il exige de tous les postulants à un emploi de signer un formulaire de police d'assurance dûment rempli, puis se contente de le classer sans souscrire de contrat. L'employé a l'impression d'être sujet à une police d'assurance défense juridique et contentieux et hésite à se mettre dans l'illégalité, sachant que la compagnie d'assurances prendra des mesures plus draconiennes que ne le ferait son employeur.

Bien qu'un agent soit souvent souhaitable pour servir ses *propres* desseins, il est préférable d'éviter de traiter avec l'agent de l'adversaire. Autant que faire se peut, traitez directement avec l'intéressé, avec comme corollaire de ne jamais admettre que vous êtes effectivement ni en face de l'intéressé ni même du bon interlocuteur.

Un cas typique qui se produisit, il y a quelques années, donne une illustration parfaite de ce qui précède. Le père de mon client avait disparu environ six mois après que les États-Unis ne soient entrés dans la Deuxième Guerre mondiale. Ce fut par un pur hasard qu'un des membres de la famille de mon client découvrit que le père travaillait comme cuisinier pour une entreprise qui effectuait des travaux de fortification en Iran. Le père étant un linguiste accompli, il semblait étrange qu'il ait un poste de cuisinier.

Quelques années plus tard, mon client me raconta l'histoire et me dit qu'il avait essayé sans succès de toucher une prime d'assurance souscrite pour tous les employés de l'entreprise de travaux publics. L'avocat qui s'était occupé de l'affaire pour mon client avait eu connaissance de différentes explications concernant la conduite du père. La plus convaincante d'entre elles supposait que le père travaillait pour les services secrets et avait été envoyé en Iran pour s'informer de la situation sur la frontière soviétique. Ayant obtenu les renseignements nécessaires, il souhaitait rentrer aux États-Unis. Après s'être querellé avec ses employeurs, ceux-ci décidèrent de le rapatrier. Quelque part dans l'Atlantique, le navire sur lequel il se trouvait fut torpillé par un sous-marin allemand. Il y eut quelques survivants et selon leur témoignage écrit, il était certain qu'on avait vu le père pour la dernière fois sur un radeau. Ces circonstances, doublées du fait que plusieurs années s'étaient écoulées, suffisaient pour que le père soit considéré comme mort. Cependant, l'entreprise de travaux publics pour laquelle il avait travaillé communiqua à l'avocat qu'il avait été renvoyé de l'entreprise avant que sa mort ne survienne et qu'en conséquence sa responsabilité était dégagée. L'avocat précisa que l'homme pouvait être un agent du gouvernement. On lui répondit que c'était une raison supplémentaire pour ne pas céder à sa demande d'indemnisation. Trois ans de menaces, de poursuites et de procès restèrent vains. C'est alors que j'intervins en remplacement du premier avocat.

Après une première enquête, je déterminai que l'entreprise de travaux publics était placée sous contrat gouvernemental pour travailler en Iran. Si cette société devait verser une indemnité, elle serait remboursée par le gouvernement fédéral. J'en déduisis donc que je devais non pas m'adresser à l'entreprise mais directement à l'agence gouvernementale qui avait passé contrat avec l'entreprise. C'est ce que je fis.

L'agence gouvernementale auprès de laquelle je déposai ma demande d'indemnités la reçut avec bienveillance. Au bout d'une semaine, j'avais fourni documents et preuves nécessaires et le gouvernement américain me paya les sommes demandées. Je n'ai jamais su avec certitude si l'homme travaillait ou non pour les services secrets. Cependant, c'est mon intime conviction que le père était de l'un de ces hommes héroïques qui avait sacrifié à la fois son identité et sa vie, durant la Seconde Guerre mondiale.

La leçon à tirer de cette affaire est de toujours traiter avec celui qui signe les chèques.

Les multinationales utilisent désormais des collaborateurs dits culturels comme médiateurs ou comme agents. Ces sociétés ont connaissance des types de conflits culturels rencontrés lorsqu'elles lancent des opérations dans un pays étranger. Par exemple, en Inde, un responsable autochtone aura tendance à engager des gens de sa région. L'emploi étant primordial pour un Indien, ce genre de népotisme régional est difficile à combattre. Le responsable est sans cesse assailli par ses employés qui lui racontent des « ragots » sur les « autres ».

Les managers biculturels qui sont nés en Inde mais ont vécu à l'étranger sont plus aptes à assumer la situation. Ils ont une perspective plus large et la confiance des deux parties, pouvant ainsi jouer un rôle déterminant de médiateur.

La vie peut parfois déférer le rôle de médiateur à quelqu'un qui n'était pas le moins du monde destiné à le tenir. En 1965, au cours de la panne d'électricité qui frappa la côte Est des États-Unis, de jeunes New-yorkais furent autorisés à régler la circulation aux carrefours.

Changer de niveau (« D'ici, ce n'est pas pareil »). Le changement de niveau se réfère à une stratégie ou une tactique par laquelle vous modifiez votre niveau d'implication, soit vers le haut, soit vers le bas. Cela peut consister également à subdiviser un problème, à redéfinir la situation ou à en modifier l'approche. Si un homme, par exemple, a tenté de régler un problème, confiez désormais l'affaire à une femme. Lorsqu'une agence gouvernementale et une entreprise ne parviennent pas à tomber d'accord sur les termes d'un contrat, il leur est possible de changer le type même du contrat : passer d'un contrat de prix global à un contrat dans lequel chaque élément du prix est négocié et donc envisagé séparément. Dans cette nouvelle perspective, l'acheteur peut même aider le vendeur à réduire le prix de chaque élément.

Envisageons quelques exemples. À un niveau individuel, l'une des écoles de New York s'opposa à l'administration municipale. Quelles que soient les suggestions faites par la municipalité pour régler le problème, les syndicats d'enseignants s'y opposaient. Le maire, John Lindsay, offrit une nouvelle solution : au lieu d'appliquer les mesures envisagées spécifiquement à cette école, elles s'appliqueraient à l'ensemble des écoles de la ville. Chaque partie pouvait désormais lâcher du lest sans avoir l'impression de perdre la face.

Lors d'un conflit social tel que la grève, l'employeur peut très bien envoyer une lettre expliquant sa position, directement au domicile de ses employés plutôt que de traiter avec les responsables syndicaux. Une autre façon d'envisager les choses peut consister à passer outre son interlocuteur en remontant jusqu'au supérieur. Cette technique est particulièrement efficace lorsque vous traitez avec un agent qui vous dit : « Je n'ai pas d'autorité suffisante. » C'est pratiquement lui qui vous demande de passer outre. Vous devez savoir que lorsque vous traitez avec un agent, il ne possède souvent qu'une flexibilité limitée et est incapable de prendre une initiative. De surcroît, le contenu même de la négociation risque d'être faussé dès l'instant où l'agent en rend compte à ses supérieurs. Il ne leur dira que ce qu'il s'imagine que ceux-ci ont envie d'entendre. Ses supérieurs auront une conception erronée des alternatives possibles de la négociation. Tous ces facteurs doivent être pris en compte quand on traite avec un agent.

Walter Reuther, négociateur émérite, changea de niveau lorsqu'il insista pour que les négociations avec les syndicats soient menées à un niveau national plutôt que régional. En dépit de cela, une fois arrivé à un accord, même lui fut incapable de le faire accepter par les syndicats régionaux. Un problème similaire survint au cours des négociations qui se déroulèrent avec les syndicats de marins de la côte Ouest. Les employés insistèrent pour que des observateurs représentant les sections locales soient autorisés à assister aux négociations en tant qu'observateurs. Après avoir fait l'expérience des difficultés qui s'étaient présentées au cours des négociations, les observateurs exposèrent clairement leur point de vue aux représentants nationaux et les chargèrent de négocier les problèmes au plan régional. Une fois la négociation terminée, les observateurs revinrent dans leur section locale et purent faire accepter les termes de l'accord à la base.

Modifier sa façon d'envisager le problème est une forme de changement de niveau. John fait les cent pas dans la chambre au beau milieu de la nuit. Sa femme se réveille et lui dit : « Qu'est-ce que tu fais, John ? » Il répond : « Je ne pourrais pas rendre à Henry les dix mille dollars que je lui dois. » Sa femme décroche le téléphone et appelle Henry : « Allô, Henry, John ne peut te rendre tes dix mille dollars. » Et elle raccroche. John la regarde et lui dit : « Pourquoi as-tu appelé Henry à trois heures du matin ? » « Et bien, » répond-elle simplement, « Tu peux te recoucher. Désormais, c'est le problème d'Henry. » Certains employeurs utilisent cette technique pour traiter avec leurs syndicats. Lorsqu'un syndicat demande d'augmenter les retraites par exemple, l'employeur réexamine certaines des clauses du plan de retraite. Admettons que l'une d'entre elles concerne le taux de prélèvement sur la masse salariale. Lors de la mise en place du plan de retraite, il était prévu que le prélèvement serait de 3 pour cent. Avec l'augmentation des salaires, on estime que la caisse de retraite peut augmenter les pensions de 4 pour cent. Bien que la part patronale ne soit pas modifiée en pourcentage, le montant global des versements se trouve accru du fait de l'augmentation des salaires. En conséquence, l'employeur peut, au cours de la discussion, reformuler la nature de l'exigence de la demande syndicale en signalant que l'effort d'augmentation demandé à l'employeur existe déjà sous la forme d'augmentation de salaire.

Autre exemple lorsqu'il existe des dissensions au sein des syndicats : Les membres les plus jeunes désirent des salaires plus élevés, tandis que les plus âgés veulent des retraites plus fortes. Au lieu de tenter de satisfaire les deux groupes, l'employeur peut essayer de faire une proposition globale et de charger le syndicat de la répartition, moyennant l'assurance que l'accord sera ratifié sur-le-champ. « C'est désormais le problème du syndicat. »

En changeant simplement de niveau, vous pouvez modifier la direction d'ensemble de ce que vous faites ou tentez de faire. Vous pouvez vous apercevoir que vous ne vendez pas des journaux mais des nouvelles. Pas des contrats d'assurance mais la sécurité. Pas des lunettes mais une meilleure vue. Pas des stores mais de l'ombre. Vous êtes-vous demandé quelle était la nature des affaires que vous traitiez ? Le fait de vous poser cette question périodiquement pourra changer votre conception de la vie. Si un médecin se posait la question au cours de sa carrière, la réponse ne pourrait-elle pas passer de « soigner le malade » à « maintenir la santé » ? La réponse d'un enseignant pourrait aller de « enseigner » à « aider les autres à grandir et à acquérir de la maturité ». Mettez à l'épreuve votre faculté à passer à un niveau supérieur en vous posant la question : « Quelle est la nature de mon travail ? »

La raison pour laquelle il est important de se poser cette question à intervalles réguliers est qu'à mesure que les conditions de vie ou de travail se développent, elles atteignent des plateaux différents. La vie est faite de changements constants et, bien souvent, les gens n'en ont pas conscience. Le directeur d'une chaîne de super-marchés s'aperçut qu'il avait atteint un plateau quand il prit conscience qu'il n'était plus dans la distribution mais dans l'immobilier. Dès cet instant, son objectif fut d'ouvrir des magasins plutôt que de se pencher sur les méthodes de ventes.

Une précaution est nécessaire. Au moment d'un changement de niveau, je n'envisagerais pas les choses comme le fit la Rand Corporation. Cette entreprise passa d'un haut niveau d'abstraction à un bas niveau d'abstraction et considéra que ce dernier était plus intéressant. Comme le rapportait le *New York Times* en 1969 : « La Rand Corporation, l'un des réservoirs de pensées les plus anciens et les plus prestigieux de notre pays, est dans sa deuxième année d'études sur la ville de New York et est désormais convaincue que ses études passées sur le système de défense de la nation étaient, en comparaison, beaucoup plus simples à réaliser. »

Le *New York Times* cite le commentaire de Douglas Scott, porte-parole de la ville de New York : « Ce fut sans doute pour la Rand Corporation un enseignement. Les recherches sur la stratégie comportent quelques simplifications confortables mais ce n'est plus le cas lorsqu'il s'agit d'envisager la complexité du facteur humain, celle du système fiscal et politique, et celle de New York tout court. Il s'agit là de problèmes que nous n'avions jamais rencontrés auparavant. »

Il s'agit d'un problème auquel se heurtent bon nombre de personnes lorsqu'elles atteignent un haut niveau d'abstraction. Comment la Rand Corporation pouvait-elle envisager la défense des États-Unis sans prendre en compte les problèmes fondamentaux des villes, des Etats et de la population qui après tout constituent les États-Unis ? Il semblerait qu'au lieu de considérer l'ensemble, la Rand Corporation ait isolé un segment de vie et l'ait traité comme s'il s'agissait de l'ensemble. Au lieu de prendre en compte l'ensemble de la situation, elle se borna à en extraire un élément et à choisir l'un des systèmes possibles de défense et d'affirmer qu'il s'agissait du système par lequel une abstraction, les États-Unis, seraient défendus. Puis il apparut que les problèmes de la ville de New York étaient plus complexes qu'il n'y paraissait.

Si vous travaillez dans la vente, refléchissez à ce qu'un changement de niveau pourrait signifier pour vous. Le vendeur au porte-à-porte produit le même effort pour réaliser une vente que le promoteur. Cela dit, le résultat financier est disproportionné. Diamond Jim Brady, qui fit fortune en vendant des équipements ferroviaires, s'aperçut que si l'on souhaite gagner sa vie en faisant du commerce, il faut vendre des produits coûtant cher.

Les directeurs d'université pourraient également tirer bénéfice d'un changement de niveau. Au lieu de négocier à un bas niveau, tel que par exemple la nourriture, les enseignants, ou les emplois du temps, ils devraient dépasser ces problèmes pour répondre aux demandes des étudiants. Pour ce faire, ils pourraient déplacer le mécontentement étudiant de ces considérations triviales vers un dialogue créatif sur la qualité de l'enseignement et de sa valeur dans le monde et la société d'aujourd'hui. Lorsque des discussions se tiennent à un niveau plus élevé, chacun souhaite y participer et fournir un effort pour arriver à un résultat positif.

EXEMPLE CONCRET D'ALTERNATIVES CRÉATIVES DE STRATÉGIE ET DE TACTIQUE

Il y a quelques années, une importante usine de meubles fut construite dans une petite ville du sud. Elle fournissait des emplois pour la région et la municipalité. Voyant les avantages de cette industrialisation, elle alla même jusqu'à offrir des avantages fiscaux aux entreprises qui s'installaient dans la commune. Les années passèrent. L'usine de meubles pris de l'ampleur et le besoin de l'agrandir se fit sentir. Une fois l'extension construite, la compagnie d'assurances refusa d'étendre la police d'assurance incendie au second bâtiment à moins que ne fût installé un système de protection par arrosage. On découvrit alors que la canalisation existante ne permettait pas la mise en place du système imposé par la compagnie. Il fallait créer une nouvelle canalisation.

La direction de l'usine se rendit auprès de la municipalité qui refusa de faire l'installation, car cette canalisation ne serait jamais utilisée et par conséquent ne fournirait aucun revenu supplémentaire à la commune permettant de rembourser l'investissement. La direction tenta de négocier selon plusieurs méthodes. Au cours d'une réunion du conseil municipal, elle mit en avant que le nombre d'ouvriers qu'emploierait la nouvelle usine entraînerait un accroissement de la consommation domestique d'eau et que l'un dans l'autre, la commune s'y retrouverait. Le conseil rétorqua qu'il n'avait pas les fonds nécessaires pour réaliser les travaux, ce qui était vrai, la ville ayant diminué ses revenus à seule fin d'offrir des avantages fiscaux aux entreprises qui s'intallaient sur sa circonscription (fait accompli). La direction de l'usine quitta le conseil en colère, affirmant qu'elle déplacerait son activité vers une autre région (retrait apparent) et qu'elle pourrait même trouver des avantages fiscaux semblables dans une autre localité (association).

Par l'intermédiaire du journal local, la direction de l'usine rendit l'affaire publique (changement de niveau). Elle présenta les faits selon sa vision. Sans une nouvelle canalisation d'eau, il lui était impossible d'obtenir une police d'assurance et d'ouvrir la nouvelle usine. D'autres villes étaient tout à fait prêtes à financer ce genre d'investissements en regard du surcroît de travail que cela procurerait à la population locale (sollicitation du besoin de savoir). Le conseil municipal commença à se rendre compte que la direction ne feintait pas. La force de leurs arguments dans le journal avait eu un impact considérable. Tout cela ne modifiait pourtant en rien le piètre état de la trésorerie municipale.

La direction suggéra alors à la municipalité d'effectuer un emprunt remboursable sur les impôts à venir (alternative créative).

Les conseillers municipaux estimèrent que ce n'était que repousser le problème et refusèrent la proposition.

Dès lors, il était indispensable de trouver une approche créative acceptable pour chacun. On suggéra la réunion d'une séance permettant de découvrir des faits nouveaux. Une étude de la construction de la canalisation révéla que l'usine pouvait la financer seule. Ce faisant, elle vendrait de l'eau aux nouveaux employés de l'entreprise qui construiraient sur des terrains situés le long de cette canalisation. La présence de ladite canalisation revaloriserait le terrain et l'entreprise serait remboursée de son investissement et parviendrait même à en dégager quelques bénéfices. En conséquence, il fut accordé à la direction de l'usine de faire cette installation et de gérer la distribution d'eau dans les mêmes conditions que la compagnie de distribution des eaux de la ville.

La ville n'ayant pas à débourser d'argent et l'usine de meubles réalisant une deuxième implantation, on en conclut qu'il s'agissait là d'une « bonne » solution. C'est alors que les conditions du marché monétaire se modifièrent. L'usine ne possédait pas assez de fonds pour réaliser les travaux et ne pouvait pas en emprunter.

L'un des responsables de l'usine réexamina le problème et proposa une nouvelle solution. Il se rendit compte que le système d'arrosage, qui avait été le point de départ de tout le problème, était destiné à protéger le bâtiment. Or le bâtiment avait une valeur très relative en rapport avec ce qui se trouvait à l'intérieur (changement de niveau). En poursuivant ses investigations dans ce sens, la direction découvrit qu'il existait une autre façon (alternative créative) de protéger l'intérieur de l'usine, en mettant en place un système à base de neige carbonique, utilisé par l'industrie aéronautique. Pour certaines industries, le système d'arrosage est vital du point de vue de la protection mais dans le cas d'une usine de meubles, le système à base de neige carbonique est largement supérieur à celui de l'arrosage, l'eau pouvant causer des dégâts se montant à des millions de dollars.

Une fois le système de neige carbonique installé dans toute l'usine, d'autres membres de la profession en comprirent l'avantage (association). Ils formèrent une association dans le cadre de laquelle ils devenaient les propres assureurs de leurs usines (participation). L'argent économisé sur les primes d'assurance et la nouvelle méthode de protection contre l'incendie fut utilisée au réinvestissement.

Cette histoire est une illustration pratique des multiples emplois possibles des différentes stratégies et tactiques. Les situations concrètes donnent rarement l'occasion de n'en utiliser qu'une seule. Conservez toujours à l'esprit toutes ces solutions alternatives.

CHAPITRE 10 : APPLICATIONS

1. À partir de votre propre expérience ou de ce que vous avez lu ou entendu, donnez une illustration de chaque stratégie contenue dans le chapitre. Cela vous permettra de réexaminer chacun des titres qui furent utilisés pour cerner le processus d'ensemble. Avant chaque négociation, il est conseillé d'examiner la liste des stratégies et des tactiques à seule fin de stimuler une réflexion orientée vers des alternatives créatives.

2. Au cours de votre prochaine négociation, ayez en réserve au moins trois stratégies.

11

ATTITUDES D'ALTERNATIVES CRÉATIVES

Quand il y a deux méthodes possibles, le terme *alternative* ne signifie pas nécessairement le choix de l'une d'entre elles. Certaines personnes se limitent automatiquement à n'entrevoir que deux possibilités, par exemple, lorsqu'on leur demande de comparer deux choses. Essayez sur vous-même : placez deux objets devant vous et dressez une liste comparative de leurs caractéristiques. Une fois terminée, examinez-la.

N'avez-vous considéré que leurs points communs ? ou bien leurs différences ? Ou encore les deux ? La comparaison doit être plus large que la simple méthode du « soit/soit ».

Dans les temps anciens, les Chinois envisageaient toute négociation comme possédant trois solutions possibles : un sac d'or, pousser son adversaire du haut d'une falaise ou le suicide. Des approches semblables furent utilisées en occident au cours de négociations. On conduit son adversaire à céder par la force, le compromis ou les concessions.

En utilisant la force, vous mettez en œuvre l'ensemble de vos possibilités et insistez sur les faiblesses de l'adversaire. Il est difficile d'envisager un accord raisonnable dans ce type de négociation. La partie adverse doit faire un sacrifice et n'a pas le sentiment d'avoir gagné quoi que ce soit et par conséquent n'a aucun désir de voir les conditions de l'accord rester ce qu'elles sont. Le perdant fera son possible pour changer la situation. L'homme d'affaires s'appuyant sur la force ne fait que mettre en place une relation dans laquelle la partie adverse ne pensera qu'à une seule chose : prendre sa revanche.

Et le compromis comme méthode d'obtention d'un accord ? D'ordinaire, dans ce cas, chaque partie cherche un raccourci dans le processus de négociation. Les accords ainsi obtenus ne sont probablement pas satisfaisants pour les deux parties. Lorsque quelqu'un dit : « Je coupe la poire en deux », il s'agit d'une affirmation arbitraire. Il ne se contente pas de couper la poire en deux mais il avance une nouvelle position à partir de laquelle il va travailler. Dans la plupart des cas, on doit justifier un changement de position auprès de son adversaire par le raisonnement. Ce n'est pas le cas lorsque les deux parties pratiquent simplement le compromis.

La dernière méthode est de faire des concessions. En tout état de cause, une concession accordée doit être contre-balancée par une concession de la partie adverse. Si ce type de processus se met en place, c'est que les diverses propositions des adversaires se seront modifiées. Mais les concessions ne seront pas acceptées gratuitement à moins qu'elles ne soient justifiées. À la fois dans le cas du compromis et de la concession, nous sommes en face d'un processus d'obtention de position plus raisonnable. Peut-on utiliser le raisonnement en négociation pour obtenir une solution mutuelle avantageuse et durable ?

La réponse est oui. En expliquant comment cela peut être possible, un effort sera fait pour tenter d'éviter d'appliquer la loi de Foley. Cette loi fut expliquée par un représentant des Irish Airlines. « Tout problème, aussi soluble soit-il, peut être rendu insoluble si on le généralise suffisamment. » Nous tenterons une explication dans laquelle nous ferons l'impossible pour éviter les généralités.

Le problème peut être reformulé de la manière suivante : comment modifier la position de vainqueur/vaincu de l'adversaire en attitude d'alternatives créatives ?

LES ALTERNATIVES CRÉATIVES PEUVENT CHANGER LA POSITION DE VAINQUEUR OU DE VAINCU

Robert R. Blake, un spécialiste de l'Institut de la Sémantique Générale, m'aida grandement à mettre en place ce qui va suivre. L'approche du vainqueur/vaincu en négociation peut être remplacée par une attitude qui envisage l'existence d'alternatives créatives, c'est-à-dire un nombre infini de solutions aux problèmes. Certaines de ces solutions peuvent être meilleures, d'autres peuvent l'être moins, mais elles doivent être examinées par chacune des parties et ce dans l'intérêt mutuel des deux groupes en présence. Ceci est à l'opposé de l'approche vainqueur/vaincu où une position définitive est prise et où il faut forcer l'adversaire à l'adopter.

De toute évidence, nous avons tous le désir de gagner et lorsque nous faisons partie d'un groupe, ce désir devient une nécessité. Si un désaccord survient avec l'adversaire, on le perçoit comme un désastre plutôt que comme une occasion de mettre en œuvre une démarche créative. Celle-ci peut nous permettre de réexaminer notre position et éventuellement d'aboutir à une solution satisfaisante pour tous.

Lorsque nous faisons partie d'un groupe de négociation, nos besoins se fondent avec ceux du groupe. Même au cours d'une négociation simulée on peut constater à quel point chaque membre s'identifie fortement avec la position de son équipe et taille en pièces celles de son adversaire. L'orientation de l'approche vainqueur ou vaincu gêne la modération dont il faut faire preuve au cours de situations réelles. Avec ce type d'attitude, toute coopération entre adversaires est impossible. La possibilité même de s'ouvrir aux idées de l'adversaire est perdue. Lorsque l'envie de gagner est subordonnée à une certaine loyauté à votre équipe ou à votre société, on reste souvent sur ses positions. Vous êtes en fait déloyal si vous ne faites pas tout pour « gagner ». Cette attitude peut éliminer toute possibilité de collaboration avec votre adversaire pour aboutir à une solution. Si un arbitre appelé de l'extérieur adoptait cette attitude gênante du vainqueur/vaincu, les membres de l'équipe percevraient cela comme une incapacité à résoudre les choses par elles-mêmes. Si un juge devait prendre une décision et que cette décision fût contraire aux conclusions auxquelles les négociateurs étaient arrivés, son attitude et sa compréhension du problème seraient mises en cause par le groupe. Si cette attitude unique permettait à l'une des parties de l'emporter, l'autre se considèrerait comme perdante et les germes d'une revanche future seraient semés.

Avant de nous lancer dans l'exploration complète de la réponse à la question initiale, un second problème se pose : Peut-on maintenir les avantages de la compétition et simultanément raisonner en termes de collaboration où toutes les parties cheminent vers des solutions, les objectifs de chaque partie étant à la fois séparés et communs ? De nouveau, la réponse est oui. Non seulement c'est possible, mais c'est faisable quand bien même une seule des deux parties conserverait-elle à l'esprit cette approche d'alternatives créatives.

La première étape consiste à se persuader qu'il existe une meilleure approche que celle du vainqueur/vaincu. Examinons nos propres attitudes lorsque nous nous trouvons dans une situation de vainqueur/vaincu. Ce que nous allons découvrir se produit également dans l'esprit de l'adversaire. Dans le cas où nous négocions avec quelqu'un qui, pensons-nous, veut faire de nous un perdant, ceci renforce notre volonté de vaincre et nous pousse à nous battre avec plus de vigueur. Comparez cette réaction avec celle que vous auriez vis-à-vis de quelqu'un qui, semble-t-il, vous témoigne du respect et tente vraiment de travailler de concert avec vous. Elle vous propose des solutions alternatives créatives dans le but d'aboutir à une solution finale bénéfique pour chacun. Quelle attitude adopteriez-vous une fois vos suspicions écartées ?

Les pressions qui s'exercent respectivement sur chacun des groupes et par le groupe lui-même sur les personnes le composant sont du même ordre — chacun poussant à la « victoire ». Si nous parvenons à éliminer cette pression du groupe sur l'individu et sur chacun des groupes, il se peut que nous engendrions pour tous une ouverture qui permettra de découvrir une solution dans l'infinité de possibles plutôt que de se cantonner dans une approche du vainqueur/vaincu.

Si vous souhaitez trouver une solution mutuellement bénéfique au cours d'une négociation, la partie adverse doit pouvoir juger à partir de vos actions si vos désirs sont sincères. L'ensemble de votre conduite doit aller dans le sens de vos anticipations. La coopération doit être votre but. Elle pourra alors devenir un objectif commun. Certains secrets pourront même être partagés. C.W. Morris constate : « La multiplicité de l'information, au lieu de faciliter les rapports et la communication, peut en fait augmenter les conflits, l'esprit de compétitivité et l'esclavage. » En effet, le fait pour un individu d'avoir une langue commune avec les autres est l'outil le plus subtil et le plus puissant pour contrôler leur comportement, en créant des rivalités, en poussant ses propres pions, en exploitant les autres. Jack R. Gibb* (1) affirme : « Si on veut améliorer de manière fondamentale la communication, il faut également évoluer au niveau des relations interpersonnelles. » L'une des manières d'accomplir de tels progrès est de transformer le comportement défensif en comportement de soutien. Ceci minimise les angoisses de votre adversaire et lui permet de se concentrer sur ce que vous dites ou sur ce que vous tentez de faire. Gibb cite à ce propos six schémas de comportement défensif et de soutien :

Climats défensifs et climats de soutien

1. Evaluation	1. Description
2. Contrôle	2. Problème d'orientation
3. Stratégie	3. Spontanéité
4. Neutralité	4. Empathie
5. Supériorité	5. Egalité
6. Certitude	6. Prévoyance

Les attitudes interpersonnelles étant souvent, et parfois nécessairement, évaluatives, il est possible d'en atténuer les tensions grâce à une attitude et un vocabulaire exprimant, par exemple, la connaissance d'autrui. Les questions, souligne Gibb, engendrent souvent une réaction défensive. C'est pourquoi il est essentiel de comprendre les « Cinq fonctions des questions » décrites au chapitre 9 et notamment les manières d'induire ou de réduire un

---

* « Defense Level and Influence Potential in small groups »
(1) *Leadership and Interpersonal Behavior* (1961).

comportement anxieux ou défensif. Les tentatives visant à contrôler votre adversaire par l'intermédiaire du discours comme par celle de la communication non-verbale provoquent une réaction de défense, tandis qu'un discours descriptif, ne cherchant pas à influencer votre adversaire mais à lui communiquer des informations, n'en provoque pas. Chercher à définir un problème et susciter l'aide de la partie adverse pour le résoudre permet à l'adversaire d'aboutir à ses propres conclusions. Cette démarche est totalement opposée à la stratégie qui consiste à manipuler l'adversaire (but égoïste).

En résumé, comme Gibb le dit lui-même : « On réduit la réaction de défense de l'auditeur lorsqu'on indique que l'on est prêt à comprendre les attitudes, le comportement et les idées de l'autre. Celui qui donne l'impression de ne pas prendre parti, de chercher une conclusion plutôt que de débattre du problème, de même que celui qui se montre ouvert au discours de l'autre, laisse entendre à l'auditeur que celui-ci contrôle en partie la discussion et y participe. Si une personne cherche réellement à obtenir des informations, elle ne se sentira pas offusquée si une aide lui est apportée. » Nous devons discuter de nos problèmes mutuels et non pas de nos exigences. Sachant que des problèmes surgissent entre adversaires au cours d'une négociation, le fait de savoir pourquoi ils existent est utile, certes, mais ne permet pas de résoudre les problèmes en question. Vous devez être capable de prendre certaines mesures concrètes pour obtenir une coopération active entre les parties. La première mesure concerne la recherche des faits. Les deux parties doivent travailler ensemble pour y aboutir. Les données elles-mêmes ne doivent pas être sujet à négociation. Si les deux parties peuvent préalablement se mettre d'accord sur ces données, cela évitera bon nombre de conflits dus à des rapports émotionnels et personnels. Si à l'origine, les deux parties sont opposées, c'est que chacune d'elles s'est fait une opinion des faits indépendamment de l'autre. La recherche commune des faits est une étape qui facilitera la mise en œuvre d'un processus de collaboration. La deuxième mesure consiste à faire en sorte que l'un des adversaires n'exige pas de présenter, ni ne présente sa solution comme étant la « meilleure » ou la « seule ». Le plus grand nombre possible de solutions créatives doit être avancé à seule fin que l'adversaire puisse analyser chacune d'elles. Cela le stimulera à son tour, pour avoir une approche semblable et, ce faisant, aboutir à un produit fini satisfaisant pour chacun. Une approche mutuellement bénéfique de la négociation encourage la créativité. L'action de groupe stimule la recherche d'alternatives et permet d'arriver à des solutions applicables. Les connaissances et le talent de tous les membres de chaque groupe sont libérés et, simultanément, chaque partie est prête à présenter ses exigences tout en essayant de satisfaire celles de l'autre. L'aveu même unilatéral de certains secrets encourage l'adversaire à être coopératif. Au cours de cette étape, il vaut mieux rechercher les points communs plutôt que d'insister sur les différences. Partez de ces similitudes pour en faire une base de négociation. Dans la plupart des cas, vous trouverez rapidement un terrain d'entente.

Faites en sorte que chacun s'investisse, tant les membres de votre équipe que ceux de l'équipe adverse. Plus nombreux seront les individus prêts à faire des suggestions, plus nombreuses seront les alternatives proposées, et plus facilement disparaîtront les différences. Lorsque vous impliquez des gens dans la recherche d'une solution et qu'ils y contribuent effectivement, ils se sentent plus aisément concernés. Tentez d'informer l'ensemble du groupe des progrès de la négociation. Faites en sorte qu'il réfléchisse sur chaque étape. S'ils sont associés à ce processus tout en examinant les alternatives et les concessions au fur et à mesure qu'elles se présentent, la solution finale sera acceptée sans réserves.

Vous avez des chances d'aboutir plus vite à un résultat s'il y a dans votre équipe un négociateur susceptible de déceler un blocage avant qu'il ne se présente ou au moment où il se présente, capable d'intervenir dans la discussion, de suggérer une alternative, et de la présenter de manière suffisamment impersonnelle pour qu'elle ne déclenche pas d'émotion particulière. Dans ce rôle, le négociateur expérimenté ne prendra pas en compte le contenu de la négociation lui-même mais plutôt les alternatives. Il doit également être capable de montrer quelles peuvent être les conséquences d'une décision.

Récapitulatif des étapes :

1. Reconnaître les imperfections et les alternatives d'une approche vainqueur/vaincu.
2. Comprendre les climats défensifs et de soutiens.

3. S'engager dans une recherche commune des faits.

4. Obtenir des suggestions mutuelles d'alternatives créatives.

5. Impliquer chacun des membres des deux équipes.

6. S'adjoindre un observateur prêt à suggérer des solutions créatives.

Et rappelez-vous toujours : si vous vous demandez : « Est-ce que j'obtiendrai tel résultat au cours d'une de mes négociations ? », pensez à cette histoire du jeune homme en visite à Milan qui demande dans la rue à un vieux monsieur : « Comment fait-on pour arriver à la Scala ? »

« Le travail, petit, beaucoup de travail. »

DES ALTERNATIVES CRÉATIVES POUR UN ARRANGEMENT MUTUEL

On considère que la réussite d'une négociation tient à l'existence d'alternatives créatives. Ceci permet en effet un arrangement mutuel d'où toutes les parties sortent triomphantes. Une alternative créative devrait permettre de satisfaire certains des besoins de chaque partie, ce qui a peu de choses à voir avec la manière dont certains gouvernements prétendent satisfaire les besoins de leur peuple. La Rome antique nous fournit quelques exemples d'une telle attitude. A cette époque, Rome recevait la plupart de son grain d'Afrique du Nord. Au cours d'une bataille navale entre prétendants au trône, la moitié de la flotte transportant le grain fut détruite et l'on demanda au proconsul quelles mesures il comptait prendre. Il répondit : « La moitié du chargement ne suffira pas à nourrir Rome. Déchargez donc tout le blé et remplissez le bateau avec du sable car un peuple affamé a besoin de se divertir avec les jeux de l'arène. » Par cet exemple montrant une mauvaise interprétation des besoins, on comprend comment certaines personnes qui proposent des soi-disant solutions alternatives arrivent à se faire passer pour des spécialistes. Un cabinet conseil s'était spécialisé sur le problème des toilettes et leur installation dans une entreprise, que ce soit un restaurant, un théâtre, un bureau. À première vue, il peut sembler assez étrange que l'on puisse offrir de telles alternatives pour une telle préoccupation, mais il est intéressant de se pencher sur certaines de leurs techniques les plus réussies. Les « conseils » affirmaient que le coût du papier dans les toilettes pouvait être diminué d'environ 50 pour cent. L'une des solutions alternatives proposait d'accrocher un peu plus haut les essuie-mains en papier pour en diminuer l'utilisation. À la réflexion, cette idée était à retenir, car lorsque les utilisateurs avaient les mains mouillées, ils devaient les lever pour atteindre l'essuie-mains, faisant ruisseler l'eau le long de leurs bras et dans leurs manches. Quant au papier hygiénique, ils suggéraient que la manière la plus appropriée pour diminuer la consommation de papier hygiénique était de l'accrocher à l'arrière plutôt que sur le côté des toilettes. Plus difficile serait l'accès, plus la consommation diminuerait. Cela peut-il expliquer la présence de certains graffiti sur les murs ?

La nécessité est parfois à l'origine de vraies alternatives créatives : bien avant la vogue des systèmes d'alarme reliés aux postes des police, tout le monde ne pouvait pas se payer le luxe de connecter le téléphone de son magasin au commissariat. Ces commerçants avaient donc imaginé un autre moyen de protection. Le soir, avant de quitter leur magasin, ils composaient sur leur cadran téléphonique leur numéro de téléphone personnel à l'exclusion du dernier chiffre. Puis, ils amorçaient le dernier numéro et plaçaient un morceau de bouchon pour éviter au cadran de revenir. Enfin ils reliaient le bouchon à la porte d'entrée par l'intermédiaire d'une ficelle et rentraient chez eux. Si quelqu'un pénétrait dans leur boutique, le dernier chiffre était alors composé, faisant sonner le téléphone à leur domicile. Un effet secondaire et négatif de ce système était que les propriétaires des magasins ainsi que neuf autres personnes reliées au même standard ne pouvaient utiliser leur téléphone au cours de la nuit, une partie du standard étant bloquée. Les PTT locales modifièrent leurs circuits pour que ce genre de pratique soit rendu impossible. Rechercher des alternatives c'est un peu comme jouer au golf avec un jeu de clubs complet. Aucun professionnel n'envisagerait de faire une partie de golf en utilisant un seul et même club. Il ne trouverait le club parfaitement adapté que dans la situation pour laquelle il a été conçu. Des suggestions d'alternatives créatives doivent être proposées par l'un ou l'autre des camps lors d'une négociation. Dans ses rapports avec un syndicat, l'employeur confronté à des exigences importante, discute de chacune d'elles séparément avec le comité syndical de négociation. Il explique son point de vue — les difficultés qu'il a rencontrées — et demande au comité de modérer certaines de ses exigences ou du moins de lui montrer comment il pourrait les satisfaire sans que ce soit trop pesant pour l'entreprise. Cette façon d'aborder la négociation, détachée de toute fierté professionnelle, permettra au syndicat de découvrir des alternatives créatives débouchant sur une solution.

Nous avons donné à l'épisode suivant le titre : « Les 7 millions de dollars fantômes ». La plus forte somme obtenue par des plaignants dans un procès anti-trusts fut récemment versée par l'ensemble de l'industrie pharmaceutique à cause de son monopole sur les antibiotiques : le montant versé s'élève à 100 millions de dollars et fut le résultat d'actions concertées de la part de quarante trois Etats, de certaines villes (représentant leurs habitants) et de pharmaciens grossistes et détaillants. Sur les 100 millions de dollars, 3 millions étaient attribués aux pharmaciens, leur préjudice ayant été estimé relativement faible : plus ils payaient cher leurs antibiotiques, plus leur marge bénéficiaire était importante à la vente. Cependant, après la publication du jugement, les avocats des pharmaciens revendiquèrent 40 millions de dollars. Après quelques négociations, les exigences des pharmaciens furent ramenées à 10 millions de dollars. C'était tout de même 7 millions de dollars de plus que les sommes prévues pour l'ensemble du règlement.

Lorsqu'on demanda à l'industrie pharmaceutique de verser le supplément, elle s'y opposa. Quant aux autres parties intéressées, villes et Etats, ils refusèrent de diminuer la cote-part qui leur était attribuée. Une modification de cette répartition aurait impliqué un nouvel accord de l'ensemble des intéressés, entraînant ainsi une discussion longue et difficile. Le problème revenait à trouver 7 millions de dollars en plus des 100 millions de dollars déjà obtenus.

Il devenait nécessaire de faire appel à des alternatives créatives. Il existe une excellente méthode pour stimuler la créativité. Elle consiste à raisonner en s'attachant aux éléments fondamentaux de la transaction et à la façon dont ils sont liés les uns aux autres. C'est la nature même de la recherche des faits : Examiner et réexaminer les mêmes facteurs aide parfois à déceler des alternatives créatives. L'examen du problème selon ces méthodes se révéla fort instructif. Le temps est toujours un facteur et doit être parfois considéré comme de l'argent. L'examen du facteur temps dans le cadre de cette négociation aboutit à quelques considérations intéressantes : Une partie de l'accord stipulait que les plaignants ne recevraient pas la moindre somme avant que le délai d'appel ne se soit écoulé (l'industrie pharmaceutique ne voulait pas que l'un des plaignants lui cause des problèmes supplémentaires en faisant appel). L'autre élément, fondamental dans toute situation impliquant procès, règlements, etc., était l'aspect fiscal. Les considérations fiscales permettent souvent de résoudre un problème de négociation. Celui-ci ne revêt pas la même importance pour toutes les parties en présence et ne peut vous permettre de répondre aux différents besoins. La situation fiscale peut être totalement différente suivant les individus, entraînant même parfois une complémentarité.

En 1969, les sociétés américaines devaient payer 10 pour cent de surtaxe fiscale, l'industrie pharmaceutique avait réalisé cette année-là un chiffre d'affaires important et toute charge sur l'exercice de 1969 était fiscalement la bienvenue. L'avocat des plaignants prit contact avec les défenseurs de l'industrie pharmaceutique en faisant la proposition suivante : accepterait-elle de déposer en 1969 85 millions de dollars en avance sur le solde final dû au plaignant ? La banque garderait la somme durant treize mois, ce qui correspondait au délai limite d'appel. Une banque accepta les 85 millions de dollars pour une période de treize mois, s'engageant à verser environ 7 millions de dollars d'intérêts. L'industrie pharmaceutique accepta, les avocats acceptèrent et finalement les pharmaciens aussi, sachant qu'ils obtiendraient environ 10 millions de dollars au bout de treize mois, représentant les 3 millions qui leur avaient déjà été alloués plus environ 7 millions d'intérêts. : Il existe toujours des alternatives créatives quelles que soient les circonstances. Cette histoire n'est qu'une application pratique d'un processus général. Pour en faire la preuve, voici quelques stratégies et tactiques utilisées par des groupes qui à première vue semblent n'avoir que peu d'alternatives à leur disposition.

Une institution de charité de Chicago obligea le maire, Richard Daley, à négocier avec elle en menaçant de s'en prendre à l'objet de sa fierté et sa joie, l'aéroport O'Hare. La menace était simple : l'Institution occuperait toutes les salles de repos de l'aéroport jusqu'à ce que le maire reçoive ses représentants. Celui-ci les reçut. Pour rappeler au Département de la Santé sa négligence vis-à-vis des taudis de Chicago, le même groupe recouvrit de rats morts les marches de la mairie. Une autre association de Chicago fit toucher du doigt à un élu l'inefficacité du service de ramassage des ordures en déversant un camion d'immondices sur sa pelouse impeccable. Dans cet ordre d'idée des groupes dits « faibles » ont pu se rendre compte qu'ils avaient un pouvoir, le pouvoir de masse. Utilisé en tant qu'alternative créative, celui-ci peut modifier un statu quo.

Les étudiants ont également utilisé des moyens légaux (au regard des critères de leur établissement) mais efficaces pour réaliser de réels changements. Dans une université, le règlement interdisait aux étudiants de danser, de fumer et même de boire une canette de bière. Face à cela, ils développèrent créativement une activité autorisée. La direction leur accordait magnanimement le droit de mâcher du chewing-gum. Plusieurs centaines d'étudiants se présentèrent sur le campus la bouche pleine de chewing-gum. Puis ils crachèrent leur chewing-gum sur les trottoirs du campus. La direction abandonna ses positions : les étudiants pouvaient faire tout ce qu'ils voulaient sauf mâcher du chewing-gum.

Une solution trop peu souvent utilisée de nos jours bien que très efficace est l'humour. La police elle-même est venue à bout de certaines manifestations en pratiquant l'humour. Voici ce qu'on a pu lire dans le *New York Times* du 6 novembre 1967 :

> « *Mesdames et messieurs, nous vous prions de bien vouloir circuler ou de vous munir de peignoirs de bain et de serviettes éponge. Nous allons vous présenter un spectacle aquatique.* » *La voix qui sortait du haut-parleur était celle du policier Werner Textor. La foule rit aux éclats, (la scène se passait au cours des manifestations d'étudiants à Berlin-Ouest) et le temps d'ouvrir les canons à eau, la plupart des spectateurs et des manifestants avaient quitté les lieux.* « *Il y a toujours des gens qui manquent d'humour,* » *remarqua M. Textor à l'adresse des rares personnes qui se firent asperger.*

Les négociateurs qui ont la faculté d'utiliser l'humour ne sont jamais à cours de stratégies. Bien qu'il effrayât par d'autres aspects bien des gens dans les années trente, Huey Long était un maître de l'humour et il l'utilisait si bien qu'il parvenaient presque toujours à ses fins. Une année, l'équipe de football de l'université de Louisiane allait jouer son premier match de la saison. Les réservations étaient décevantes. À sa grande horreur, Long découvrit que le cirque faisait sa soirée d'ouverture le même soir. Pour éviter une concurrence déloyale à sa chère équipe de football, Long examina les lois en vigueur. Il découvrit une loi désuète de l'Etat, stipulant que tout animal en transit devait être obligatoirement immergé pour éviter la prolifération des tiques. Il téléphona alors à John Ringling North, le propriétaire du cirque, et lui demanda poliment de changer la date de l'ouverture de sa saison. M. North s'y refusa. « Très bien, » ajouta Long, « Il existe en Louisiane une loi sur la désinfection. Selon moi, vos animaux devront être immergés. Avez-vous déjà immergé un tigre ? Ou un éléphant ? » North préféra retarder d'un jour le début de sa saison à Bâton Rouge.

CHAPITRE 11 : APPLICATIONS

1. Les formules suivantes illustrent des climats défensifs et des climats de soutien.

CLIMATS DEFENSIFS EN OPPOSITION AUX CLIMATS DE SOUTIEN

1. EVALUATION
   - (a) Estimer
   - (b) Accuser
   - (c) Juger
   - (d) Endoctriner
   - (e) Corriger
2. CONTROLE
   - (a) Modifier
   - (b) Influencer
   - (c) Restreindre
   - (d) Persuader
   - (e) Menacer
3. STRATEGIE
   - (a) Imposer sa supériorité
   - (b) Manœuvrer
   - (c) Etre fair-play
4. NEUTRALITE
   - (a) Apathie
   - (b) Passivité

1. DESCRIPTION
   - (a) Demande sincère d'informations
2. PROBLEME D'ORIENTATION
   - (a) Redéfinition permanente
   - (b) Problème commun
   - (c) Recherche coopérative
   - (d) Tâche commune
   - (e) Complicité prévaut sur résultat
3. SPONTANEITE
   - (a) Motivations simples
   - (b) Sincérité
   - (c) Interaction libre
4. EMPATHIE
   - (a) Acceptation
   - (b) Identification au problème
   - (c) Compassion
   - (d) Réceptivité émotionnelle
   - (e) Compréhension

(c) Considérer le but final par la personne

5. SUPERIORITE

(a) Refuser la relation

(b) Refuser l'opinion en retour

(c) Refuser le soutien

(d) Rendre dépendant

6. CERTITUDE

(a) Dogmatique

(b) Enseignant pas collaborateur

(c) Conformiste

(f) Confiance

5. EGALITE

(a) Respect mutuel

(b) Confiance mutuelle

(c) Encouragement du développement mutuel

(d) Réciprocité

6. PREVOYANCE

(a) Vouloir expérimenter

(b) Vouloir enquêter

(c) Etre créatif

(d) Etre innovateur

(e) Accepter les réactions

Pouvez-vous compléter cette liste selon vos expériences ?

2. Utilisez la liste dans une négociation au cours de laquelle vous adopteriez une attitude de soutien et notez les formules que vous auriez pu appliquer.

3. Au lieu d'utiliser une théorie basée sur la défense, pouvez-vous concevoir votre comportement sur un mode de soutien ? Est-ce que le stress habituel s'en trouve diminué ? Penser à d'autres situations dans lesquelles un environnement de soutien peut être plus approprié qu'un environnement défensif ?

4. Dans les relations que vous entretiendrez la semaine prochaine, envisagez un changement d'attitude que vous mettrez en pratique lors d'une négociation avec un membre de votre famille, des associés ou un adversaire professionnel.

12

ACHAT ET VENTE

*Il n'y aurait pas d'échanges économiques si les parties
concernées n'en retiraient pas de bénéfice. Il vaut mieux, bien
sûr, réaliser la meilleure affaire possible. Le plus mauvais
résultat est de ne pas conclure d'affaire du tout, parce qu'on
a voulu être trop gourmand, et qu'un accord qui aurait pu
profiter aux deux parties n'a pu être conclu.*

Benjamin Franklin

Nous avons tendance à envisager l'achat et la vente comme
deux transactions séparées, voire opposées. Cependant, lorsqu'on
les envisage objectivement, l'achat et la vente relèvent d'une
même transaction. Seul le point de vue diffère selon qu'on est le
vendeur ou l'acheteur. Alors que de nombreux ouvrages ont été
écrits sur la vente, l'achat demeure un domaine fort négligé.
Pourtant les deux domaines requièrent autant de compétences
l'un que l'autre. Les objectifs de négociation du point de vue de
l'acheteur peuvent être divers : la négociation peut être considérée

comme un substitut à la concurrence des prix ; le but de la négociation peut varier : ce n'est pas nécessairement le bénéfice raisonnable du vendeur, mais ce peut être aussi le coût de production.

Une enquête dans la plupart des entreprises révèle qu'il ne semble y avoir ni objectif ni cible dans la philosophie de l'acte d'achat. De nombreuses sociétés estiment que l'approvisionnement est une simple fonction administrative, que d'autres individus ont déterminé le produit à acheter et que le travail de l'acheteur est plutôt d'un exécutant. Ce qui fait la différence entre un employé de bureau gratte-papier et un acheteur de talent, c'est la connaissance de l'art de la négociation.

Être acheteur c'est d'abord maintenir l'entreprise en activité en lui fournissant les biens et les services nécessaires à un prix raisonnable. Tout comme on ne naît pas négociateur, on ne naît pas acheteur mais on le devient grâce à l'expérience. Cependant, dans la plupart des cas, l'expérience crée plus de limites que d'ouvertures. Aussi, avant de se pencher sur les rapports de l'acheteur avec le monde extérieur, il est nécessaire d'envisager certaines de ses responsabilités internes à l'entreprise en commençant par la communication. Selon une structure horizontale de l'entreprise. il devrait être en relation permanente avec les autres départements — ateliers, ventes, etc. Verticalement, il devrait échanger en amont des informations avec la direction et en aval avec le personnel de son service pour les tenir au courant et utiliser au mieux leurs compétences. De même, il devrait être informé des besoins et devrait coordonner les efforts. Horizontalement, il devrait se renseigner sur les inventions, la trésorerie, les plannings et les spécifications. Par exemple, sa connaissance des spécifications pourrait lui permettre de suggérer des modifications concernant l'aspect, le matériau employé ou/et les méthodes de fabrication — modifications qui sont du ressort de la production — afin de pouvoir engendrer des économies. Il doit communiquer aux responsables de l'entreprise l'existence des nouveaux produits dont il a eu connaissance : matériaux de remplacement ou méthodes de fabrication ; tendance du marché et tarifs ; accroissement ou diminution des stocks.

Dans les rapports avec le monde extérieur, tout achat doit être considéré comme le point de contact entre deux entreprises. En vendant, les fournisseurs peuvent être encouragés à présenter à l'acheteur des innovations, de nouveaux produits et de nouvelles utilisations pour les produits de la société cliente. Les vendeurs peuvent donner une idée des spécifications, de ce que le produit devrait ou ne devrait pas faire, ses potentialités et la fourchette de prix. Certaines sociétés utilisent ou tentent d'utiliser ce principe en mettant plusieurs fournisseurs en concurrence.

Peu de choses résistent à un bon acheteur. Voici quelques méthodes d'achat : déterminer le type de fabrication adéquate ; à travers une étude portant sur les salaires et le temps passé ; déterminer si une méthode de production est plus onéreuse qu'une autre ; s'informer de l'état actuel du développement du produit, afin d'établir s'il est possible que les méthodes de production se modifient dans un avenir proche ; demander si certaines caractéristiques du produit peuvent être modifiées pour parvenir à un meilleur prix ; juger si les frais généraux ne sont pas exagérés par rapport à la production envisagée ; étudier les spécifications ou les plans des ingénieurs pour déterminer si certaines informations s'y trouvant ne peuvent pas être utiles à l'acheteur ou au fournisseur. L'acheteur ayant pris connaissance de ces éléments doit en faire part au fournisseur de telle sorte que celui-ci puisse aider l'acheteur à réaliser une meilleure opération.

L'une des meilleures façons pour un acheteur d'analyser le coût d'un produit est de connaître le coût brut des matières utilisées, le coût direct de main d'œuvre, les frais généraux et les dépenses administratives. Il n'est pas utile pour un acheteur d'être expert dans chacun de ces domaines mais il doit savoir où trouver cette information. Ses sources peuvent être le fournisseur lui-même, l'un de ses concurrents, ses propres clients, le service de fabrication, et tous les autres services. Il est également très utile de faire des recherches sur des types de produits et des méthodes de fabrication similaires ainsi que de lire des rapports publiés dans le même domaine d'application. Le résultat d'une telle méthode d'analyse permet à l'acheteur d'être informé des erreurs les plus fréquentes concernant les différents domaines — par exemple, le coût brut des matières premières. Citons certaines de ces erreurs :

- devis gonflés sur les prix futurs
- prix fondés sur des matériaux de meilleure qualité qu'il n'est nécessaire

- mauvaise prévision des besoins
- facturation d'un prix au détail alors que le volume d'achat mériterait un prix de gros
- la valeur des chutes et des déchets est aussi trop souvent négligée.

Les coûts du travail sont calculés à partir de deux facteurs de base : le nombre d'heures effectuées et le taux de salaire horaire. Aussi élémentaire que cela puisse paraître, ces facteurs peuvent varier de manière plus importante que le coût des matières.

Le but essentiel de ces analyses est d'arriver à des méthodes par lesquelles l'une des parties peut amener l'autre à contrôler ses coûts et à en partager les bénéfices avec la société que chacun représente.

C'est parce que les méthodes d'établissement des prix diffèrent selon les points de vue, que la négociation est nécessaire. Il faut savoir qu'un grand nombre de prix sont fixés à partir d'informations inadéquates ou de simples préférences personnelles. Il s'agit là d'une situation dont l'acheteur peut tirer profit et qu'il peut exploiter au cours de la négociation. Il pourra au cours de la discussion baser ses prétentions sur le fait que le prix peut très bien être le résultat d'une décision purement administrative sans aucun rapport avec la demande, l'importance de la concurrence et les différents prix pratiqués sur le marché. Le négociateur pourra insister sur le taux de profit que l'acheteur espère réaliser, ainsi que sur celui tout à fait légitime du fournisseur. Il est également capable d'utiliser les réglementations qui s'appliquent au type d'activité du fournisseur pour obtenir des prix raisonnables ou, du moins, stables.

En suivant les grandes lignes des différentes stratégies discutées précédemment, nous pouvons dessiner celles que le fournisseur peut utiliser pour fixer un prix. Il est évident qu'un acheteur au fait de ces stratégies aura un avantage dans la négociation.

Patience : le fournisseur attend que ses concurrents aient fixé leurs prix — il attend jusqu'au dernier moment possible.

Surprise : il avance des prix au « feeling », très élevés, avec l'intention de marchander sur les remises possibles selon l'interlocuteur.

Fait accompli : il établit une tarification, puis attend de voir les réactions.

Retrait pur et simple : il donne une liste de prix en espérant une réaction. Au premier signe de refus, il fait machine arrière et dit : « Non, ce n'est pas du tout ce que je voulais dire. »

Retrait apparent : si un prix est critiqué au cours de la discussion, il laisse supposer à l'acheteur qu'une révision est possible et le rassure dans ce sens. En dernière analyse, il laisse le vendeur sans autre alternative et maintient le prix de départ.

Renversement : au premier signe de pression, il fait machine arrière et donne un nouveau tarif. Ces prix ont tendance à varier avec la demande. S'il sent qu'il peut les augmenter, de nouveau il revient à sa position initiale.

Limites : il affirme que sa politique n'a rencontré que des succès depuis de nombreuses années et qu'il maintiendra sa position dans les limites qu'il s'est fixé.

Feintes : il dresse un écran de fumée pour tromper le client en le poussant à penser qu'il va obtenir quelque chose qu'il n'aura pas. Il fait croire à l'acheteur que ce dernier a en sa possession toutes les informations alors que des éléments importants sont laissés de côté.

Participation : il ne fixera son prix qu'après en avoir discuté avec tous ses concurrents en dépit du fait que cela puisse être illégal.

Association : il prend les tarifs de ses concurrents puis établit les siens et affirme ensuite qu'il a laissé jouer la concurrence.

Dissociation : quelle que soit la structure des prix de ses concurrents, la sienne est différente. Il ne se conformera pas aux pratiques habituelles de la profession.

Carrefour : il offre de meilleures conditions pour une vente groupée et réalise ainsi son bénéfice maximal lors de la vente.

Couverture : la tarification est tellement large que lorsque l'on décompte le prix, on arrive à une contradiction avec le premier tarif annoncé.

Hasard : cet individu utilise des modèles calcul abstraits pour établir un prix qui peut se situer bien loin de la réalité.

Fausse récurrence (prix fixé par un prix précédent) : ayant été capable de vendre une fois avec un certain taux de profit, il considère que ce taux est définitif. S'il change son prix, c'est seulement pour maintenir sa marge de profit en accord avec ses coûts.

Saucissonnage il ne parvient pas à établir un prix. Préoccupé qu'il est à le faire varier, il donnera une valeur différente à chaque élément constitutif du prix.

Fourchette : il fixe un prix au-delà de son barème ; l'acheteur en fixe un en-dessous et le fournisseur espère qu'ils partageront la différence.

Les managers devraient se souvenir de ce qu'a déclaré un jour John Ruskin : « Il n'est pas bon de payer trop mais il est mauvais de payer trop peu. Lorsque vous payez trop, vous perdez un peu d'argent... Lorsque vous payez trop peu, parfois, vous perdez tout car ce que vous avez acheté ne remplira jamais la fonction pour laquelle vous l'avez acquis : La loi commune de l'équilibre des affaires interdit de payer peu et d'obtenir beaucoup — cela n'existe pas. Si vous traitez un marché au plus offrant, il est préférable de prévoir plus d'argent pour vous couvrir ; à ce moment-là vous auriez eu assez pour obtenir une meilleure qualité. » Un dernier mot sur la philosophie de l'achat nous est donné par la réponse que fit le spationaute Gordon Cooper, lorqu'on lui demanda au retour d'un voyage dans l'espace s'il avait eu peur : « Une seule fois. Au moment où, me concentrant sur le tableau de bord, j'ai subitement pris conscience que tous les cadrans et tous les instruments de contrôle avaient été achetés au plus offrant... »

LES COMPOSANTS DE LA NÉGOCIATION ACHAT/VENTE

L'acheteur sera confronté à certains des composants de la négociation achat/vente. Il doit avoir la faculté de les comprendre et de les distinguer. En négociant un contrat à prix fixe, il doit également se prémunir contre une éventuelle révision des prix ou tout autre problème imprévu. Combien d'acheteurs connaissent bien l'état de leurs stocks et, en fonction de cela, ont une idée des différentes concessions qu'ils peuvent faire, et des garanties qu'ils peuvent demander contre des modifications de tarifs ? L'acheteur connaît-il suffisamment bien les différents modes de paiement pour obtenir la réduction liée à un paiement au comptant, par traite, achats en gros, ou par lots ? Connaît-il les clauses qui le garantiront contre les vices apparents et les vices cachés ? Sera-t-il capable de déterminer dans quel cas un contrat à long terme sera profitable à son entreprise ? A-t-il envisagé de quelle façon le changement de spécification qu'il accepte pour convenir à son vendeur ne modifiera pas le type de produit qu'il désire ? Ses délais de commande et d'approvisionnement sont-ils conformes aux besoins de l'entreprise et aux possibilités du fournisseur ? Sait-il que selon l'époque de l'année, il peut obtenir des réductions ?

Quels éléments l'acheteur et le fournisseur doivent-ils prendre en compte lorsque le profit est considéré comme un élément du coût ? Ils doivent envisager les efforts techniques et administratifs nécessaires à l'acquisition et à la transformation des matériaux, les risques engendrés par les coûts du contrat, la hausse ou la baisse du marché, les performances passées d'un producteur déjà en place sur le marché et enfin, l'éventualité que l'on demande à l'entreprise de fabriquer un produit unique ou hors norme, produit qu'elle aura très peu de chance de continuer à vendre dans l'avenir. Cependant, si d'autres contrats doivent être signés et qu'ils doivent porter sur des quantités plus importantes que le contrat de départ, l'acheteur peut demander une réduction de prix. On fera miroiter au fournisseur l'espoir de contrats plus importants. Cette pratique utilise la stratégie de la « carotte ».

Une façon d'analyser les propositions consiste à étudier l'historique du prix proposé, les différents indices industriels et gouvernementaux en vigueur, la manière dont le prix a été élaboré, comment le prix peut être subdivisé en éléments constitutifs, les estimations détaillées du coût, les facteurs de contingence, l'analyse de la valeur, l'évaluation fonctionnelle et l'analyse du coût du fournisseur.

NÉGOCIATION PRIX-COÛT

Prenons un exemple typique d'une négociation menée pour un contrat de « coût » (où l'on discute de coûts de fabrication, de coût de transformation, de stockage, etc.) par opposition à une négociation menée pour un prix global. On peut tirer deux avantages d'une négociation sur le coût. Elle exige de l'acheteur une préparation plus minutieuse ; elle nécessite pour le fournisseur un examen de chacun des éléments du calcul et une prudence quant à l'élaboration de ses prix. Lorsque les deux parties ont terminé l'analyse détaillée des coûts, il leur est alors possible de les moduler en modifiant les contraintes techniques ou en utilisant des matériaux différents. Naturellement, un fournisseur peut riposter en suggérant qu'il préfère conclure des accords séparés pour les différents éléments du coût. Il peut exiger une marge de sécurité pour chaque élément du coût plutôt qu'une marge de sécurité globale applicable à l'ensemble des facteurs. Le fournisseur sait que ces accords séparés ont tendance à augmenter ses profits. Dans ce cas, le tout n'est pas nécessairement égal à la somme des parties puisqu'il est impossible d'empêcher au moins quelques-unes des marges de sécurité d'être cumulées. Dans une négociation du coût, il peut y avoir des dissensions, mais en fin de compte, le résultat devrait être tel que toutes les informations soient partagées et analysées pour aboutir à un accord profitable aux deux parties. En faisant une analyse approfondie, les deux parties aboutissent à des alternatives créatives pouvant déboucher sur des améliorations en termes de nouveaux matériaux, de pratiques d'achat révisées, de spécifications modifiables, de processus de fabrication simplifié, etc. Il s'agit là d'une négociation active.

LA VENTE : LE REVERS DE LA MÉDAILLE

L'analyse de ce qui fait l'objet de la vente est une partie substantielle du travail du vendeur. L'auto-analyse dans ce domaine est vitale. Si les concepts de vente du vendeur coïncident avec les objectifs de l'acheteur, la vente risque d'être faite bien avant que le prix ne soit établi ou même que l'on commence à rédiger un bon de commande. Une partie de la pré-négociation devrait être employée à comparer les concepts du vendeur et les objectifs de l'acheteur à seule fin de les rapprocher.

Un vendeur doit savoir qui dans l'entreprise de l'acheteur prend les décisions. Les décisions ne sont pas toujours prises par la personne qui se trouve en face de lui. Elles peuvent très bien être prises par la direction. Non seulement doit-il connaître les vrais décideurs, mais encore doit-il découvrir qu'elles sont les personnes qui ont une influence sur l'entreprise. Il pourra souvent faire une alliance avec ces personnes. En observant l'acheteur, il découvrira la nature des relations que celui-ci entretient avec la hiérarchie. Cette observation lui évitera également de se créer des adversaires inutiles à l'intérieur de l'entreprise cliente.

Un vendeur est le représentant de sa société. Il doit être capable de convaincre l'acheteur, que, en tant que tel, il peut mettre toutes les ressources de sa société au service des besoins de son client. Trop peu de vendeurs le font. Que sa société soit importante ou petite, le vendeur doit expliquer de façon claire qu'elle peut réaliser le travail qui lui est demandé et que lui-même, ainsi que l'ensemble du service des ventes est en fait un prolongement de l'entreprise cliente. Les commerciaux de la Union Carbide se réunirent pour discuter avec leurs supérieurs du concept de négociation. On ne leur expliqua pas comment traiter un problème de prix mais plutôt comment mettre à la disposition du client les ressources de l'ensemble de la société. La direction estimait que cette approche était plus importante que celle qui consiste à rentrer dans des considérations de prix... John Ruskin a dit un jour : « Il n'y a presque rien dans le monde qu'on ne puisse fabriquer un peu plus mal et vendre un peu moins cher, et ceux qui n'ont en tête que le prix sont la proie légitime de tels agissements. »

De nombreux vendeurs considèrent que leur travail consiste uniquement à faire des concessions de prix. Isolément, le prix n'a aucune importance. Ce n'est en fait que l'un des éléments de la valeur du produit. La valeur, c'est l'ensemble de la relation d'un produit particulier avec un processus et non pas simplement le nombre d'unités monétaires. Le produit doit se situer à l'intérieur de tout un processus. Chaque élément est d'égale importance : si l'un d'eux ne convient pas, toute la chaîne est vouée à l'échec. Un vendeur devrait connaître les valeurs qu'il représente : les objectifs de son entreprise, les points forts de son produit ainsi que les potentialités commerciales, présentes et futures de sa propre société et celles de son client. Il devrait s'intéresser à la capacité qu'a son client de maintenir ou d'améliorer ses profits et doit pouvoir démontrer ses capacités à répondre aux exigences du client. Tous ces éléments sont indispensables à l'établissement d'une relation avec l'acheteur.

D'une manière globale, les objectifs de l'acheteur et du vendeur sont les mêmes et le vendeur doit mettre sur pied un accord dans lequel les exigences des deux parties sont satisfaites. Quels sont les objectifs ? Il doit montrer à l'acheteur que ce dernier peut obtenir plus avec éventuellement moins d'efforts, des remises promotionnelles, une meilleure rentabilité ou la possibilité de s'accroître. Le produit peut concrétiser également un regroupement de fournisseurs ou une source d'approvisionnement supplémentaire. Un bon service laisse un bon souvenir qui influera favorablement les futures décisons. Le vendeur doit démontrer que sa société n'est pas concurrente et ne le deviendra pas et que l'achat du produit peut permettre de faire une percée sur le marché. Il devrait évaluer les avantages relatifs aux impôts, au crédit, à la recherche, au développement et à l'information du client. Il devrait passer en revue tous les avantages possibles qu'il entrevoit pour le client. Il devrait ensuite voir comment il peut satisfaire ses besoins et comment il peut en moduler certains.

Tous les vendeurs n'ont pas les mêmes problèmes. Si vous appartenez à une entreprise en situation de monopole, vous êtes soumis à certaines règles comme celles concernant les lois anti-trusts. Vous pouvez légalement proposer des prix compétitifs mais vous ne pouvez pas les casser. Si un client dit qu'il paie dix francs cinquante pour un produit X votre société est autorisée à accorder le même prix. Par contre, elle n'est *pas* autorisée à pratiquer un prix de dix francs vingt-cinq. Si le client vous ment et vous assure qu'il obtient ailleurs le produit à dix francs, il est coupable de violation de la loi anti-trusts. La violation de cette loi est moins connue que la violation de la loi sur le « cassage » des prix.

Voici quelques-unes des tactiques utilisées par les vendeurs d'un fabricant de produits chimiques en situation de quasi monopole, pour parvenir à connaître les prix pratiqués par la concurrence. Tout d'abord, le principe de la fourchette. Lorsqu'un vendeur en produits chimiques rencontre un client, il ne dit pas d'emblée : « Quel prix payez-vous ailleurs ? » Il dit plutôt : « Je sais que vous êtes trop malin pour payer onze francs le kilo et je sais que vous n'avez pas pu le trouver à dix francs. » Il a alors situé sa fourchette. « Si je vous l'offre à dix francs soixante-quinze, cela ne collera pas si par ailleurs vous le payez dix francs vingt-cinq. » En réduisant sa fourchette, il s'approche de son objectif. Le vendeur peut utiliser une série de questions qui lui permettront de découvrir le prix payé sans avoir à s'engager.

Une autre méthode consiste à dire au client : « Si vous me faites deviner le prix que vous payez — disons dix francs cinquante et que je m'aligne sans savoir le prix que vous payez à votre fournisseur, non seulement je suis obligé de vous proposer ce tarif, mais je dois aussi faire les mêmes avantages à tous vos concurrents comme l'oblige la loi anti-trusts. Par contre si *vous* me donnez votre prix et que je puisse vous donner satifaction, alors je n'ai pas à en faire de même avec vos concurrents. Par exemple, si vous me dites que vous payez dix francs cinquante et que je passe commande à ce tarif, je ne serai pas obligé d'établir un barème identique pour tous vos concurrents. » Cette méthode prend en compte le fait que si l'acheteur baisse ses prix pour devenir concurrentiel, le vendeur ne sera pas obligé de faire la même offre à tous ses autres clients.

La troisième méthode est la feinte. Le vendeur dit : « À votre prix, je peux vous fournir les quantités que vous désirez ». Par la suite, on ne parle plus du prix, l'acheteur étant convaincu que le vendeur connaissait déjà son prix. L'affirmation fausse est une quatrième méthode : « Je sais que vous payez douze francs cinquante. » L'acheteur interrompt : « Comment cela douze francs cinquante ? je ne paye que dix francs cinquante. » Ce à quoi le vendeur rétorque : « Pardon, je voulais dire dix francs cinquante ». Une affirmation fausse délibérée permet de recueillir l'information souhaitée. L'affirmation fausse peut prendre la forme suivante : « Je me suis laissé dire que les prix avaient augmenté. » La réponse sera instantanément : « Non, non, pas du tout les prix restent inchangés... »

Une autre méthode pour obtenir des renseignements consiste à demander l'opinion de l'autre : « Le marché ne semble avoir aucun secret pour vous. Selon vous, quel est le marché pour ce type de produit aujourd'hui ? » Vous ne lui demandez pas le prix qu'il paye, mais son opinion sur les tendances actuelles du marché. Vous devriez obtenir une réponse directe grâce à cette tactique, dans la mesure où vous aurez établi une rélation basée sur le respect mutuel.

Il n'existe pas de méthode miracle, applicable dans tous les cas. Un vendeur doit utiliser son imagination pour vendre son produit. Il pourra donc être amené à utiliser différentes méthodes. Il doit toujours être prêt à modifier la démarche de l'acheteur. Certaines sociétés, par exemple, estiment qu'elles obtiennent de meilleurs résultats en demandant aux fournisseurs de faire des offres. La mise en concurrence présente certains avantages et certains désavantages.

De nombreuses grandes sociétés ne sont pas favorables à cette méthode de l'appel d'offre, car elles se trouvent souvent désavantagées par rapport aux petites entreprises. En effet, les entreprises plus modestes peuvent prendre des décisions plus rapides, réajuster leurs offres et enlever rapidement certains marchés.

Un représentant d'une grande société adopta la méthode suivante pour contourner le problème : tout d'abord, il essayait de transformer l'appel d'offre en négociation. Pour ce faire, il soumettait une offre dont le prix et les termes étaient ambigus et mal définis. Par exemple, si la livraison devait se faire sur une période de six mois, l'offre envisagerait une livraison sur un an. Le client appelait alors le fournisseur pour lui demander de préciser son offre et le vendeur se trouvait dans la position d'entamer une négociation. Il en profitait pour expliquer que l'appel d'offre ne prenait pas en compte les fluctuations du marché à terme et qu'un prix négocié pour une période inférieure à six mois, à un niveau garanti, offrirait une meilleure protection à l'acheteur.

Que vous soyez acheteur ou vendeur, vous avez intérêt à vous familiariser avec les méthodes et les comportements inhérents à chacune de ces deux professions.

Nous envisagerons dans les chapitres suivants certaines applications spécifiques d'achat et de vente.

CHAPITRE 12 : APPLICATIONS

1. A partir de la « Théorie du Besoin », bâtissez votre propre stratégie et votre propre arsenal de questions pour préparer une négociation dans le domaine de l'achat et de la vente.

2. Essayez de créer un climat de soutien lorsque vous serez dans la position du vendeur. Faites de même pour une négociation dans laquelle vous êtes client.

13

NÉGOCIATIONS IMMOBILIÈRES

Au cours d'une transaction immobilière, l'acheteur a souvent le sentiment qu'il peut tirer meilleur parti ou du moins qu'il possède une vision de la propriété différente de celle du vendeur. Dans certains cas bien sûr, le vendeur peut être amené à brader sa propriété pour obtenir des liquidités, mais nous n'envisagerons pas cette éventualité et nous nous placerons dans une situation ordinaire. L'acheteur se sent plus créatif ou mieux informé que le vendeur. Ce qui est particulièrement vrai lorsque la propriété doit être modifiée ou revalorisée.

Ici également, comme dans d'autres situations d'achat, il est dangereux de demander au vendeur d'un bien immobilier les raisons pour lesquelles il vend. Le danger réside dans le fait que vous risquez de le croire et de ne pas vous informer aussi complètement que vous le devriez. Le vendeur vous donnera d'excellentes raisons pour vendre sa propriété malgré les potentialités de développement qu'il semble regretter et que c'est donc la meilleure propriété que l'on puisse envisager d'acquérir. Il ouvrira ensuite son tiroir et vous en sortira l'électro-cardio-gramme que son médecin vient juste de lui envoyer, révélant que vu son état cardiaque, il doit cesser toute activité profession-nelle. En d'autres termes, il s'attendait à votre question et au lieu de vous dire la vérité, il vous donne la réponse qu'il estime être la plus susceptible de provoquer chez vous le réflexe d'achat. Mais à long terme, mentir ne se révèle presque jamais être une tactique payante. La stratégie d'un vendeur consistant à faire un usage réaliste non seulement des vérités connues mais aussi des non-vérités communément acceptées.

Peu de gens savent réellement utiliser les agents immobiliers. Ceux-ci ont pourtant une fonction vitale. Ils sont votre antenne sur le terrain, vous nourrissant d'informations : nouvelles sources de financement, domaines de développement et nouvelles métho-des de transaction. Tout cela est vital à toute société immoblilière. Les agents immobiliers, tout comme les avocats devraient être informés de la fonction que vous voulez qu'ils occupent. Un agent immobilier peut par exemple considérer que négocier à votre place fait partie de son travail. Ceci est, en général, à éviter. Cependant, cette méthode pourra être retenue dans le cas où vous avez l'intention d'engager l'agent pour une approche où son autorité restera limitée. Dans ce cas, vous ne souhaitez pas vous engager de manière ferme et définitive et vous préférez que l'agent vous fournisse tous les détails de la transaction. Vous lui demanderez ensuite de soumettre vos propositions sans avoir besoin de vous trouver en face du vendeur et de courir le risque d'être obligé de donner une réponse immédiate à une offre qui vous est faite. De plus, si l'agent immobilier joue le rôle d'intermédiaire, il vous reste la possibilité de rentrer personnellement dans la négociation et d'en changer les termes.

Si vous utilisez un agent, sachez que cette situation entraîne certaines limites. L'agent immobilier ou l'avocat, quel que soit le cas, tentera de ne pas laisser vos espoirs se polariser tant que la position de la partie adverse ne sera pas claire. Il essaiera d'empêcher que vous ne campiez sur vos positions. Il y parvient généralement en obtenant ou en révélant de nouvelles informa-tions destinées à modifier votre point de vue, par exemple : l'agent vous dit qu'il pourra obtenir la propriété à un prix plus intéressant. L'agent sait qu'il ne touchera sa commission qu'après la signature de la vente. Par conséquent, lorsque le compromis est signé, il fera l'impossible pour vous convaincre que les termes du compromis vont tout à fait dans le sens de vos besoins et de vos espérances.

Il existe de nombreux exemples où l'agent ne révèlera pas tous les aspects du résultat final à moins d'y être forcé par son commanditaire ; Il espère rationnellement que nos craintes les plus vives se vérifient très rarement.

CHAPITRE 13 : APPLICATIONS

1. À partir de la « Théorie du Besoin » bâtissez votre propre stratégie et vos questions pour vous préparer à une situation de vente immobilière type.

2. Pensez au moins à dix façons dont les services d'un agent immobilier seront avantageux.

14

TRANSACTIONS ET NÉGOCIATION

Les négociateurs de métier font partie d'une catégorie à part. Par nécessité, ils doivent être optimistes. La plupart de leurs émoluments sont liés au succès et sont par conséquent bien supérieurs à la simple compensation de leur travail. Dans les rares cas où ils triomphent, leurs clients essaient immédiatement de réduire leurs honoraires. La suite de ce chapitre est consacrée à certains aspects des transactions qu'il faut avoir en mémoire avant le début de toute négociation.

Créer de nouveaux concepts exige un effort d'imagination particulièrement intense. Lorsqu'il s'agit vraiment d'une idée nouvelle, soyez prudent. Vous faites figure de pionnier, et en tant que tel on vous tirera dessus. Regardez aujourd'hui les Britanniques. Ils ont peur d'être de nouveau les premiers, comme ils le furent en télévison, réacteurs et transports à réaction. À la suite des difficultés qu'ils ont rencontrées ils ont laissé les Américains, qui avaient tiré des enseignements de leurs erreurs, reprendre le flambeau. Cela dit, si vous souhaitez gagner de l'argent, intéressez-vous aux idées nouvelles. Une idée à succès est une idée présentant un rapport financier intéressant. Une bonne idée ne pose en soit aucun problème. Il faut simplement se poser la question de savoir quel est l'objectif et ne pas confondre les objectifs.

Avant qu'un agent immobilier ne s'investisse dans une transaction, même si elle lui semble intéressante, il doit d'abord s'assurer que l'affaire est sérieusement engagée. Trop nombreux sont ceux qui s'engagent à l'aveuglette sur les simples dires d'une tierce personne. La tierce personne ne peut pas s'engager pour l'intéressé et lorsqu'elle dit : « Si seulement on pouvait trouver un acheteur pour la propriété X, tout le monde y trouverait son bénéfice », l'agent immobilier se démène pour trouver un client ; or, il ne s'est pas assuré que le vendeur était prêt à céder l'affaire. Cela revient à attraper un serpent par le milieu : il vaut mieux le saisir par la tête avant de s'amuser avec. Lorsque l'agent immobilier arrive avec son acheteur, il s'aperçoit en général que la propriété X n'a jamais été à vendre.

Voici un autre exemple totalement improductif pour un négociateur de métier. Quelqu'un prend contact avec lui et lui demande s'il peut se procurer un produit particulièrement difficile à trouver. Après enquête, il découvre que le demandeur n'avait en fait nullement besoin de ce produit lui-même. On lui avait dit que quelqu'un avait dit à quelqu'un qui avait dit à quelqu'un que quelqu'un pourrait en avoir l'utilité. Chacun ajoutant son pourcentage au coût total. Dans cette transaction en chaîne, il était malheureusement le dernier. Ce sont là des situations dans lesquelles il vaut mieux ne pas se fourvoyer, car au fur et à mesure que le nombre d'intermédiaires augmente, les chances de succès diminuent.

Comment intéresser les gens à investir dans une transaction ? Essayez de changer le concept de l'approche : parlez d'investissement plutôt que de spéculation. Pour certaines personnes, mettre de l'argent dans une idée, c'est spéculer ; pour d'autres, c'est investir. Il est plus facile d'amener quelqu'un à faire un investissement qu'une spéculation. Par exemple, lorsqu'il s'agit d'ouvrir un nouveau restaurant, les investisseurs les plus intéressés seront ceux qui feront des affaires avec ce nouveau commerce. Le teinturier, le boulanger, etc. seront tous disposés à avancer ou à prêter de l'argent pour l'opération. C'est une façon pour eux de faire un investissement. Estimez qui tirera profit de l'opération. Demandez aux intéressés de partager les risques et d'investir. Cet arrangement offre une satisfaction mutuelle. Pour vous aider à prendre contact avec des investisseurs, essayez de trouver une personne ayant déjà réalisé le même type d'opération avec succès. Adressez-vous à lui le plus tôt possible après son lancement. C'est à ce moment-là qu'il sera le plus susceptible de vous faire rencontrer les gens potentiellement intéressés par votre idée.

SORTIR D'UNE TRANSACTION

La plupart des éléments que l'on doit prendre en considération lorsqu'on commence une négociation doivent être également étudiés lorsqu'on sort de cette négociation. Pourtant, ces deux situations sont presque opposées. On peut prendre d'excellentes décisions pour commencer une négociation, mais ces décisions seraient inutiles pour en sortir. En effet, si les créatifs qui imaginent des propositions sont généralement là pour les appliquer, ils disparaissent lorsqu'il est question de sortir d'une négociation.

Nous sommes souvent tellement enlisés dans une transaction que la quitter nous semble pire que de s'y maintenir. Malgré l'évidence de la difficulté, il y a toujours des gens pour vous demander ce que vous allez faire. Plus vous refusez aux gens de leur communiquer votre décision et plus ils vous la demandent. L'une des façons de se sortir de ce type de situation est de laisser quelqu'un prendre votre place. L'une des solutions est de trouver quelqu'un qui a plus intérêt que vous-même au succès de l'opération. Cela devient son problème et grâce à l'intérêt qu'il y porte, vous pouvez vous retirer et vous reposer sur lui pour qu'il mène à bien l'affaire.

Lorsque l'on parle d'alternatives pour quitter une transaction, cela me rappelle l'histoire de ce scientifique qui avait décidé de tester l'intelligence de plusieurs singes. Il avait imaginé scientifiquement qu'il existait quatre façons pour un singe de sortir d'une cage, chacune offrant un degré de difficulté supérieur à la précédente. En conséquence, l'intelligence d'un singe serait estimée selon la méthode qu'il utiliserait pour sortir de la cage. Après avoir mis un singe dans la cage, le scientifique découvrit qu'il existait une cinquième méthode pour en sortir — celle que le singe venait d'utiliser. Les Chinois disent : « Pensez-y par trois fois avant de faire le premier pas », reconnaissant par-là qu'il est plus difficile de sortir d'une transaction que d'y entrer.

CHAPITRE 14 : APPLICATIONS

1. À partir de la « Théorie du Besoin », bâtissez votre propre stratégie pour vous préparer à une situation de transaction type.

2. Imaginez plusieurs situations improductives dans lesquelles des négociateurs de métier peuvent se retrouver.

3. Dressez une liste des raisons pouvant amener à entrer en transaction. Puis dressez également une liste des raisons pouvant amener à en sortir. Ces deux listes présentent-elles des similitudes ?

15

NÉGOCIATIONS ENTRE SOCIÉTÉS

Un responsable des achats, confirmant l'expérience de bien d'autres acheteurs, me dit un jour : « Je ne demande jamais à quiconque ce qui l'amène à vendre, pour la bonne raison que je risquerais de le croire. » Nous souhaitons tous travailler le moins possible et si nous croyons quelqu'un, nous ne nous informerons peut-être pas sur l'affaire aussi complètement que nous le devrions.

Dans de nombreux séminaires consacrés aux fusions et aux rachats, les participants doivent commencer par répondre à la question suivante : Comment parvenir à connaître les intentions d'un acheteur faisant une proposition de fusion ou de rachat ? Puis on leur propose une seconde question : Comment parvenir à connaître les intentions d'un vendeur faisant une proposition de fusion ou de rachat ?

L'individu qui se dit intéressé par l'acquisition d'une autre entreprise peut être sincère comme il peut ne pas l'être du tout. Parmi les raisons qui peuvent l'amener à ne pas être sincère, il

peut simplement chercher à découvrir certains secrets sur l'entreprise ou même envisager de créer une société concurrente ; il
peut exister un groupe de pression au sein de l'entreprise
s'opposant à la direction et exigeant certains changements ; la
direction, pour calmer les esprits, fait croire qu'elle est en pleine
négociation en vue d'effectuer un rachat. De la même manière,
il est des cas où l'on peut douter de la sincérité de l'entrepreneur
qui annonce vouloir vendre. Il se peut que celui-ci ait tout
bonnement envie de savoir combien vaut son entreprise ou de
s'offrir le plaisir d'une négociation de fusion. Lorsqu'il existe
des dissensions à l'intérieur d'une société, on peut tout aussi
bien prétendre rechercher un acheteur pour les faire taire. Ou
bien le vendeur peut vouloir tenter de décourager une reprise
par un groupe extérieur.

L'une des manières les plus sûres de déterminer le sérieux de
l'offre de fusion ou de rachat est de demander des informations
détaillées, difficiles et coûteuses à obtenir. Exigez de la partie
adverse de fournir énormément de travail pour satisfaire vos
exigences. Cela découragera le lèche-vitrine.

Au moment opportun, demandez à ce que d'autres collaborateurs participent à la négociation : leurs avocats, leurs comptables, des actionnaires dissidents, les membres du service relations
publiques. Dans le cas où la personne en face serait réticente,
cette réticence vous donnera une indication sur la sincérité de
son offre d'achat ou de vente.

Présentez vos plans d'avenir et voyez comment la partie
adverse y réagit. Leur philosophie est-elle la même ? Votre
politique et vos objectifs sont-ils identiques ? Souhaitez-vous
investir dans la recherche et le développement ? La partie adverse
est-elle prête à en faire autant ? Autant de sujets qui entraîneront
des discussions et des problèmes qui surgiraient ensuite dans la
négociation. Si ces questions sont remises à plus tard, vous
perdrez inutilement du temps et de l'énergie à ne pas les résoudre.
Dans le même ordre d'idées, si certaines questions appelant une
résolution éventuelle demandent un temps de réflexion, soulevez-
les tout de suite. Comment va-t-on exploiter les biens immobilers
dans l'avenir ? Certains salaires seront gelés, lesquels ? Quels
membres de la famille des dirigeants va-t-on maintenir dans leur
emploi ? Existera-t-il des problèmes personnels entre les employés

dans la future entreprise issue de la fusion ou du rachat ? Ces sujets devront être abordés avec prudence, mais ils doivent obligatoirement l'être.

Pour certaines raisons, il existe des sujets délicats que les participants à une négociation sont peu enclins à traiter. Ce sont justement les domaines sur lesquels il faut se pencher d'abord. Ne vous satisfaisez pas d'informations abstraites ou vagues. Consultez les personnes concernées directement : les ingénieurs, les managers, les responsables du marketing et du personnel. Visitez les ateliers et discutez des problèmes. Ne vous satisfaisez pas des chiffres qu'on vous présente. Ils ne sont que des indications sur la situation actuelle. Certains peuvent conclure une affaire sans avoir examiné autre chose que la comptabilité, sans avoir jamais cherché à confronter les chiffres à la réalité, à ceux qui participent au fonctionnement de l'entreprise. (Ce sont eux qui viennent ensuite consulter les avocats.) Le responsable de l'entreprise achetée ne doit pas hésiter à se rendre dans l'entreprise acheteuse pour rencontrer les gens concernés et interroger les responsables d'entreprises ayant déjà été acquises dans le passé. Cela est essentiel.

Si vous êtes vendeur, vous devez envisager les informations que vous donnerez à l'acheteur, bien avant qu'il ne vous les demande. Revoyez vos méthodes, vos chiffres, parlez à votre personnel. Si vous n'êtes pas satisfait, apportez les modifications nécessaires pour rendre votre entreprise plus attrayante pour l'acheteur.

Certaines recherches sont actuellement menées pour établir des méthodes rigoureuses d'évaluation de la valeur marchande du personnel lors de la cession d'une entreprise. En attendant que ces recherches aboutissent, chacun peut tenter de faire sa propre estimation de la valeur que représente le personnel pour l'entreprise et doit envisager ensuite si la nouvelle entreprise résultant de la fusion ou du rachat sera susceptible de les employer.

Lorsque vous interrogez un membre de votre personnel, posez-vous les deux questions suivantes : Est-il dans l'esprit de l'entreprise ? Ses objectifs sont-ils ceux de la société ? Dans cette optique vous pourrez savoir si la nouvelle situation n'entraînera pas le départ de certains de vos collaborateurs pour des raisons financières — ou émotionnelles — quand bien même la fusion ou le rachat serait-il profitable à votre entreprise.

NE METTEZ PAS TOUS VOS OEUFS DANS LE MÊME PANIER

Quelles que soient les perspectives que puisse offrir une fusion ou un rachat, n'y risquez jamais toute votre entreprise. N'engagez jamais tout l'avenir de votre société, même si l'offre est alléchante. Néanmoins, si la proposition est intéressante et que vous estimez devoir la prendre en considération, essayez de diviser les risques en petites incertitudes de moindre proportion. Vous devez envisager le problème dans son ensemble. Votre devoir de chef d'entreprise exige que vous preniez également en compte les intérêts des actionnaires, de la direction, des employés, de leur famille et de l'ensemble de la société. Comme le disait Léonard de Vinci : « N'entreprenez rien qui vous fasse souffrir en cas d'échec. »

Souvenez-vous également de la loi d'Agnès Allen : « Il est toujours plus facile d'initier quelque chose que de le terminer. » Il paraît souhaitable, lorsque vous désirez entreprendre une transaction, de demander à un autre groupe de vos collaborateurs d'étudier de manière concrète ce qui se passerait si les discussions étaient déjà entamées et que vous décidiez d'en « sortir ». Avant d'entreprendre un rachat, dites-vous que vous ferez peut-être aussi bien que les prédécesseurs, mais pas forcément mieux. Les déjà en place ont vu leur entreprise évoluer, ils connaissent bien ses problèmes. Il y a de grandes chances qu'ils la dirigent exactement de la même manière que vous le feriez une fois à leur place, à moins que vous n'ayez en votre possession des informations qu'ils ne possèdent pas. En conservant cela à l'esprit, si vous sentez qu'une fusion où qu'un rachat peut être rentable pour vous, alors faites-le. Sinon, arrêtez tout.

FIXER UN PRIX

Bien que certains estiment que c'est au vendeur de fixer un prix, ce n'est pas systématiquement ce qu'il fait. Si quelqu'un prend contact avec une entreprise dans le but d'en faire l'acquisition, il se peut fort bien qu'il se mette dans une position telle que ce soit à lui de fixer son prix ou de proposer ses propres critères. Il peut, pour cela, utiliser, par exemple, un coefficient appliqué au chiffre d'affaires ou au profit. Lorsque le vendeur fixe lui-même son prix, l'acquéreur ne doit pas immédiatement faire une offre inférieure. Laissez-le finir. Ce prix, en début de négociation, est pour lui vital.

En plus des facteurs économiques évidents, le prix est totalement lié à la vie du vendeur. Cela est tout particulièrement vrai s'il s'agit d'une entreprise qu'il a créée. Son ego et son orgueil en font partie. C'est la représentation symbolique de son existence professionnelle. Ne lui coupez pas d'emblée l'herbe sous le pied. Une fois que le vendeur a fait part de son prix, l'acheteur peut très bien dire : « Je serais très heureux que vous me communiquiez les éléments sur lesquels vous vous fondez pour l'établir. Pourriez-vous également me communiquer les formules que vous avez utilisées pour estimer la clientèle et celles que vous utilisez pour l'inventaire ? » De cette manière, sans directement mettre en cause le prix, vous mettez le vendeur dans une position telle qu'il doive justifier sa proposition.

De même que les espoirs peuvent fluctuer au cours d'une négociation, le prix peut également être modifié, ainsi que les différents facteurs économiques liés à la fusion ou au rachat. Une erreur trop souvent répandue consiste en ce que l'acheteur, de par son attitude, amène le vendeur à penser qu'il n'a pas demandé un prix suffisamment élevé. C'est le cas lorsque l'acquéreur accepte d'emblée le premier prix qui lui est offert. Cette erreur peut être fatale. Le vendeur ne se sent pas le droit d'augmenter son prix mais a l'impression d'avoir commis une erreur. Il se peut qu'il tente de saper la négociation pour ensuite se mettre à la recherche d'un autre client ou encore fasse tout ce qui est en son pouvoir pour faire monter le prix outrancièrement. Vous devez laisser le vendeur faire quelques efforts pour « vendre sa salade ». Laissez-lui l'occasion de vous convaincre et de vous persuader.

Lors de nombreuses négociations, le prix offert à l'origine peut n'être remis en question que plus tard. Il est laissé en suspens et la négociation se poursuit. D'autres points sont alors soulevés entrant dans la composition du prix et le vendeur peut de lui-même en réduire le montant pour compenser certaines des exigences de l'autre partie : détérioration d'une partie de l'actif, garantie pour certains emplois, etc.

VICTIME DE SON SUCCÈS

Avez-vous jamais pensé que même le succès pouvait vous tuer ? Un société américaine fut contactée par une entreprise britannique qui détenait le brevet d'une cigarette s'allumant seule. Il suffisait d'en frotter l'extrémité sur le fond du paquet. Le but de cette prise de contact était d'introduire le produit sur le marché américain. Les études montrèrent que les consommateurs américains réagissaient favorablement à ce nouveau produit, alors que les enquêtes sur le marché britannique conclurent toutes à l'échec de la cigarette dans ce pays. Son succès avait entraîné sa perte .

pour sa campagne de lancement en Grande-Bretagne, l'entreprise avait envisagé tous les problèmes qui pourraient se poser sauf celui du succès. On confia à un grand distributeur de tabacs l'ensemble de la responsabilité des ventes. Comme pour les autres marques de cigarettes qu'il avait introduites sur le marché, il mit en place une campagne de publicité couvrant l'ensemble des médias sur tout le territoire. Sa stratégie consistait à tout mettre en oeuvre le même jour. Le résultat de cette énorme campagne fut immédiat. Les tabacs vendirent leurs stocks en une journée et demandèrent à être réapprovisionnés immédiatement. Les responsables de l'entreprise de fabrication s'attendaient bien à un succès, mais personne n'avait prévu un tel phénomène.

La distribution ne suivit pas et seul un très faible pourcentage de la demande put être satisfait. Les usines tournaient en heures supplémentaires, mais ce fut insuffisant. Les clients continuèrent à demander des cigarettes, mais il fallut un mois pour réapprovisionner les détaillants. Entre-temps la demande avait disparu. Les gens avaient essayé la nouvelle cigarette, l'avaient appréciée et en avaient demandé d'autres, mais leur demande n'étant pas satisfaite, ils étaient revenus à leur ancienne marque de cigarettes, oubliant l'innovation. Le distributeur ayant dépensé d'emblée l'intégralité de son budget publicitaire il ne put relancer une campagne. Un regard rétrospectif nous permet d'affirmer qu'une approche plus réaliste aurait consisté à ne couvrir qu'une partie du pays et à assurer des approvisionnements réguliers. Souvenez-vous que lorsque vous vous aventurez sur un terrain inconnu, le niveau de succès doit également être pris en compte.

BLOQUER UNE PRISE DE CONTRÔLE

L'étude des fusions et des rachats implique de se pencher également sur le blocage des prises de contrôle. Même la meilleure équipe de direction doit se préparer à une telle éventualité. Le meilleur conseil pourrait être le suivant : ne faites rien qui puisse rendre votre société trop attractive. Assurez-vous que vos actions ne sont pas sous-évaluées à cause d'une mauvaise image publique. Laissez le cours en bourse, si l'entreprise est cotée, refléter la valeur réelle de l'entreprise. Mettez en place un système d'alarme précoce : les informations peuvent être recueillies en entretenant des relations privilégiées avec des journalistes spécialisés, les banquiers, ainsi qu'avec toute personne dont les yeux et les oreilles « traînent ». Le fait d'être averti très tôt revêt une importance particulière pour contre-attaquer immédiatement. Ayez sous la main un plan tout prêt permettant une réaction instantanée dès qu'une prise de contrôle s'amorce. Ce plan doit comprendre une stratégie complète et des tactiques minutieusement préparées, et ce jusqu'au libellé du télégramme et des circulaires devant être envoyés aux actionnaires pour les prévenir de la situation. Ne laissez pas ainsi détruire une vie de travail faute d'avoir su détecter des signes avant-coureurs ou d'avoir préparé des plans de défense adéquats.

CHAPITRE 15 : APPLICATIONS

1. À partir de la « Théorie du Besoin », bâtissez votre propre stratégie et vos questions pour vous préparer à une situation de négociation entre sociétés.

2. Dans le cadre d'une fusion, pouvez-vous donner quelques raisons, autres que celles présentées dans ce chapitre, pour lesquelles un acheteur ou un vendeur n'agit pas de bonne foi ?

16

RELATIONS SOCIALES ET ALTERNATIVES CRÉATIVES

Un observateur pertinent déclara un jour à propos d'Einstein qu'une partie de son génie venait de son incapacité à comprendre l'évident. Les Japonais, par contre, firent la démonstration qu'ils comprenaient l'évident le jour où ils décidèrent de combattre l'eau par l'eau. Ils endiguèrent la crue d'une rivière à l'aide de sacs en plastique remplis d'eau empilés sur les berges.

Les alternatives créatives peuvent parfois paraître bien étranges malgré leur évidence frappante. Voici l'exemple d'un syndicat, très au fait des capacités d'action de ses membres, qui exploita cette attitude pour s'assurer la place d'interlocuteur privilégié de la Puerto Rico Consolidated Cigar Company. La manufacture de Puerto n'étant pas structurée, le syndicat appela à une élection.

Avant celle-ci, le syndicat orchestra toute une propagande en utilisant la sorcellerie. Des sorciers prédirent aux ouvriers que ceux qui ne voteraient pas pour le syndicat verraient leur famille frappée par la maladie. Pour confirmer leur prédiction, ils déclarèrent également qu'il pleuvrait le jour des élections. Il plut effectivement à torrents durant toute le journée du vote. Le syndicat ayant remporté les élections, la Consolidated Cigar considéra qu'il s'agissait d'une pratique déloyale et demanda l'arbitrage de la justice. Le tribunal débouta l'entreprise en admettant que le vote s'était déroulé dans des conditions acceptables, et le gouvernement portoricain entérina lui-même ce jugement, ne voulant pas que l'affaire se prolonge.

ALTERNATIVES CRÉATIVES

Les alternatives créatives peuvent être utilisées au cours d'une négociation patron/syndicats. On peut parfaitement envisager toutes sortes de méthodes nouvelles ou anciennes ou une combinaison des deux. Envisageons certaines de ces méthodes créatives :

1. Utilisez le principe des négociations continues à tout instant et durant toute l'année ; faites en sorte que les crises demeurent restreintes en maintenant continuellement ouvert le dialogue.
2. Subdivisez la négociation globale en créant des sous-comités à seule fin de morceler la crise. Ces sous-comités se réuniront en dehors de la négociation globale pour discuter les points de désaccord.
3. Lorsque vous sentez l'imminence d'une crise, demandez l'intervention d'une médiation de pré-crise qui reprend la négociation de zéro, avant que celle-ci ne se poursuive.
4. Comme il en est fait mention dans le chapitre concernant stratégies et tactiques, la coalition est une nouvelle méthode de négociation. Chaque syndicat conserve une certaine autonomie et l'employeur ne traite qu'avec un seul syndicat à la fois. Il est clair que les interventions patronales doivent être cohérentes, tous les syndicats étant présents lors de la négociation.
5. Lors de la discussion d'un contrat, on peut décider que les aspects non financiers seront négociés séparément et si aucune solution n'intervient qu'ils seront soumis à un arbitre qui tranchera.
6. Pour parvenir à un aboutissement rapide, les parties peuvent se mettre d'accord sur une non-rétroactivité des solutions adop-

tées. Ceci peut encourager une prise de décision rapide car si les syndicats tardent à ratifier l'accord, celui-ci n'entrera en vigueur que le jour de la ratification.

7. Dans l'industrie hôtelière new-yorkaise, tout accord est négocié pour une période de trois à quatre ans. Les salaires et les horaires de travail sont les seuls éléments pouvant être révisés et ce devant un médiateur impartial. Bien que les salaires et les horaires puissent être revus durant la période pour laquelle le contrat est signé, nombre de clauses secondaires, qui pourraient créer des problèmes dans cette branche d'activité, sont éliminées. Cette approche offre un intérêt particulier pour les entreprises commercialisant les produits « périssables », comme par exemple billets d'avion, places de théâtre ou chambres d'hôtel : chaque fois qu'un avion décolle avec un siège vide, qu'un spectacle commence avec une place non louée, qu'un hôtel passe une journée avec une chambre inoccupée, le produit est perdu. Patronat et syndicats devraient garder cela à l'esprit.

8. Pour encourager la signature d'un accord rapide, on peut adopter la méthode dite de « pré-activité », sorte de rétroactivité inversée. Dès qu'un point de désaccord est réglé entre l'employeur et les syndicats, la décision est immédiatement applicable, et ce indépendamment des sujets de litige restant.

9. Lorsqu'une négociation se situe à un niveau élevé, et que les branches syndicales régionales ne se sont pas mises d'accord sur les modalités d'application pratique de l'accord global une fois l'accord ratifié, elles auront toute latitude pour en moduler la mise en place au niveau de leur région. Cela encourage l'engagement personnel au niveau de l'entreprise.

Il est intéressant de comparer la négociation créative (comprenant de nombreuses alternatives) avec la négociation univoque qu'utilisa la General Electric. La G.E. adopta l'approche du « c'est à prendre ou à laisser ». À cette époque la G.E. fut accusée de poursuivre des pourparlers directement avec les employés dans le seul but de « casser » les syndicats. Sa politique de négociation était simple. Dès l'ouverture des pourparlers, elle faisait une offre qui envisageait tous les facteurs entrant dans l'accord final. Elle était prête à en modifier les termes mais pas à en accepter davantage. En 1964 déjà la justice avait considéré que la G.E. n'avait pas fait preuve de bonne foi au cours des négociations de 1960. En réitérant cette méthode, la G.E. encouragea treize syndicats à se regrouper, ce qui déboucha sur la grève de 1969-70.

Cette technique de négociation est connue sous le nom de boulwarisme, du nom de son créateur, Lemuel R. Boulware, ancien directeur du personnel de cette société. Elle est censée être fondée sur le concept suivant : la direction évalue toutes les possibilités, puis fait une offre qu'elle considère honnête pour les employés, les actionnaires et l'entreprise. Ce qui est important, ce n'est pas que le boulwarisme ait été contesté par la Cour suprême ni que la négociation de 1963 ait été contestée par les syndicats, mais c'est que la G.E. ait utilisé une seule et unique méthode de négociation de manière répétée et n'ait pas envisagé d'autres alternatives créatives. Ces solutions nouvelles auraient pu déboucher sur une négociation au cours de laquelle les deux parties auraient eu le sentiment de gagner quelque chose.

RELATIONS SOCIALES ET COMMUNICATION

L'une des obligations d'un responsable d'entreprise est de maintenir un dialogue ouvert et concret avec ses employés. À cette fin, il se fait aider par ses collaborateurs et par tous ceux qui sont en contact avec les employés. Cela pourrait s'assimiler à une stratégie de participation. Dans de nombreux cas, les employés ne savent pas qui est à l'origine des avantages sociaux qu'ils perçoivent par l'intermédiaire des caisses d'assurance maladie, de retraite et d'allocations diverses. Certains de ces avantages proviennent des syndicats, d'autres du gouvernement, mais la plupart sont financés par l'employeur. Une société de conseil s'est formée aux États-Unis, offrant aux employeurs les services suivants : elle interroge chaque employé et lui fournit un état de la protection sociale optimale en fonction de sa situation personnelle (aux États-Unis chaque salarié choisit librement le type, la hauteur et l'étendue de la ou des assurances qu'il souhaite, comme l'assurance maladie, chômage, retraite, vie, etc.). Cette société conseil se spécialisait dans les mutuelles, la gestion du patrimoine et les assurances maladie et vie. En parlant de ses investissements et de son épargne, l'employé peut ainsi prévoir son avenir économique et, en prenant conscience de l'origine des différents avantages sociaux dont il bénéficie, est moins incité à changer d'emploi.

Autre type de communication, différent mais qui peut se révéler fort utile : se préparer pour une grève éventuelle. Dans ce cas, une entreprise peut prendre certaines mesures incitant à penser que la direction se prépare à subir une grève, mesures qui seront appréciées comme telles par les syndicats. La direction montre qu'elle se prépare à pourvoir les ateliers avec des ouvriers et des agents de maîtrise pour remplacer d'éventuels grévistes, à grossir les stocks de produits finis, à éventuellement continuer la production ailleurs, à essayer d'augmenter sa trésorerie pour pouvoir affronter une grève. De leur côté, les syndicats peuvent également montrer des signes avant-coureurs : fuites intentionnelles dans la presse sur les difficultés qu'ils rencontrent, réactions émotionnelles plus violentes, contacts avec leurs représentants nationaux pour préparer des fonds de réserves en vue d'une grève.

PHASES D'ÉVOLUTION DES RELATIONS SOCIALES

I. PHASE DE FORMATION

Les réactions de la direction durant la phase de préparation des négociations pourront être teintées d'anxiété et d'inquiétude. Elle ne souhaite nullement laisser les syndicats participer à la direction des affaires, ni jouir des bénéfices divers que peut générer l'entreprise. La direction n'arrive pas à comprendre que les ouvriers pour qui « elle a tant fait » se retournent désormais contre elle. Certaines équipes de direction ne font alors que le minimum légal — c'est-à-dire s'asseoir à la table de négociation, écouter les dirigeants syndicaux, puis prendre des décisions arbitraires et espérer qu'elles seront acceptées de bonne grâce.

Les réactions des syndicats sont tout aussi infantiles : certaines actions syndicales ne sont entreprises que pour créer le maximum de dommages à l'entreprise sans bénéfices particuliers pour les membres du syndicat.

II. PHASE DE DÉVELOPPEMENT

Durant cette phase, ont fait une liste des désaccords. Chacun recherche la cause du problème. Mais les syndicats et la direction ont désormais plus ou moins compris qu'ils traiteront ensemble et que le contrat est devenu le document essentiel. (Celui-ci comportera peut-être plusieurs centaines de pages.) La direction tente de renforcer ses droits et de contenir l'action du syndicat par l'établissement de différentes clauses. Le syndicat, lui, essaie d'élargir le champ de son pouvoir de négociation. Tous deux ont pour but de limiter la liberté d'action et la marge de manœuvre de l'autre.

À ce stade, la plupart des gens estiment que la solution aux problèmes se trouve dans l'interprétation littérale des contrats. Ces gens ne considèrent pas que la relation entre les parties est plus importante que l'accord lui-même. Malheureusement, lorsqu'à ce stade surviennent des problèmes concernant les droits de chaque partie les mots écrits revêtent plus d'importance que la qualité de la relation. Cependant, l'esprit de l'accord devrait toujours être le moteur des discussions. Une fois qu'une relation satisfaisante est établie, le contrat écrit n'est plus qu'une formalité. Sa fonction consiste simplement à prévenir les trous de mémoire et les confusions malencontreuses. J'ai vu le même contrat signé par vingt employeurs différents : dix-neuf d'entre eux ne le vivaient pas comme un fardeau, le vingtième avait quotidiennement des problèmes d'interprétation de contrat.

Les relations sociales sont très difficiles à gérer car bien après la signature de l'accord il faut encore négocier pour appliquer cet accord. Quelle en est la raison ? Bien que les meilleurs avocats du travail aient élaboré un vocabulaire spécifique couvrant l'ensemble des différends et que ce langage soit utilisé dans les contrats, la façon dont les parties l'interprètent leur permettra toujours de continuer par la suite la négociation. Parfois, les contrats contiennent des ambiguïtés volontaires permettant de poursuire la discussion une fois le contrat signé. Si le langage utilisé pour le contrat n'est pas ambigu, mais que l'action des parties exprime une ambiguïté, les arbitres et les médiateurs devront extrapoler les termes du contrat.

Lorsque deux parties sont en désaccord sur la signification d'un paragraphe, demandez-leur de le lire à haute voix ; vous remarquerez que l'intonation varie avec le sens que chacun veut y mettre.

III. PHASE D'UNIFICATION

Comment désormais la direction et les syndicats vont-ils faire fonctionner cette structure et cette relation ? Les termes spécifiques de l'accord ne sont plus l'élément important ; c'est la nature de la relation qui l'est devenue. Elle transforme la notion de rapport de force en zone d'influence reconnue dans laquelle les deux parties peuvent s'entendre et coopérer. Elles commencent à penser en termes de relations, d'équilibre entre les différents facteurs et décident d'agir sur celui qui est de leur ressort et qui est susceptible d'avoir la meilleure influence sur la situation.

Même dans la phase finale, il demeure des vestiges des phases antérieures. En comprenant ces rapports et les différentes phases, chaque partie pourra adopter des stratégies de négociation adaptées à chaque phase. Il existe plusieurs types de réponse patronale : une réponse hostile conduira à un conflit perpétuel ; une réponse d'apaisement pourra être interprétée comme une concession ; une troisième solution consistera à être ferme mais juste, reconnaissant à la fois le désir des syndicats de satisfaire les besoins des employés à travers une discussion collective et les besoins de la direction. Espérons qu'à l'avenir syndicats et directions ne seront pas seulement concernés par des problèmes qui se posent au sein de l'entreprise mais qu'ils le seront tout autant par les objectifs auxquels ils peuvent aboutir ensemble.

CHAPITRE 16 : APPLICATIONS

1. À partir de la « Théorie du Besoin », bâtissez votre propre stratégie et vos questions pour vous préparer à une situation de négociation patronat/syndicats.
2. Imaginez des alternatives créatives pour une négociation patronat/syndicat.
3. Dans le cadre des relations sociales qui vous sont familières, identifiez les phases d'évolution en les justifiant.

17

LOIS, PROCÈS ET NÉGOCIATION EFFICACE

Le procès est l'un des outils de négociation de l'avocat. Il ne doit pas être utilisé à la légère, mais il peut l'être pour amener la partie adverse à négocier. Lors d'un procès, il existe plusieurs étapes propices à l'ouverture d'une négociation : la menace d'une action en justice, le début de cette action, la préparation du procès et le procès lui-même. Dans certaines instances de divorce, les parties refusent de négocier jusqu'à ce que le procès soit terminé et qu'une décision ait été prise par la cour. Au cours des événements, il vaut mieux éviter d'éveiller intentionnellement des réactions émotionnelles car elles ont tendance à engendrer de l'autre côté des représailles également de type émotionnel.

La période précédant le procès est en général favorable à une discussion pouvant déboucher sur un règlement. Cependant, si l'accusé, l'avocat de l'accusé ou sa compagnie d'assurances a la réputation de ne pas être conciliant, l'avocat pourra ignorer cette étape. Cette tactique indiquera à l'adversaire le sérieux de ses intentions. L'adversaire examinera alors la réputation de l'avocat dans sa conduite des procès, ses aptitudes à mener une enquête et poursuivra la constitution de son dossier. Simultanément, l'avocat du plaignant s'informera sur la réputation de l'accusé, de son avocat et des témoins. La meilleure préparation pour déboucher sur une négociation est d'être totalement prêt au procès.

Le procès est seulement l'un des éléments de notre processus de comportement. Tout est en perpétuel changement, il n'existe donc ni meilleure réponse ni réponse unique. Le temps lui-même modifie les réponses, le cours du procès et les espoirs que l'on peut avoir. Vous devez constamment réévaluer, chercher de nouvelles informations et repenser le problème. Vous devez être conscient du fait que votre perception du problème ne constitue qu'un point de vue parmi d'autres, que chaque personne en cause envisagera le problème sous un angle différent qui n'est nullement objectif. La signification en sera différente pour chaque participant. De plus, nous percevons sélectivement. Voici l'exemple d'un agent immobilier qui avait intenté un procès pour une affaire de commission foncière qu'il affirmait devoir recevoir, l'affaire ayant été conclue. À l'examen, les responsables de la société avaient estimé que l'agent n'avait tenu compte que des facteurs qui l'intéressaient directement, à savoir la réalisation effective de la transaction. Il excluait de sa perception tout ce qui n'était pas conforme à son idée préconçue, c'est-à-dire que la transaction allait aboutir. Si vous pensez que votre perception n'est pas sélective, essayez d'imaginer à quel chiffre correspondent les lettres d'un cadran téléphonique.

SOUVENEZ-VOUS : LES SIGNIFICATIONS ET LES VALEURS N'ONT PAS DE NORMES

Les significations et les valeurs engagées dans un procès sont différentes. Les valeurs d'un avocat peuvent être totalement différentes de celles d'un autre. Sa conception d'un bon règlement peut être fondamentalement éloignée de celle qu'envisage son confrère. Le litige peut avoir une grande importance pour le demandeur et peu ou pas d'importance pour le défenseur.

Chacun étant humain élaborera ses propres hypothèses et ses propres présupposés. Ces derniers sont les fondements sur lesquels nous édifions nos problèmes. Essayez de votre mieux d'établir consciemment des présupposés. Avant d'engager un procès, présupposez-vous que l'adversaire n'a pas les moyens de s'offrir un procès ? Présupposez-vous que la publicité engendrée se fera à son détriment ? ou au vôtre ? Quels présupposés faites-vous ? Sont-ils fondés sur une réalité ? L'une des façons de répondre à ces questions est de tenter de vérifier le bien-fondé de vos présupposés par rapport au monde extérieur. Cela peut être fait par l'action. Essayez de voir dans quelle mesure vos présupposés sont en rapport avec vos perceptions : ce que vous pouvez voir, apprendre, sentir, goûter, toucher. Vos présupposés peuvent-ils servir de point de départ et sont-ils fiables ? Sinon, reformulez-les en les modifiant selon les faits et vos expériences. Nos présupposés ressemblent aux hypothèses des scientifiques. Leur utilité n'est valide que jusqu'à preuve du contraire. Vous devez être prêt à modifier vos présupposés comme le scientifique est prêt à changer ses hypothèses.

CHANGEMENT DE NIVEAUX

Ainsi que nous en avons discuté dans le chapitre des stratégies et des tactiques, nous avons tendance à diviser le monde en niveaux. Un problème peut avoir des apparences totalement différentes, presque comme les deux visages de Janus, selon les niveaux d'analyse. À un certain niveau, il sera simple et résolu, et à un autre il sera complexe et insoluble. Envisagez-le à différents niveaux. Lors de négociations à l'échelon local avec des représentants gouvernementaux, des avocats se heurtèrent tout bonnement à un mur. Cependant, en amenant le problème au niveau de l'Etat, ils purent s'adresser à des gens ayant une vue plus large du problème et plus habiles dans leur approche de la négociation ; cela leur permit de résoudre les problèmes plus rapidement. Nous pouvons modifier un problème légal en le ramenant à un problème plus général ou plus spécifique.

Vous pouvez avoir le sentiment qu'un procès ne peut pas être négocié. Il se peut que vous l'ayez placé dans un contexte le rendant moins soluble. Essayez de le placer dans une relation totalement différente de celle que vous aviez imaginé être la bonne. Pour citer un exemple, un membre de l'équipe de direction d'une importante société expliquait qu'il n'était pas dans les intentions de la direction de remplir la plupart des clauses légales de ses contrats. Dans le cas où une difficulté surgirait avec un bon client, le problème se résoudrait sans prise en compte des clauses dudit contrat. Un avocat engagea un procès contre cette société en raison de la livraison de matériels défectueux. Lorsqu'il modifia le contexte de son approche, passant du litige pur et simple à la prise de contact avec le service des relations avec le client, le problème prit un tour différent. En tant que problème de relations avec la clientèle, il fut immédiatement résolu.

Souvent, lorsqu'une solution n'est pas trouvée, c'est parce que nous tentons de résoudre le problème en bloc. Si, par contre, nous l'analysons et que nous envisageons les éléments mis en cause, certains d'entre eux peuvent être résolus individuellement, et ceux qui ne le sont pas peuvent se révéler sans grande importance. Cela peut conduire à la résolution du problème global.

La plupart de ceux qui font appel aux services d'un avocat considèrent que leur approche de la situation est la meilleure. Pis encore, ils perdent l'essentiel du temps passé avec leur avocat à tenter de le convaincre qu'ils ont raison, ayant l'impression que s'ils y parviennent l'avocat n'en défendra que mieux leurs intérêts. Ils projettent leur point de vue, somme toute probablement limité, sur tout ce qu'ils voient. Il s'agit là d'une limitation psychologique normale chez l'homme, mais le fait d'être conscient de cette limitation peut ouvrir l'esprit et élargir leur horizon. Les gens commencent à élargir leur horizon lorsqu'ils reconnaissent qu'ils ont tendance à projeter leur point de vue sur tout.

L'homme d'affaire qui justifie tout ce qu'il fait avec l'affirmation « Les affaires sont les affaires », et espère recevoir en retour autant qu'il a investi, projette tous ses espoirs dans son interprétation de la situation. Il envisage le monde à travers ses propres préjugés.

ENQUÊTE

L'enquête, rassemblant les faits, est un aspect très important de la conduite d'un procès. Quelles informations sont disponibles ? Sont-elles vraiment en accord avec la réalité des faits, non pas ce qu'un individu croit avoir saisi, mais ce qu'il a effectivement vu et entendu ? Au cours de votre enquête, allez aux sources, rapprochez-vous le plus près possible de l'expérience. Au lieu de vous reposer sur ce que l'un de vos associés a pu rapporter des déclarations d'un témoin, interrogez vous-même le témoin. Au lieu de vous fonder sur des photos des lieux, rendez-vous sur place. Chacun d'entre nous doit savoir de quelle somme d'informations il a besoin pour arriver à une solution. Quelles données doit-on considérer comme étrangères ou inutiles ? Nous voyons tout ceci à travers le filtre de nos préjugés et de nos expériences antérieures. Le fait de reconnaître ces limitations peut permettre à un individu d'ouvrir son esprit plus totalement et plus largement à l'information qui lui est offerte ainsi que de l'envisager selon différents points de vue et de l'appréhender plus complètement.

Il peut être utile d'envisager un problème selon une interprétation structurelle totalement différente : un problème chimique ramené à une simple formule peut se prêter à de nombreuses solutions ; un problème biologique converti en termes mathématiques peut se prêter à une formulation différente. En conséquence, regardez le problème d'une manière totalement différente pour aboutir à une nouvelle vision des faits.

Un procès, comme toute expérience, est unique. Si vous admettez cela, tous les aspects de l'affaire peuvent être considérés comme uniques. On peut connaître le cadre légal d'une situation ; cependant, vos recherches doivent être entreprises dans le cadre spécifique du problème envisagé. Que cherchez-vous ? Une réponse légale ? Une solution ? Une solution unique ? Peut-être y en a-t-il plusieurs ? Essayez-en une, essayez-en deux, puis d'autres, puis d'autres encore afin d'appliquer celle qui est la plus appropriée. Celle que vous avez considéré comme étant la « meilleure » des solutions peut, avec le temps, être abandonnée au profit d'une autre solution que vous aviez négligée au départ.

CHAPITRE 17 : APPLICATIONS

1. À partir de la « Théorie du Besoin », bâtissez votre propre stratégie et vos questions pour vous préparer à une situation de procès.

2. Envisagez le cas où un procès n'est pas un simple outil de négociation mais une démarche fondamentalement nécessaire.

18

SUCCÈS

Notre étude de l'art de la négociation nous a amené à la philosophie et la psychologie de la négociation. Nous avons envisagé le comportement humain à la fois dans sa relation à la négociation et dans ses rapports avec les besoins fondamentaux humains. Nous avons développé la Théorie du Besoin en négociation, la variété des applications des différents types de besoin, les méthodes de reconnaissance des besoins, les questions, le climat de soutien et, enfin, la mise en place adéquate des stratégies.

La négociation est un outil du comportement humain, un outil que chacun peut utiliser efficacement. J'ai essayé d'éviter d'en faire un outil spécialisé, réservé aux professionnels.

Le négociateur qui réussit doit combiner la vivacité et la vigilance de l'épéiste avec la sensibilité de l'artiste. Il doit observer l'adversaire qui se trouve en face de lui avec l'œil acéré de l'escrimeur, toujours prêt à chercher une faille dans la défense et tout changement de stratégie. Il doit être prêt à porter un coup d'estoc à la moindre occasion. Par ailleurs, il doit aussi avoir la perception sensible de l'artiste à la moindre variation de teinte dans l'humeur ou la motivation de son adversaire. Au bon moment, il doit être capable de choisir sur sa palette la combinaison exacte de couleurs qui le mènera à la maîtrise de la situation. Le succès en négociation, hormis un entraînement adéquat, est essentiellement une question de sensibilité et de précision.

Finalement, le négociateur averti fera sien le schéma coopératif. Il tentera d'aboutir à un accord et se souviendra qu'au cours d'une négociation réussie tout le monde gagne.

Et si c'est le cas, pourquoi engendrer une situation conflictuelle alors qu'on peut encore aboutir par la discussion ?

CHAPITRE 18 : APPLICATIONS

1. Quels sont vos objectifs de négociation à court terme et vos objectifs de vie à long terme ?

2. Le processus de coopération en négociation peut-il vous permettre de réaliser certains de ces objectifs ?

APPENDICE : CAS CONCRETS

CES CAS CONCRETS SE RAPPORTENT AU TABLEAU IV DU CHAPITRE 7

Ces cas, au nombre de 126, vous offrent un guide vous permettant à l'avenir d'envisager des alternatives. Avant de préparer une négociation, il serait souhaitable de consulter la matrice (tableau IV) en prenant la précaution d'envisager les 7 formes de besoins, les 6 variétés d'application et les 3 niveaux d'approche dans le but de bâtir une alternative créative. Une fois ce travail terminé, comparez les résultats avec le cas concret correspondant pour voir s'il s'agit précisément de ce que vous aviez prévu et si d'autres alternatives peuvent être envisagées.

Dans certains cas, il se peut que vous trouviez des exemples portant directement sur des négociations passées, présentes ou à venir.

Vous pouvez utiliser ces cas concrets de votre point de vue et/ou de celui de l'adversaire, sachant que vous pouvez vous trouver d'un côté de la table de négociation ou de l'autre.

Mais n'oublions pas la philosophie sous-jacente au succès d'une négociation : tout le monde gagne.

I. BESOINS HOMÉOSTATIQUES
(équilibre lié à l'environnement)

LE NÉGOCIATEUR AGIT PAR RAPPORT AUX BESOINS HOMÉOSTATIQUES DE SON ADVERSAIRE

Inter-personnes. Le drame qui se joue entre un individu (l'adversaire) qui fait une tentative de suicide et celui qui tente de l'en dissuader est l'exemple type de celui (le négociateur) qui agit en faveur du besoin homéostatique de l'autre. L'objet de la négociation est de sauver une vie humaine et le négociateur passera par toute la gamme des techniques dans son effort de persuader l'autre que sa vie mérite d'être épargnée.

Inter-entreprises. Les grèves périodiques qui frappèrent les journaux new-yorkais dans les années 60 fournissent l'exemple parfait de groupes rivaux travaillant dans un but commun. Les éditeurs suspendaient la publication de leurs journaux lorsque l'un de leurs confrères était touché par une grève. En 1965, le *New York Times* (l'adversaire) était en grève et six autres quotidiens (les négociateurs) arrêtèrent de paraître. Le *Times* qui comportait plus de publicité que n'importe lequel des autres journaux était pourtant leur concurrent majeur. En fermant boutique en même temps que le *Times*, les autres journaux exercèrent une forte pression économique sur les syndicats et tous ceux que la grève affectait. Les pressions financières qu'ils subissaient volontairement étaient énormes, et plusieurs journaux durent par la suite fusionner pour éviter la faillite. Bien sûr, comme nous l'avons remarqué dans le chapitre 2, les excès syndicaux avaient pour origine la fermeture de certains journaux.

Inter-nations. Les nations utilisent fréquemment la manœuvre du soutien d'une nation nouvelle pour pouvoir ensuite la reconnaître diplomatiquement. Un exemple d'utilisation de ce « gambit » eut lieu durant la Révolution américaine. En 1763, à la fin de la guerre de Sept ans, la France avait perdu la plupart de son empire colonial au profit de la Grande-Bretagne. Par conséquent, la révolte des colonies britanniques américaines, en 1775, était pour les Français une aubaine pour affaiblir la Grande-Bretagne.

Pierre de Beaumarchais, dont les comédies *le Barbier de Séville* et *le Mariage de Figaro* sont encore très jouées, monta une société fictive avec le soutien occulte du gouvernement français. Cette compagnie dirigeait des capitaux et du matériel français vers les colonies américaines. Cependant, la France (le négociateur) n'était pas totalement altruiste. Sa stratégie consistait à maintenir une pression sur les colonies (l'adversaire) pour affaiblir la Grande-Bretagne. De nombreux colons furent réticents à entrer dans ce jeu bien que la cause qu'ils défendaient semblât difficile à soutenir sans l'aide officielle française. Cela dit, la déclaration d'indépendance fut finalement adoptée en 1776, un peu plus d'un an après le début de la Révolution. La France continua à soutenir en sous-main les colons jusqu'à ce que leur chance de victoire soit évidente. Heureusement pour la cause des colons, l'Anglais John Bourgoyne, mauvais auteur de théâtre et pire général encore, fournit l'opportunité de cette chance en 1777 lorsqu'il envahit New York venant du Canada, puis se laissa enfermer à Saratoga où il se soumit avec ses armées.

Cette victoire se révéla très positive pour les colons. En quelques mois, la France, l'Espagne et les Pays-Bas reconnurent les États-Unis. Non seulement la nouvelle nation put-elle obtenir de l'argent et du matériel, mais la marine française harcela-t-elle constamment les Îles britanniques. La marine britannique avait partagé sa flotte : la moitié vers la France, l'autre moitié vers l'Amérique. La victoire finale de Yorktown ne fut possible que parce que la flotte française fut mise à la disposition du général Washington. Les armées de Washington acculèrent les forces britanniques à la côte et la flotte française empêcha leur fuite par la mer.

2. LE NÉGOCIATEUR LAISSE SON ADVERSAIRE AGIR PAR RAPPORT À SES PROPRES BESOINS HOMÉOSTATIQUES

Inter-personnes. Occasionnellement, les gardiens négocient avec un prisonnier. Bien que sa liberté d'action soit contrôlée et que les domaines dans lesquels il peut négocier soient limités, il est possible de le faire agir en faveur de ses besoins homéostatiques. Néanmoins, certains gardiens (les négociateurs) peuvent motiver le prisonnier (l'adversaire) en augmentant ses rations. La négociation a amené le prisonnier à agir en faveur de son besoin fondamental de survie.

Inter-entreprises. Certaines grandes sociétés (les négociateurs) ont utilisé ce « gambit » avec succès. Le propriétaire d'une petite station-service (l'adversaire) peut travailler avec une marge bénéficiaire si faible qu'il a les moyens de diminuer ses prix pour augmenter ses ventes. Une grande société le persuade de ne plus agir ainsi. Bien que la grande société veuille pratiquer à long terme des prix élevés, elle peut diminuer si fortement ses prix durant une courte période que l'existence même du petit propriétaire peut être mise en péril.

Inter-nations. Au début du XXe siècle, il existait 562 nations autochtones dans les Indes britanniques. Ces Etats fondaient leur indépendance sur des traités que leur chef avait signé avec les Britanniques au cours du XVIIIe et du XIXe siècle. Sur ces territoires, les princes indigènes régnaient en monarques absolus. Cependant, nombre de ces Etats étaient petits et la plupart des princes devaient leur trône à la protection de l'armée britannique. Dans ces circonstances, les princes (les adversaires) étaient tout à fait prêts à sauvegarder leur trône, pour satisfaire leur besoin homéostatique, en offrant au gouvernement britannique (le négociateur) leur soutien économique et militaire, y compris aux dépens de leur propre peuple.

3. LE NÉGOCIATEUR AGIT PAR RAPPORT AUX BESOINS HOMÉOSTATIQUES DE SON ADVERSAIRE ET DES SIENS

Inter-personnes. L'extraordinaire succès du combat contre la poliomyélite en comparaison à d'autres maladies est un exemple de ce gambit. Franklin D. Roosevelt fut frappé par cette maladie en 1921. Lorsqu'il devint président, douze ans plus tard, il se consacra à la mise en place d'un institut national pour soigner les enfants atteints de paralysie. Ses appels à la nation pour recueillir des fonds eurent un vif succès en partie du fait de la générosité américaine, mais aussi en raison de la crainte de la maladie. Ainsi, Roosevelt (le négociateur) agit en faveur de la création de l'institut pour satisfaire ses besoins propres et ceux des autres (les adversaires) pour combattre la poliomyélite et mettre fin aux menaces d'invalidité ou même de mort dues à cette maladie.

Inter-entreprises. En 1961, la condamnation aux U.S.A. de vingt-neuf directeurs d'entreprise de production d'électricité mit en évidence une utilisation réussie, quoiqu'illégale, de ce « gambit » de négociation. Il était avantageux pour ces entreprises et leurs responsables d'augmenter artificiellement les prix. Pour protéger les bénéfices, les négociateurs et adversaires se mirent secrètement d'accord pour fixer les prix de leurs produits et pour truquer les appels d'offre de façon que chaque entreprise reçoive sa « juste » part du marché.

Inter-nations. La survie d'une nation est un besoin homéostatique. À l'ère nucléaire, les nations ont enfin le pouvoir d'annihiler leur adversaire en une seule fois. Cependant, cette terrible puissance n'a pas été et ne sera probablement mise en oeuvre ni par les États-Unis ni par l'Union Soviétique. Aucun traité entre les deux nations ne peut garantir que les armes nucléaires ne seront pas utilisées. Néanmoins, par un accord tacite, ils ont tous deux (négociateur et adversaire) accepté le pouvoir dissuasif des armes nucléaires. Si une nation les utilisait, elle pourrait s'attendre à une réplique rapide et dévastatrice. Sir Winston Churchill, lors de son dernier discours en tant que Premier ministre, résuma la terrible réalité de la situation : « Il se peut que, par un processus d'ironie sublime, nous ayons atteint une étape de l'histoire où la sécurité sera l'enfant prodige de la terreur et la survie le frère jumeau de l'annihilation. »

4. LE NÉGOCIATEUR AGIT À L'ENCONTRE DE SES BESOINS HOMÉOSTA-TIQUES

Inter-personnes. La variété des applications peut sembler paradoxale. Mais il existe de nombreux exemples où ce type de « gambit » a fait aboutir avec succès une négociation. Un article paru le 2 octobre 1964 dans le *New York Times* nous en fournit une illustration :

Une mission spéciale à Saigon l'été dernier apprit à Herbert Schmertz à quel point la vie d'un avocat spécialisé dans les conflits du travail peut être dangereuse. Peu de temps après

*être sorti de son hôtel, une bombe explosa à l'étage où était
situé sa chambre. « J'étais envoyé par le gouvernement pour
étudier les relations sociales dans le port de Saigon et je me
suis retrouvé dans un hôtel où le personnel était en grève »,
expliqua-t-il. « Lorsqu'un employé menaça de s'éventrer dans
le bureau de l'hôtel, c'en fut trop. Je suis sorti juste à temps.
Le préfet de Saigon mit fin plus tard à la grève en menaçant
d'arrêter le gérant de l'hôtel. Ce fut efficace mais ce n'est
pas le type de médiation que nous utilisons aux États-Unis. »*

L'avocat avait tort. Il s'agit « effectivement » d'une des façons
de négocier aux États-Unis. Cependant, il n'avait pas compris le
schéma de cette médiation. Il ne s'était pas rendu compte que
l'enfant qui retient sa respiration pour forcer sa mère à satisfaire
ses désirs, ou le malade mental qui menace de s'ouvrir les veines
si le gardien ne lui donne pas une cigarette, utilise une méthode
semblable. Dans chacun de ces cas, l'individu (le négociateur)
agit à l'encontre de ses besoins physiologiques pour atteindre
son objectif. Indubitablement, ces actions sont considérées par
certains comme irrationnelles. Mais elles ne le sont pas. Il s'agit
de moyens bien pensés et efficaces pour aboutir à un objectif
souhaité. Seuls ceux qui sont incapables de rationaliser les raisons
qui ont poussé l'autre personne à agir de la sorte la considèrent
comme irrationnelle.

Inter-entreprises. Pour une entreprise (le négociateur), le fait
d'agir délibérément à l'encontre de ses besoins d'augmenter son
revenu pourrait paraître au premier abord comme un acte
irrationnel. Ce serait un peu comme l'histoire de ce marchand
de biens qui vendait en-dessous du prix de revient et qui
expliquait : « Il se peut que je perde un petit peu sur chaque
vente mais je me rattrape sur la quantité. » Cependant, de
nombreuses sociétés de distribution (les négociateurs) trouvent
avantage à vendre à perte des marchandises qui jouent le rôle
de produits d'appel. Ces produits sont vendus à prix coûtant
pour inciter les clients (les adversaires) à venir dans le magasin.
Les bénéfices réalisés sur les produits appâts peuvent être nuls
mais ces sociétés espèrent que le bénéfice global sera supérieur.

Inter-nations. L'Anschluss, le rattachement de l'Autriche à
l'Allemagne en 1938, fournit un exemple vivant de négociateur
(le gouvernement autrichien) agissant à l'encontre de ses besoins

homéostatiques de survie. Après la Première Guerre mondiale, le grand Empire austro-hongrois fut divisé et l'Autriche devint une puissance mineure dépourvue des ressources économiques nécessaires à sa survie. Bien que le traité de Versailles eût interdit le rattachement de l'Autriche à l'Allemagne, cette union était évoquée chaque fois que l'Autriche traversait l'une de ses crises économiques périodiques. La montée d'Adolf Hitler au pouvoir entraîna l'imminence de l'Anschluss. Pour un temps, le Parti national socialiste (Nazi) fut interdit en Autriche du fait de son attachement évident à l'Anschluss. Cependant, le chancelier Kurt von Schuschnigg (l'adversaire) fut obligé de légaliser le Parti nazi et de prendre trois ministres nazis dans son gouvernement. Devant la menace de l'Allemagne, Schuschnigg décida d'organiser un plébiscite sur l'Anschluss et fit un effort tardif pour unifier sa nation divisée. La réponse d'Hitler fut de demander que le plébiscite n'ait pas lieu et des troupes allemandes se massèrent à la frontière autrichienne. Schuschnigg démissionna. Les troupes allemandes occupèrent le pays sans résistance de la part du peuple autrichien qui vota alors massivement pour l'Anschluss. Les Autrichiens (les négociateurs) avaient abandonné leur identité nationale en échange d'avantages individuels.

5. LE NÉGOCIATEUR AGIT À L'ENCONTRE DES BESOINS HOMÉOSTATIQUES DE SON ADVERSAIRE

Inter-personnes. Un exemple simple est celui de la femme (négociatrice) qui se trouve à bord d'un bateau sur le point de sombrer. Elle veut monter dans un canot de sauvetage, mais il y a un homme (l'adversaire) devant elle. Elle négocie sa propre vie en utilisant une formule culturelle en guise de « gambit » et lui dit : « Les femmes et les enfants d'abord. » Elle va à l'encontre des besoins les plus fondamentaux de l'homme — la préservation de la vie — en tentant de passer devant lui, l'exposant à un risque mortel.

Inter-entreprises. En 1964, une commission fédérale, présidée par Luther Terry, rédigea un rapport sur les dangers du tabac pour la santé. Il y était prouvé que les cigarettes augmentaient les chances d'être atteint d'un cancer du poumon. Bien que certaines mesures aient été prises pour contrôler la publicité pour les cigarettes, il n'est pas interdit d'en faire la publicité dans les journaux et les périodiques. Lorsqu'un publicitaire (le négociateur) montre une jolie fille et son soupirant en train de fumer avec plaisir, le publicitaire agit directement à l'encontre des besoins homéostatiques de survie du consommateur (l'adversaire). *Inter-nations*. Le contrôle d'un territoire est l'un des besoins homéostatiques de l'Etat. L'achat de la Floride en 1819 par les États-Unis (le négociateur) à l'Espagne (l'adversaire) illustre l'utilisation de ce « gambit ». Dans ce cas-là, non seulement les États-Unis agissaient contre les intérêts de l'Espagne mais ils utilisaient cyniquement le « gambit » pour *justifier* la cession du territoire. Les négociations commencèrent à la suite de l'invasion par le général Andrew Jackson de la Floride, régie à l'époque par l'Espagne. Une bande d'Indiens et d'esclaves en fuite vivant près de Pensacola s'étaient livrés à des raids le long de la frontière de Georgie. Jackson avait pour ordre de les chasser du territoire américain ; c'est ce qu'il fit. Il passa ensuite la frontière du territoire espagnol et s'empara de Pensacola et de St. Marks.

Le cabinet de James Monroe, à l'exception de John Quincy (le négociateur), décida de présenter des excuses à l'Espagne (l'adversaire) et de réprimander Jackson. Adams, alors secrétaire d'État, condamna ces mesures et obtint le soutien de Monroe. Dans un ultimatum brutal, Adams dit à l'Espagne que si elle n'était pas capable de maintenir l'ordre sur son territoire, elle devrait le céder aux États-Unis. L'Espagne, qui était gênée par la rébellion de ses colonies sud-américaines, ne pouvait offrir ni résistance armée ni argument plausible pour contrer le gambit d'Adams. Après une longue négociation, la Floride fut cédée aux États-Unis pour 5 millions de dollars, et cette somme ne fut même pas remise au gouvernement espagnol. Elle servit à payer des dettes dues par des Espagnols à des citoyens américains.

6. LE NÉGOCIATEUR AGIT À L'ENCONTRE DES BESOINS HOMÉOSTATIQUES DE SON ADVERSAIRE ET DES SIENS

Inter-personnes. Un pacte de suicide (négociateur et adversaire) est une illustration de ce type de « gambit » qui aboutit.
Inter-entreprises. Lorsqu'un appel à la grève est lancé, les deux parties (négociateur et adversaire) abandonnent dès cet instant leurs besoins homéostatiques. Les commandes faites à l'entreprise ne sont plus honorées et les salaires ne sont plus versés aux

employés. Le fait qu'une grève affecte les besoins homéostatiques des deux parties est un « gambit » de négociation très fort.

Bien sûr, dans certains conflits syndicat/patronat, les acteurs sont les derniers à en subir le contrecoup économique. L'entreprise paie tout simplement moins d'impôts et touchera un rappel d'impôts. Les employés peuvent recevoir une allocation chômage doublée d'une compensation de la part des syndicats.

Inter-nations. L'embargo américain de 1807 nous fournit un exemple unique en son genre. Les guerres révolutionnaires françaises puis les guerres napoléonniennes amenèrent plusieurs fois les États-Unis au bord d'un conflit soit avec la Grande-Bretagne, soit avec la France. Le sentiment national balança suivant que l'une ou l'autre nation commettait des agressions contre la marine marchande américaine. La Grande-Bretagne essayait de couper tout commerce entre la France et les nations neutres. Lors du blocus continental instauré par Napoléon, tous les navires se dirigeant vers la Grande-Bretagne furent arraisonnés. De nombreux navires américains subirent le coup de ces deux séries de mesures.

Le président Thomas Jefferson (le négociateur) tenta une approche nouvelle et audacieuse — audacieuse parce que le revenu des États-Unis dépendait essentiellement des taxes à l'importation, nouvelle parce qu'aucune nation occidentale n'avait essayé de rompre tout commerce avec les nations européennes les adversaires). L'embargo de 1807 aboutit à cela : aucun navire européen ne fut autorisé à mouiller dans les ports américains. Lorsqu'il fut flagrant que le commerce continuait avec la Grande-Bretagne via le Canada, colonie britannique, Jefferson interdit également les transports fluviaux américains.

Jefferson espérait en privant la Grande-Bretagne et la France de produits agricoles qu'il agirait à l'encontre de leurs besoins homéostatiques en nourriture et en vêtements et les forcerait à faire des concessions aux États-Unis. Il était également prêt à sacrifier un besoin homéostatique encore plus fondamental, à savoir les sources de revenu de son pays. Ce « gambit » fut désastreux pour les États-Unis. La flotte américaine mit plusieurs années à retrouver son niveau passé. Fermiers et chantiers navals souffrirent de cette absence d'échanges avec le Vieux Continent. En deux ans, les revenus des États-Unis passèrent de seize millions de dollars en 1807 à sept millions en 1809. Jefferson avait agi à l'encontre des besoins de son pays ; malheureusement, il avait mésestimé le besoin homéostatique de survie qui prévalait en France et en Grande-Bretagne. Ce besoin fut plus fort que le maintient de relations commerciales avec les États-Unis. En 1809, peu après la fin de son second mandat, Jefferson admit avec quelques réticences que l'embargo avait été un échec et obtint du Congrès qu'il soit levé.

II. BESOIN DE SÉCURITÉ ET DE SÛRETÉ

1. LE NÉGOCIATEUR AGIT PAR RAPPORT AUX BESOINS DE SÉCURITÉ ET DE SÛRETÉ DE SON ADVERSAIRE

Inter-personnes. Les efforts que les parents (les négociateurs) peuvent déployer pour donner à leurs enfants (les adversaires) un « bon » mariage est un exemple de ce « gambit ». Les parents font appel au besoin de sécurité des enfants en affirmant que seules la richesse et la situation sociale peuvent l'assurer. Vu l'âge des parents, ce besoin semble plus fondamental que les aspirations romantiques de l'enfant.

L'affirmation du docteur Samuel Johnson sur ce sujet est considérablement plus souple que tout ce que les parents les plus sages seraient susceptibles de dire : « Serais-je un homme d'un certain rang que je ne laisserais pas ma fille mourir de faim si elle avait fait un mauvais mariage. Mais s'étant volontairement écartée de la position à laquelle elle pouvait légitimement prétendre, je la soutiendrais dans ce qu'elle a elle-même choisi... » Notez que cette attitude tranchée de Johnson ajoute plus de force à ce « gambit ».

Inter-entreprises. Il est désormais courant qu'une entreprise moderne agisse en faveur de la sécurité de ses employés. Une entreprise (la négociatrice) peut y parvenir en finançant un fonds de retraite, en partageant ses profits ou en octroyant des primes à ses employés (les adversaires). L'entreprise peut utiliser le besoin de sécurité économique de ses employés pour encourager leur loyauté envers elle et leur conscience professionnelle. Ce « gambit » de négociation a pris une importance croissante au cours de ces dernières années dans la résolution des conflits sociaux par la signature de nouveaux contrats avec les syndicats.

Inter-nations. Le 7 avril 1965, le président Lyndon Johnson (le négociateur) offrit d'ouvrir des pourparlers inconditionnels de paix avec le Nord Viêt-Nam, la Chine communiste et l'Union Soviétique pour mettre fin à la guerre du Viêt-Nam. Pour persuader les pays communistes (les adversaires) de donner leur accord, le président utilisa un « gambit » de négociation totalement en contraste avec les tactiques militaires habituelles. Il incita tous les pays du Sud-Est asiatique, Viêt-Nam compris, à entreprendre un programme de développement massif. Ce programme aurait été soutenu par les Nations unies et financé par tous les pays industrialisés. Il aurait demandé lui-même au Congrès de voter un budget d'un milliard de dollars pour ce projet dès qu'il se serait mis en place. Bien que M.U Thant, secrétaire général des Nations unies, eût qualifié ce projet de « positif, tourné vers l'avenir et généreux », les pays communistes ne le perçurent pas de la même manière. « Cela sent le gaz empoisonné », dit la Chine communiste, et en l'espace d'une semaine les trois pays concernés rejetèrent l'effort de Johnson pour agir par rapport aux besoins de ses adversaires.

2. LE NÉGOCIATEUR LAISSE SON ADVERSAIRE AGIR EN FONCTION DE SES BESOINS DE SÉCURITÉ ET DE SÛRETÉ

Inter-personnes. Le capitaine John Smith (le négociateur), qui était responsable de l'installation des colons à Jamestown en 1608, sut les obliger à agir en faveur de leurs besoins. Au début de leur installation, les colons (les adversaires) n'avaient pas le droit d'être propriétaire de leurs terres. En conséquence, ils n'étaient pas prêts à passer de longues heures dans des champs qui ne leur appartenaient pas — bien que la nourriture fût rare. John Smith contra leur manque de courage en prenant en charge toutes les productions alimentaires de la colonie. Il prit ensuite une mesure très simple : ceux qui étaient en état de travailler devaient le faire en échange de nourriture. Sa manœuvre fut efficace car les colons se mirent au travail.

Inter-entreprises. Un exemple particulièrement remarquable pour forcer les adversaires à agir en faveur de leur besoin de sécurité me fut fourni par l'un de mes clients. Il s'agissait d'un philanthrope de Chicago qui consacrait généreusement son temps et son argent à la recherche sur les maladies cardiaques. Il (le négociateur) fut appelé devant une commission sénatoriale (l'adversaire) qui envisageait l'éventualité de créer une fondation nationale des maladies cardiaques. C'était une cause qui lui était très chère et il consulta les meilleurs experts pour préparer son intervention. Des organismes privés spécialisés dans ces affections lui fournirent une documentation précise en vue de son discours devant les sénateurs. Nanti de son dossier, mon client se présenta dans la salle d'audience et découvrit alors qu'il figurait en numéro six sur la liste des intervenants. Les cinq orateurs précédents étaient des spécialistes de premier plan — médecins, scientifiques, etc. Ces hommes avaient consacré leur vie à ce travail. La commission les interrogea et demanda à chacun d'entre eux qui avait rédigé son discours.

Lorsque vint le tour de mon client, il répondit à cette même question aux sénateurs en disant : « Messieurs, j'avais préparé un discours, mais je l'ai jeté. Car comment pourrais-je me mesurer avec des hommes aussi éminents que ceux que vous venez d'entendre ? Ils vous ont présenté tous les chiffres et tous les faits ; quant à moi, je me contenterai de plaider en votre faveur. Des hommes qui travaillent avec autant d'acharnement que vous sont les premières victimes des maladies cardiaques. Vous êtes au point culminant de votre vie, au sommet de votre carrière ; vous êtes donc les plus exposés aux attaques cardiaques. Les personnes qui sont parvenues aux postes les plus élevés sont celles qui sont le plus sujettes aux maladies de coeur. »
Il continua sur ce thème durant quarante-cinq minutes ; les sénateurs ne l'interrompirent pas. Il faisait agir chaque sénateur en faveur de *son* besoin de sécurité. Une fondation nationale des maladies cardiaques fut créée par le gouvernement et mon client en fut le premier directeur.
Inter-nations. Les marchés que traita l'Iraq (le négociateur) avec les compagnies pétrolières étrangères (les adversaires) travaillant dans ce pays illustrent parfaitement le cas d'une négociation internationale dans laquelle les adversaires furent forcés d'agir en faveur de leurs besoins. En 1951, le contrôle de l'Iraq Petroleum Company était typique du contrôle des plus grandes sociétés pétrolières du pays. Quatre-vingt-quinze pour cent des actions étaient détenues par des intérêts étrangers — américains, hollandais, français et britanniques. En négociant avec cette compagnie aux mains de puissances étrangères, l'Iraq la força à

agir en faveur de ses besoins d'extraire du pétrole iraquien. La compagnie accepta de verser 50 p. cent de ses bénéfices à l'Iraq. Elle promit également d'augmenter la production, accroissant par là même les revenus pétroliers iraquiens. Les autres compagnies à capitaux étrangers furent bientôt obligées d'accorder les mêmes concessions.

3. LE NÉGOCIATEUR AGIT PAR RAPPORT AUX BESOINS DE SÉCURITÉ ET DE SÛRETÉ DE SON ADVERSAIRE ET DES SIENS

Inter-personnes. L'époque du Far West fournit un bon exemple d'individus agissant pour leur besoin de sécurité et de sûreté ainsi que pour celui de leur adversaire. Invariablement, lorsque des communautés se créaient et que des familles s'y installaient, les colons (négociateurs et adversaires) exigeaient que règnent « la loi et l'ordre ». Bien que leur demande signifiât un abandon de la liberté totale que permettait le Far West, le besoin de sécurité valait le sacrifice pour la plupart des membres de la communauté.

Inter-entreprises. Le « gambit » de « l'ennemi commun » a souvent persuadé des organisations aux intérêts opposés d'agir en commun pour assurer leur sécurité. La menace extérieure, réelle ou imaginaire, gomme leurs différends. Les partis politiques, surtout en Europe, sont très dépendants de ce « gambit » de négociation. Par exemple, en 1964, les démocrates chrétiens italiens (les négociateurs) firent une ouverture vers la gauche et s'allièrent aux socialistes, aux démocrates socialistes et aux républicains (les adversaires). Cette alliance était induite par la puissance du Parti communiste italien, l'un des partis communistes les plus forts à l'extérieur du bloc soviétique.

Inter-nations. Le Fonds monétaire international, créé lors de la conférence sur les accords monétaires et financiers de Bretton Woods de 1944, a pour mission de stabiliser les monnaies de tous les pays membres. Chaque nation (négociateur et adversaire) qui adhère au F.M.I. accepte de contribuer à un fonds de réserves. Le F.M.I. peut utiliser ce fonds de réserves pour aider les pays membres lors d'un déséquilibre temporaire de leur balance des paiements courants. Nombre de membres du F.M.I. sont en concurrence sur le plan du commerce international. Cependant, il est de leur intérêt d'aider indirectement leurs concurrents par l'intermédiaire du F.M.I. En soutenant une monnaie faible, même celle d'un concurrent, ils empêchent que ne se développe une crise financière internationale et par là même protègent leur propre sécurité économique.

4. LE NÉGOCIATEUR AGIT À L'ENCONTRE DE SES BESOINS DE SÉCURITÉ ET DE SÛRETÉ

Inter-personnes. L'écrivain Arthur Miller (le négociateur) agit à l'encontre de ses propres besoins de sécurité au cours d'un « vrai » coup de théâtre. Appelé en 1956 à témoigner devant une commission chargée d'enquêter sur les activités anti-américaines (l'adversaire), l'écrivain accepta de répondre à toutes les questions relatives à ses propres activités et affiliations politiques. N'ayant jamais été lui-même membre du Parti communiste, il pouvait espérer sortir blanchi de l'enquête. Cependant, la commission ne voulait pas seulement connaître les activités de Miller lui-même, mais aussi celles de ses amis et associés. Il refusa de témoigner sur ce point. Pour protéger d'autres personnes, il mit en péril sa propre sécurité. Son « gambit » de négociation échoua. L'année suivante, un tribunal le déclara coupable d'offense envers la commission et de refus de témoignage.

Inter-entreprises. Une manoeuvre militaire en usage courant au début du Moyen Âge fournit un exemple d'action allant à l'encontre du besoin de sécurité. Les défenseurs d'une place forte (les négociateurs) assiégée par une armée (les adversaires) avaient pour habitude d'effectuer des sorties pour harceler les assiégeants. Après avoir traversé les douves, ils brûlaient derrière eux le pont qui enjambait le fossé. En coupant leur dernier moyen de retraite, ils signalaient à l'ennemi qu'ils n'avaient aucune intention de retourner dans la place forte sans avoir remporté la victoire. Leur but était d'inspirer la peur à l'armée ennemie. Les assiégés abandonnaient leur besoin de sécurité et apparemment commettaient un acte irrationnel ; mais cette tactique de négociation se révéla être souvent efficace. Cette pratique est à l'origine de l'expression « brûler les ponts derrière soi ».

Inter-nations. En 1936, le général Francisco Franco organisa une révolte contre le gouvernement républicain espagnol. Soutenu par le clergé, la noblesse et l'armée espagnole, il prit le contrôle d'une grande partie de l'ouest et du nord de l'Espagne en l'espace de quelques mois. L'Allemagne et l'Italie vinrent à son aide. La France et la Grande-Bretagne décidèrent de ne pas intervenir. Seule l'Union Soviétique aida officiellement les républicains. Cependant, des milliers de personnes de par le monde vinrent en Espagne et se battirent aux côtés de ceux demeurés fidèles à la cause républicaine. Les Brigades internationales constituées de ces volontaires furent l'élément clef de la défense de Madrid et de l'Espagne. En 1937, Franco poursuivit sa conquête du nord et, en 1938, il descendit vers le sud à Vinaros pour couper en deux l'armée républicaine. De nouveau, aidés par les Brigades internationales, les républicains menèrent une contre-offensive désespérée et parvinrent à reprendre la rive gauche de l'Èbre. Le gouvernement républicain (le négociateur) tenta d'exploiter cette victoire pour persuader Franco (l'adversaire) de négocier une paix. Pour prouver sa bonne volonté, Don Juan Negrin, chef du gouvernement espagnol, agit à l'encontre de la sécurité de son gouvernement : il démantela les Brigades internationales. La manoeuvre de Negrin échoua, Franco poursuivit son offensive et le gouvernement républicain tomba.

Il est possible pour une nation de parvenir à de meilleurs résultats en utilisant le « gambit » consistant à abandonner son propre besoin de sécurité. En 1940, au début de la Deuxième Guerre mondiale, les Allemands envahirent le Danemark. Dans un premier temps, aucune action ne fut entreprise contre les Juifs danois. Puis, un jour de 1943, après que la résistance danoise eut intensifié ses sabotages contre les Nazis, les Allemands décrétèrent que tous les juifs du Danemark devraient porter un brassard avec l'étoile de David. De pareilles mesures avaient marqué dans les autres pays d'Europe le début des déportations vers les camps de concentration. La nuit qui suivit l'annonce du décret, la résistance danoise fit circuler un message dans tout le Danemark. Le roi Christian X annonçait que tous les Danois étaient égaux et que lui-même serait le premier à porter l'étoile de David. Il s'attendait à ce que tous les Danois suivent son exemple. Le lendemain, presque tout le monde à Copenhague portait l'étoile de David. Le « gambit » de négociation du roi Christian fut opérant ; les Allemands annulèrent leur décret et les Juifs danois survécurent.

5. LE NÉGOCIATEUR AGIT À L'ENCONTRE DES BESOINS DE SÉCURITÉ ET DE SÛRETÉ DE SON ADVERSAIRE

Inter-personnes. Utilisé à bon escient, le « t'es pas cap ! » peut être une technique de négociation efficace. Les enfants semblent utiliser cette méthode instinctivement. Le négociateur agit à l'encontre de ses besoins de sécurité et de sûreté en le poussant à réaliser un acte dangereux ou du moins paraissant menacer son besoin de sécurité et de sûreté.

Inter-entreprises. De nos jours, les forces armées ont des psychologues qui aident les soldats à affronter le péril de la guerre. Ils (les négociateurs) expliquent aux soldats (les adversaires) qu'il est parfaitement normal d'avoir peur et que le vrai problème réside dans le fait d'apprendre à ne pas avoir peur d'avoir peur. De cette manière, les psychologues persuadent les soldats de surmonter leurs frayeurs, d'accepter de porter des armes et d'agir à l'encontre de leur besoin de sécurité. Abraham Lincoln (le négociateur) utilisa ce « gambit » pour rallier le Nord à sa cause au début de la guerre civile. La Caroline du Sud avait demandé la soumission du fort Sumter qui gardait le port de Charleston. Lincoln refusa, arguant que cela viendrait en violation du serment qu'il avait fait en tant que président de protéger la propriété fédérale. Il ajouta également qu'il enverrait des navires de ravitaillement sans escorte pour approvisionner le fort, mais qu'ils se devaient de faire demi-tour si la Caroline du Sud les attaquait. Le belliqueux général sudiste P.G.T. Beauregard (l'adversaire) n'attendit pas la confrontation. Il attaqua le fort et le contraint à se soumettre. Il donna par là même à Lincoln l'avantage unique d'apparaître comme le défenseur de l'Union plutôt que comme l'agresseur des libertés sudistes, tel que le Sud l'avait décrit.

Inter-nations. En 1917, l'Allemagne (la négociatrice) agit effectivement à l'encontre de la sécurité de l'un de ses adversaires, la Russie. Voici ce qu'en dit Winston Churchill :

À la mi-avril, les Allemands prirent une décision terrible. Lorsque Ludendorff y fait allusion, il en a la voix qui tremble. Il est bon de rappeler les enjeux désespérés dans lesquels les dirigeants allemands s'étaient déjà engagés. Ils avaient entrepris une guerre sous-marine totale avec la certitude que les États-Unis entreraient dans le conflit. Sur le front occiden-

*tal, les Allemands avaient, dès le début des hostilités, employé
leurs armes les plus terrifiantes. À savoir les gaz toxiques et
le « Flammenwerfer » (lance-flammes). Néanmoins, c'est avec
une certaine réticence qu'ils utilisèrent contre la Russie la plus
effroyable de toutes les armes. Ils transportèrent Lénine dans
un wagon plombé, comme s'il s'agissait du bacille de la peste,
de Suisse en Russie.*

Lénine vivait en exil en Suisse lorsqu'une révolte en Russie
força le tzar Nicolas II à abdiquer en mars 1917. Le désir
qu'avait Lénine de mettre fin à une « guerre impérialiste » et
de se lancer dans une « guerre des classes » intérieure était
parfaitement connu des dirigeants allemands. En cautionnant le
retour de Lénine en Russie, les Allemands agissaient à l'encontre
des besoins de leur adversaire pour une stabilité gouvernementale.
Comme prévu, une fois en Russie, Lénine accrut l'influence du
parti bolchévique et renversa le gouvernement provisoire au
cours d'une seconde révolution. L'effort de guerre russe souffrit
de ces conflits internes. De plus, en 1918, Lénine engagea des
pourparlers de paix avec l'Allemagne.

6. LE NÉGOCIATEUR AGIT À L'ENCONTRE DES BESOINS DE SÉCURITÉ ET DE SÛRETÉ DE SON ADVERSAIRE ET DES SIENS

Inter-personnes. Au jeu de la roulette russe, chaque individu
(négociateur et adversaire) agit à l'encontre du besoin de sécurité
des deux parties. Ce jeu macabre est réputé avoir réglé jadis de
nombreuses négociations arrivées à une impasse.

Les adolescents ont créé leur propre forme de roulette russe.
Séparées d'une certaine distance, deux voitures s'élancent l'une
vers l'autre à cheval sur la ligne centrale de la route, et ce aussi
vite que le courage du conducteur le permet. Le premier qui
quitte la ligne blanche pour échapper à la collision a perdu.

Inter-entreprises. La croisade pour l'égalité des droits civiques
entre les communautés blanche et noire dans le sud des États-
Unis fournit de nombreux exemples de groupes agissant à
l'encontre de leurs besoins et de ceux de leurs adversaires.
Parfois, la sécurité économique de quelques personnes seulement
fut entamée : pour la fermeture d'un stade (les Blancs s'opposaient à l'intégration raciale) ; un plus grand nombre de personnes
est touché lorsqu'une école ferme pour de mêmes raisons ; enfin,

toute une communauté (militants noirs et membres du Ku Klux Klan) perd sa sécurité économique lorsque des affrontements ont pour conséquence l'annulation de certains investissements.

Inter-nations. Un film, *Dr. Folamour,* évoque le cas d'une nation agissant à l'encontre de ses besoins de sécurité et de ceux de son adversaire. Dans ce film, une nation (la négociatrice) a inventé une machine capable de destructions incommensurables. Cette nation pourrait fort bien utiliser sa super-invention pour négocier avec le reste du monde (l'adversaire) en menaçant de détruire l'ensemble de la planète en cas d'agression. Ce qui serait une façon de négocier contre sa propre sécurité ainsi que celle de ses adversaires.

Avant que les États-Unis et l'Union Soviétique ne signent un accord pour mettre fin aux essais nucléaires dans l'atmosphère, l'augmentation de la radioactivité dans l'air présentait un réel danger pour la sécurité de tous. La SANE, association dont l'action consiste à lutter en faveur de la sécurité mondiale, décrivait la situation de la manière suivante : *Les États-Unis possèdent suffisamment de bombes nucléaires pour tuer chaque Soviétique 360 fois. Le nombre de bombes atomiques à la disposition de l'Union Soviétique ne lui permettrait de tuer chaque Américain que 150 fois. Les États-Unis sont en tête, n'est-ce pas ?*

III. BESOINS D'AMOUR ET D'APPARTENANCE

1. LE NÉGOCIATEUR AGIT PAR RAPPORT AUX BESOINS D'AMOUR ET D'APPARTENANCE DE SON ADVERSAIRE

Inter-personnes. La discussion que j'eus un jour dans le métro avec un de mes voisins est un excellent exemple d'action par rapport aux besoins d'amour et d'appartenance de son adversaire. Il me posa des questions sur mes activités du moment et je lui expliquai que j'écrivais un livre sur l'art de la négociation.

« Ah, mais je négocie tout le temps dans mon travail ! » s'exclama mon compagnon de voyage. « J'achète des produits textiles détériorés et, à mon sens, il n'existe qu'une seule façon de négocier. » Il m'expliqua sa méthode.

« Il faut que j'obtienne la marchandise au meilleur prix possible, alors j'ai découvert la meilleure manière de faire baisser la qualité et de dénigrer un produit. Je laisse tomber la pièce de tissu par terre puis je marche dessus accidentellement. Une fois la marchandise abîmée, je fais une offre ridicule. Le vendeur marchande un peu et nous tombons d'accord sur un prix. »

J'écoutai attentivement et dis : « Je ne suis pas d'accord avec vous lorsque vous dites qu'il n'existe qu'une seule façon de négocier. Puis-je vous suggérer au moins une autre solution, qui est diamétralement opposée à la vôtre ? Votre méthode, bien qu'efficace, pourrait créer un sentiment d'antagonisme, particulièrement dans le cas où vous dénigrez un produit dans lequel un individu a investi son temps, ses compétences et son argent. Les gens éprouvent un sentiment de paternité pour les objets qui leur appartiennent. On parle avec fierté de *sa* maison, de *sa* voiture. Qu'éprouveriez-vous si quelqu'un venait à critiquer votre maison ou votre voiture ? Imaginons maintenant que vous soyez le vendeur, me montrant ses tissus. Je pourrais utiliser une autre forme de gambit consistant à dire : Ces motifs sont superbes, mais à mon sens, ils sont bien en avance sur la mode actuelle. Bien sûr, d'ici dix ans, le goût du public finira peu-être à se former à ce qui n'est aujourd'hui encore qu'une idée d'avant-garde. Sans déprécier la marchandise, je l'ai placé en position de faiblesse. Le vendeur est certainement dans une position plus défavorable, confronté qu'il est à la perpective de ne pouvoir écouler sa marchandise avant dix ans. Il sait que ses tissus sont difficiles à négocier, sans quoi il les aurait vendus sur le marché régulier. Je (le négociateur) suis parvenu à agir sur son désir d'amour et d'appartenance (celui de l'adversaire) pour arriver à un accord. L'appartenance peut aussi bien s'appliquer aux choses qu'aux personnes. Une fois le marché conclu, le vendeur sera plus enclin à m'expédier un produit en excellent état plutôt que ses rebuts. »

Cet attachement aux choses qui nous sont propres est bien résumé par cette phrase de Shakespeare : « Piètre chose, mais elle est mienne. »

Inter-entreprises. Il s'est souvent révélé fort utile au négociateur d'agir en faveur des besoins d'appartenance de son adversaire en se joignant aux forces de l'adversaire. La bataille épique que se livrèrent à la fin du siècle dernier les rois des chemins de fer américains en fournit un exemple frappant. Elle opposa trois grands financiers : J. P. Morgan, qui finançait une réorganisation de la Northern Pacific ; James J. Hill, qui contrôlait la Great Northern ; et Edwards H. Harriman, qui était à la tête de la Union Pacific. Tous trois voulaient prendre le contrôle de la Chicago, Burlington et Quincy (la C. B. & Q.). Cela aurait donné à Morgan et Hill une ouverture sur Chicago et St. Louis, mais cela aurait offert à Harriman un accès au Nord-Est.

Hill et Morgan — agissant contre Harriman — s'entendirent pour acquérir la C. B. & Q. Puis ils partagèrent le réseau entre leurs deux compagnies. Mais Harriman n'était pas homme à se laisser faire. Il acheta une partie suffisamment importante de la Northern Pacific, préférant utiliser le marché boursier pour prendre le contrôle de cette compagnie de chemin de fer et des 50 pour cent qu'elle possédait dans la C. B. & Q. Hill et ses amis reculèrent la date de l'assemblée ordinaire des actionnaires de la Northern Pacific afin de racheter des actions et de retirer ainsi la majorité à Harriman avant qu'il ne puisse faire élire un nouveau conseil d'administration. Toutes ces manœuvres aboutirent à la panique du 9 mai 1901 où ceux qui avaient vendu leurs actions à perte ne pouvaient plus en acheter à moins de 1000 dollars l'unité. Les trois rivaux décidèrent alors de former une holding, la Northern Securities Company, agissant en tant que mandataire pour la Northern Pacific, la Great Northern et la C. B. & Q. Harriman se retrouva minoritaire au conseil d'administration.

L'histoire ne s'arrête pas là. Plus tard, nous verrons comment Morgan tenta une fois de plus d'utiliser le « gambit », cette fois contre le président des États-Unis. Theodore Roosevelt sut le déjouer et retourna le « gambit » contre Morgan.

Inter-nations. Le point numéro quatre du programme de Harry S. Truman est l'exemple type d'une nation agissant par rapport au besoin d'appartenance des nations en voie de développement. Truman (le négociateur) proposa son programme lors de son investiture en 1949. Il offrit de partager les techniques, le savoir-faire et les équipements américains avec les nations en voie de développement (les adversaires) pour améliorer leur industrie, leur agriculture et leurs systèmes de santé et d'éducation. Le programme encourageait également les Américains à investir des fonds privés dans ces pays. Le point numéro quatre agissait en faveur du besoin d'appartenance des nations participantes : l'aide au développement, leur donnait la possibilité de parvenir au niveau des nations industrielles modernes.

2. LE NÉGOCIATEUR LAISSE SON ADVERSAIRE AGIR PAR RAPPORT À SES PROPRES BESOINS D'AMOUR ET D'APPARTENANCE

Inter-personnes. De la même manière qu'une sentinelle montant la garde force un inconnu à livrer son identité, vous, en tant que négociateur, pouvez forcer les autres à se livrer à vous. Si vous écoutez attentivement ce que vous disent les gens, vous découvrirez qu'« entre les lignes » de leur conversation ils vous expliquent leurs différents besoins d'amour et d'appartenance. Ils vous disent combien ils sont gentils, comme leurs objectifs sont les mêmes que les vôtres. Pour utiliser ces informations en tant que « gambit » de négociation, vous (le négociateur) devez leur permettre (à eux, les adversaires) de satisfaire leur besoin d'amour et d'appartenance par votre intermédiaire. Écoutez attentivement ce qu'ils disent, puis agissez de telle sorte que leur besoin soit comblé.

Un autre exemple de ce « gambit » est celui du club privé (le négociateur), comme il en existe dans les pays anglo-saxons, qui instaure un certain nombre de restrictions pour les futurs membres. Il oblige tout postulant (l'adversaire) à remplir de nombreuses conditions avant de pouvoir y entrer. Il n'est par conséquent pas étonnant que les clubs instaurant une sélection peu sévère aient parfois plus de mal à trouver des membres que ceux qui sont plus exigeants.

Inter-entreprises. La Bourse de New York (le négociateur) utilise ce « gambit » très efficacement. Avant qu'une société (l'adversaire) ne puisse y entrer, elle doit présenter un dossier extrêmement détaillé de ses activités. Elle doit ensuite fournir des rapports réguliers sur ses bénéfices et sa situation financière. De nombreuses raisons peuvent exister pour qu'une société ne souhaite pas révéler ces informations, mais le besoin d'appartenance surpasse souvent ces raisons, car l'entrée à la Bourse permet d'améliorer l'image de la société.

Inter-nations. Après la Deuxième Guerre mondiale, les États-Unis et leurs alliés (les négociateurs) forcèrent le Japon (l'adversaire) à agir en faveur de son besoin d'appartenance à l'ensemble des nations reconnues sur le plan international. Bien que le gouvernement japonais continuât à fonctionner durant la période d'occupation, on lui refusa le droit d'exercer une totale souveraineté jusqu'à ce qu'il mît en place un programme de réformes politiques, économiques et sociales. Au bout de sept ans, période au cours de laquelle les réformes s'intégrèrent totalement à la vie japonaise, les alliés accordèrent une souveraineté totale au Japon.

3. LE NÉGOCIATEUR AGIT PAR RAPPORT AUX BESOINS D'AMOUR ET D'APPARTENANCE DE SON ADVERSAIRE ET DES SIENS

Inter-personnes. Un agent immobilier que je connais personnellement utilise ce « gambit » efficacement. Pour ce faire, il dit à l'acheteur potentiel que celui-ci correspond exactement au type de personne avec laquelle le vendeur souhaiterait négocier. Puis l'agent immobilier contacte le vendeur en lui rapportant toutes les choses agréables qu'a pu dire en retour l'acheteur à son sujet. Bien sûr, une fois les deux protagonistes en présence, leurs rapports sont extrêmement cordiaux. La tactique de négociation employée par l'agent immobilier a créé un sentiment d'appartenance entre le vendeur (le négociateur) et l'acheteur (l'adversaire). D'ordinaire, la négociation se conclut rapidement et sans accroc. *Inter-organisations.* Dans le monde des affaires, il est fréquent de faire partie d'associations dans lesquelles les concurrents (négociateur et adversaire) peuvent agir ensemble en vue d'un objectif commun. Ceci peut être fait pour assurer la mise en place d'une législation qui favorisera le secteur dans son ensemble — ou pour s'opposer à une législation défavorable. Le but peut être aussi de partager les expériences ou les problèmes communs à ce secteur d'activité.

Moins le besoin d'appartenance est satisfait, plus les dissensions au niveau des besoins les plus fondamentaux s'accroissent. Les possibilités d'accord à long terme sont entravées par les objectifs immédiats à la fois des syndicats et du patronat.

Inter-nations. La Grande-Bretagne (le négociateur), en mettant en place le Commonwealth, agissait en faveur de son besoin d'appartenance et de celui de ses anciennes colonies (les adversaires). Bien que les liens qui unissent les pays du Commonwealth soient relativement ténus, les nations membres en tirent certains avantages particuliers. L'extrême réticence de l'Afrique du Sud pour quitter le Commonwealth en 1961 en est la preuve. Le fait qu'elle s'est finalement retirée illustre que c'est la nécessité de satisfaire des besoins plus fondamentaux qui l'y a contrainte.

L'Afrique du Sud devint une république en 1960. Elle demanda son retour dans le Commonwealth, ce qui exigeait l'approbation des autres membres. Elle avait été condamnée pour sa politique de répression raciale envers Indiens et Noirs. Cette politique était fondée sur le principe qu'il fallait empêcher les Africains et les Asiatiques de s'installer au gouvernement à la place de la minorité blanche. Face aux critiques véhémentes des membres asiatiques du Commonwealth, l'Afrique du Sud renonça à certains aspects les plus criants de cette politique pour pouvoir rentrer dans le Commonwealth. Son besoin d'appartenance s'est montré plus fort que son besoin de sécurité.

4. LE NÉGOCIATEUR AGIT À L'ENCONTRE DE SES BESOINS D'AMOUR ET D'APPARTENANCE

Inter-personnes. Les enfants (les négociateurs) négocient souvent dans leurs incessantes luttes avec les adultes (les adversaires) en utilisant le « gambit » d'abandon de leur besoin d'amour et d'appartenance. Pendant la dernière guerre un enfant qui avait décidé qu'on ne s'occupait pas de lui comme il le souhaitait avait décidé de faire une fugue. Il fit son baluchon et partit en laissant le mot suivant : « Je quitte la maison. Je ne reviendrai jamais. En cas de raid aérien, prévenez-moi, je suis dans le grenier. » Le garçonnet voulait bien abandonner son besoin d'amour, mais ne souffrait pas suffisamment pour abandonner son besoin de sécurité.

Inter-entreprises. La Réforme protestante en Allemagne fournit de nombreux exemples d'actions allant à l'encontre des besoins d'appartenance. L'Allemagne était alors divisée en de nombreuses principautés et cités libres, unies seulement par leur allégeance à l'Église et leur lien distendu avec le Saint Empire romain.

Pendant 1500 ans, une foi commune et l'Église catholique avaient pratiquement été les seules forces unificatrices de l'Europe. Il est difficile aujourd'hui de comprendre combien fut difficile le choix que durent faire Martin Luther et ses successeurs (les négociateurs) : soit rester dans l'Église romaine (l'adversaire), qui leur semblait vénale et corrompue, soit rompre avec la communauté religieuse que constituait l'essentiel de l'Europe. Les raisons qui conduisirent la moitié des habitants de l'Allemagne au protestantisme étaient à la fois politiques et économiques, de même que religieuses ; mais en tout état de cause, le choix était difficile à faire.

Inter-nations. Lorsque la France et l'Allemagne entrèrent dans le Marché commun, l'accord sur le libre échange des biens industriels fut conclu rapidement. Mais les termes du traité concernant l'agriculture étaient vagues, beaucoup plus vagues que le calendrier précis qui avait été établi pour les biens industriels. L'Allemagne voulait maintenir cette incertitude concernant les produits agricoles pour favoriser les agriculteurs allemands. D'autre part, durant les quatre années que durèrent les négociations, les Français insistaient sur la mise en place d'une politique agricole aussi précise et détaillée que celle des produits industriels, ce qui allait dans le sens des agriculteurs français. Lassés de l'attitude allemande, les Français se firent menaçants : si l'Allemagne ne décidait pas d'appliquer un calendrier sur les prix agricoles avant une certaine date, la France se retirerait du Marché commun. Ainsi, la France (le négociateur) agissait à l'encontre de son besoin d'appartenance à seule fin d'amener l'Allemagne (l'adversaire) à négocier un accord satisfaisant sur la politique agricole.

5. LE NÉGOCIATEUR AGIT À L'ENCONTRE DES BESOINS D'AMOUR ET D'APPARTENANCE DE SON ADVERSAIRE

Inter-personnes. J'ai donné plus haut avec l'épisode de la conversation avec mon compagnon de voyage un exemple d'action par rapport au besoin d'appartenance de l'adversaire. Il est parfois avantageux de faire une approche négative et d'aller à l'encontre des besoins d'appartenance et d'amour de son adversaire. Lors d'une négociation pour l'achat d'un article, vous (le négociateur) en dévaluez la valeur en y trouvant un défaut de qualité. Ce « gambit » est utilisé pour l'achat de vêtements d'occasion ; l'acheteur montre les déchirures, les taches ou met le fond du pantalon à la lumière pour que le vendeur (l'adversaire) en constate l'usure inévitable.

Lors de l'achat d'une maison, l'acheteur potentiel attire souvent l'attention du vendeur sur les défauts de la plomberie, de la toiture, etc. Certaines personnes estiment que, par-là, le propriétaire abandonnera son besoin d'appartenance — du moins en référence à l'article qu'il est en train de vendre.

Inter-entreprises. Le boycottage que mènent les nations arabes (les négociatrices) à l'encontre des sociétés américaines (les adversaires) traitant avec Israël est un exemple de ce « gambit » au niveau inter-organisations. Il avait un double impact dont peu de gens prirent conscience. Si une entreprise américaine continuait à commercer avec Israël, elle abandonnait le marché arabe. Cependant, si elle se pliait à la demande arabe de ne pas commercer avec Israël, elle montrait sa faiblesse, c'est-à-dire l'abandon, dans une certaine mesures de son sens d'appartenance à une nation indépendante et puissante (les États-Unis).

Inter-nations. Sur le plan international, c'est ce qui se passa avec la Chine communiste qui fut maintenue en dehors de l'O.N.U. Plus la Chine (l'adversaire) tentait d'y entrer, plus les États-Unis (les négociateurs) faisaient en sorte de l'en empêcher. La position américaine était que la Chine communiste devait gagner sa place dans la famille des nations par des actions adéquates. Les États-Unis agissaient ici à l'encontre du désir d'appartenance de la Chine (non pas à l'O.N.U. mais au monde civilisé). La Chine, cependant, avait pris la position tout à fait compréhensible de se désintéresser de posséder un siège à l'O.N.U. quand bien même lui en aurait-on offert un.

6. LE NÉGOCIATEUR AGIT À L'ENCONTRE DES BESOINS D'AMOUR ET D'APPARTENANCE DE SON ADVERSAIRE ET DES SIENS

Inter-personnes. Dans la dernière scène du *Roméo et Juliette*, de Shakespeare, le Prince (l'agent) conclut la paix entre les Capulets (les négociateurs) el les Montaigus (les adversaires). Roméo et Juliette étant morts, le Prince veut que les deux familles agissent à l'encontre de leur besoin respectif d'appartenance. Il leur dit :

> *Voyez le fléau qui s'est abattu sur votre haine,*
> *Les cieux trouvent moyen de tuer vos joies par l'amour,*
> *Et moi-même, en me faisant complice de vos discordes,*
> *J'ai perdu deux alliés. Nous sommes tous punis.*

Le prince reconnaît que chaque partie a abandonné son besoin d'amour en perdant un membre de sa famille et utilise ce fait pour leur faire prendre conscience de leur folie ainsi que pour mettre fin à leurs querelles.

Inter-entreprises. La Northern Securities Company de Hill et Morgan a déjà servi d'exemple d'action menée en faveur du besoin d'appartenance de l'adversaire. Les développements qui en découlèrent montrent qu'il s'agit d'un bon exemple d'action menée *à l'encontre* du besoin d'appartenance. En 1902, le président Theodore Roosevelt (le négociateur) décida de dissoudre la holding, la Northern Securities Company. J. P. Morgan (l'adversaire) ainsi que de nombreux alliés du Parti républicain se précipitèrent à Washington pour en parler avec le président. Morgan suggéra à Roosevelt la solution qui à l'époque était à l'honneur : « Si nous avons fait quoi que ce soit de répréhensible, que nos représentants se rencontrent, ils trouveront une solution. »

Comme Roosevelt l'observa plus tard : « Voici une illustration parfaite du point de vue de Wall Street. Monsieur Morgan ne pouvait s'empêcher de me considérer comme un rival qui soit avait l'intention de ruiner ses intérêts soit pouvait être amené à trouver un point d'entente et conclure un accord. »

Cette attitude ne convenait pas au super-patriote qu'était Roosevelt. Ses devoirs envers le pays passaient avant le soutien que pouvait lui apporter Wall Street pour les élections de 1904. Il travaillait donc contre son besoin d'appartenance et ceux de Morgan à seule fin de protéger « les intérêts des gens contre le monopole et les privilèges... » Le « gambit » fut opérant. La Cour suprême ordonna le démantèlement de la Northern Securities Company, et bien que Wall Street essayât d'empêcher Roosevelt d'être le candidat du Parti républicain, il fut choisi par la convention et réélu par le peuple américain dont il avait défendu les intérêts.

Inter-nations. Dès la création de la Malaisie en 1963, l'Indonésie avait tenté de détruire cette fédération en utilisant la pression diplomatique et la guérilla. Les États-Unis tentèrent de forcer l'Indonésie à revenir sur ses positions en la menaçant de lui retirer son aide. En 1964, cette aide avait été virtuellement retirée, et l'Indonésie (le négociateur) déclara qu'elle ne souhaitait pas recevoir d'assistance de pays (les adversaires) qui ne soutenaient pas sa politique malaise. En 1965, l'Indonésie agit également à l'encontre de son propre besoin d'appartenance et de ceux de son adversaire lorsqu'elle se retira de l'O.N.U. qui venait juste d'élire la Malaisie au Conseil de sécurité.

IV. BESOINS DE CONSIDÉRATION

1. LE NÉGOCIATEUR AGIT PAR RAPPORT AUX BESOINS DE CONSIDÉRATION DE SON ADVERSAIRE

Inter-personnes. Parfois vous (le négociateur) trouverez avantage à agir en faveur du besoin de considération de votre adversaire en vous engageant à ses côtés et en vous intéressant sincèrement à ses besoins. Dale Carnagie, dans son livre *How to Win Friends and Influence People,* décrit de nombreuses applications de ce principe. Certaines des méthodes qu'il suggère sont les suivantes : s'intéresser authentiquement aux gens, sourire, toujours se souvenir que le nom d'un homme est le son qui est pour lui le plus important, encourager les autres à parler d'eux-mêmes, utiliser des termes qui intéressent votre interlocuteur et faire en sorte que l'autre se sente important. Tous ces aspects de la conversation avec votre interlocuteur nourrissent son besoin fondamental de considération et peuvent devenir des éléments importants dans l'art de négocier.

Inter-entreprises. Les entreprises modernes agissent constamment en vue de l'obtention de l'estime du public. Une entreprise peut utiliser le besoin d'une autre entreprise pour servir ses propres avantages. Par exemple, il y a quelques années, la société Xerox souhaitait étendre ses activités à la Grande-Bretagne et à d'autres pays européens. En conséquence, cette société se regroupa avec la J. Arthur Rank, Ltd. , société britannique bien connue, et forma une nouvelle société, la Rank-Xerox, pour promouvoir ses produits en Europe. En agissant en faveur du besoin que Xerox (l'adversaire) avait d'acquérir la considération du consommateur, J. Arthur Rank (le négociateur) obtenait le droit de bénéficier des procédés industriels que Xerox avaient développés.

Inter-nations. Les nations indiquent traditionnellement leur acceptation d'un changement de régime dans un autre pays en reconnaissant le nouveau gouvernement de manière formelle.

Dans les années qui suivirent la révolution soviétique de 1917, aucun pays ne reconnut l'U.R.S.S. Les États-Unis fondèrent leur refus sur plusieurs facteurs : l'U.R.S.S n'acceptait pas d'assumer les obligations financières du gouvernement tsariste, de réparer les dommages causés à des citoyens américains durant la révolution et de mettre fin à ses activités subversives contre les gouvernements d'autres pays. En 1933, dans le désir d'accroître leur commerce avec l'U.R.S.S., les États-Unis mirent fin à leurs objections. Ignorant les critiques que portaient la plupart des Américains contre l'Union soviétique, Franklin D. Roosevelt (le négociateur) agit en faveur des besoins de considération de l'U.R.S.S. (l'adversaire) et le 16 novembre 1933 reconnut diplomatiquement l'Union Soviétique.

2. LE NÉGOCIATEUR LAISSE SON ADVERSAIRE AGIR PAR RAPPORT À SES PROPRES BESOINS DE CONSIDÉRATION

Inter-personnes. Un adversaire agit fréquemment en faveur de son besoin de considération durant les négociations préalables à un divorce. Par exemple, un mari modèle (le négociateur) peut autoriser l'épouse (l'adversaire) ayant quitté le domicile conjugal à intenter un procès en divorce. Il protège ainsi la réputation de sa femme et, en retour, elle est forcée d'agir en faveur de son besoin de considération sociale en lui offrant un meilleur règlement financier, en évitant les problèmes de garde d'enfants ou, en dernier ressort, en le laissant en paix.

Inter-entreprises. Un employeur (le négociateur) peut avantageusement encourager ses employés (les adversaires) à agir en faveur de leur besoin de considération. L'employeur octroie une récompense pour honorer l'individu ou le service ayant le moins d'absentéisme, la meilleure productivité ou toute autre forme de comportement qu'il souhaite valoriser. Les employés s'appliquent alors à gagner la considération que la récompense accorde. Sans doute le plus célèbre des employeurs à utiliser ce « gambit » de négociation est l'État soviétique. Les problèmes de production que rencontra Staline en 1935 le poussèrent à inciter tous les travailleurs soviétiques à produire plus. Un mineur, appelé Stakhanov, surprit même Staline en réalisant un quota de production plusieurs fois supérieur à celui des autres. En conséquence, Staline proclama l'année 1936 comme « l'année

Stakhanov ». Les ouvriers qui parvenaient à devenir stakhanovistes reçurent non seulement la considération de la nation mais aussi certains privilèges et des primes.

Inter-nations. Les États-Unis reconnurent l'Union Soviétique en 1933 un peu par obligation, mais il fallut un « gambit » de négociation bien différent à propos du Mexique en 1913. Jusqu'à cette date, les États-Unis avaient habituellement reconnu les gouvernements en place quelle que soit la façon dont ils y étaient parvenus. Cependant, en 1913, Victoriano Huerta organisa un coup d'Etat sanglant contre le gouvernement de Francisco Madero, premier gouvernement mexicain depuis de nombreuses années à avoir cherché à apporter une certaine prospérité aux masses et à favoriser l'exercice des libertés politiques au Mexique. Madero lui-même périt durant la période où Huerta était au pouvoir. Bien que de nombreux pays établissent immédiatement des relations diplomatiques avec le gouvernement de Huerta, le président américain Woodrow Wilson (le négociateur) refusa de reconnaître « le gouvernement par le meurtre ». Il alla même plus loin en insistant sur le fait que seule la démission de Huerta pouvait amener la considération américaine. La décision de Wilson coûta aux investisseurs américains au Mexique des dizaines de milliers de dollars par jour. Le Kaiser fit même cette remarque : « La moralité, c'est bien, certes ; mais les dividendes ? » En dépit des dividendes, Wilson persista dans sa politique, fournissant même des armes aux ennemis de Huerta et envoyant finalement ses propres troupes. Incapable de résister à la pression américaine, Huerta partit volontairement en exil.

3. LE NÉGOCIATEUR AGIT PAR RAPPORT AUX BESOINS DE CONSIDÉRATION DE SON ADVERSAIRE ET DES SIENS

Inter-personnes. Il est des cas où la seule chose qui puisse réussir une négociation est un « gambit » qui permettra aux deux parties d'agir en faveur de leur besoin de considération et de sauver la face. L'un des « gambits » les plus fréquemment utilisés dans ce genre de situation est que chaque partie s'entretienne séparément avec une tierce personne. En accordant des concessions à cette autre personne agissant comme modérateur plutôt que directement avec la partie adverse, chacun des adversaires agit en faveur des besoins de considération.

Inter-entreprises. Des entreprises concurrentes agissent parfois mutuellement en faveur de leur besoin de considération en créant des associations par secteur industriel. L'association agit en vue de l'amélioration de l'image de l'ensemble du secteur, souvent avec l'aide d'une société de relations publiques, engagée par l'ensemble des entreprises membres de l'association. « L'union fait la force » pourrait être la devise de ce type de « gambit » utilisé par des concurrents (négociateurs et adversaires) dans des secteurs allant du textile à l'acier.

Inter-nations. L'un des exemples les plus célèbres de nations agissant ensemble en faveur de leur besoin de considération est les jeux Olympiques. L'éventail des disciplines est tel qu'aucune nation n'est laissée pour compte. De petites nations peuvent espérer gagner de la considération au cours des compétitions qui les opposent à des nations plus grandes.

4. LE NÉGOCIATEUR AGIT À L'ENCONTRE DE SES BESOINS DE CONSIDÉRATION

Inter-personnes. Le fait d'agir à l'encontre de ses propres besoins de considération pourrait paraître comme une méthode de négociation inconcevable. Néanmoins, c'est exactement la technique utilisée par un avocat (le négociateur) à qui le juge fait une remontrance pour manquement à l'autorité du président. Dans une telle situation, l'avocat trouve commode de s'excuser, de demander la clémence de la cour ou fait preuve de naïveté pour expliquer son erreur. Pour réussir dans sa négociation avec le juge, il se dévalorise délibérément et agit à l'encontre de son besoin de considération.

Inter-entreprises. Les orateurs (les négociateurs) dans les associations d'alcooliques utilisent ce « gambit » pour persuader d'autres alcooliques (les adversaires) de ne plus boire. Les orateurs agissent à l'encontre de leur propre besoin de considération, confessent leurs méfaits passés et exposent les avantages qu'apporte le fait de ne plus s'adonner à l'alcoolisme.

Inter-nations. Après la Deuxième Guerre mondiale, l'Allemagne de l'Ouest (la négociatrice) adopta une attitude sévère de poursuite des criminels de guerre pour montrer au monde qu'elle reniait son passé nazi. En abandonnant son besoin de considération, elle espérait retrouver sa place au sein du monde libre (l'adversaire).

5. LE NÉGOCIATEUR AGIT À L'ENCONTRE DES BESOINS DE CONSIDÉRATION DE SON ADVERSAIRE

Inter-personnes. En agissant à l'encontre des besoins de considération d'une personne, vous pouvez la forcer à se guider dans le sens qui vous convient. Par exemple, un père (le négociateur) peut apprendre simultanément à son fils (l'adversaire) le fonctionnement de l'entreprise familiale et l'humilité, en le faisant commencer au bas de l'échelle. Il agit à l'encontre du besoin de considération de son fils afin que celui-ci puisse parvenir à une compréhension globale de l'entreprise.

Inter-entreprises. Lorsque les élèves d'une grande école (les négociateurs) font passer un bizutage, en les ridiculisant souvent, à de nouveaux élèves (les adversaires), ils agissent à l'encontre du besoin de considération des nouveaux élèves. L'armée agit de la même façon lorsqu'elle fait d'un civil un militaire en lui faisant subir un entraînement strict qui agit à l'encontre de son besoin de considération. Mais une fois ses classes terminées, en devenant soldat, il retrouve avantageusement sa considération en tant que soldat.

Inter-nations. Lorsque les États-Unis (en position de négociateur) rendent publics les échecs économiques de l'U.R.S.S., de la Chine Communiste ou de Cuba, ils agissent à l'encontre du besoin de considération de leurs adversaires. Au début du XIXe siècle une puissance ennemie agit de la même manière à l'encontre du besoin de considération des États-Unis. Lorsque James Madison devint président en 1809, David Erskine était ambassadeur de Grande-Bretagne à Washington. Erskine était marié à une Américaine et, par ailleurs, était très conciliant envers le besoin de considération des États-Unis. Madison et lui-même négocièrent un accord visant à ce que la Grande-Bretagne autorise les Américains à commercer avec la France en échange d'un certain nombre de concessions. Ces concessions ne satisfaisaient pas George Canning, ministre des Affaires étrangères britanniques. Non seulement il refusait d'entériner l'accord auquel était arrivé son ambassadeur mais il remplaça Erskine par un ultra-britannique, « Copenhague » Jackson. « Copenhague » avait reçu son surnom du fait de l'ultimatum qu'il avait présenté aux Danois en 1807 avant que les Britanniques ne s'emparent de la flotte danoise. Il était encore plus dédaigneux du besoin de considération des États-Unis que de celui du Danemark. Il qualifia Madison de « quelconque et plutôt minable » et la femme de Madison de « grosse, vieille et de surcroît laide ». Les Américains étaient « tous pareils » et « en beaucoup de points de pires vauriens que la pire populasse des autres pays ». En accord avec Canning, Jackson entama de difficiles négociations avec les États-Unis. Il les accusa même d'avoir agi de mauvaise foi durant les pourparlers avec Erskine. Mais le « gambit » britannique eut un effet de boomerang. Au lieu de se soumettre aux demandes de Jackson, Robert Smith, secrétaire d'Etat américain, refusa toute forme de discussion avec l'ambassadeur britannique.

6. LE NÉGOCIATEUR AGIT À L'ENCONTRE DES BESOINS DE CONSIDÉRATION DE SON ADVERSAIRE ET DES SIENS

Inter-personnes. Un garçon et une fille, à leur premier rendez-vous, peuvent se retrouver dans une situation de négociation, aussi peu romantique que ce terme puisse paraître. Parce que c'est son premier rendez-vous avec le garçon, il se peut que la fille agisse selon un code reconnu. Si le garçon veut aller plus loin qu'elle ne le souhaite, elle négocie le fait qu'il abandonne sa demande, prétextant qu'il s'agit de leur premier rendez-vous. Elle (la négociatrice) agit à l'encontre de son propre besoin de considération et de celui du garçon (l'adversaire). Espérons toutefois qu'elle a pris également la précaution de négocier avec le garçon un second rendez-vous.

Inter-entreprises. Les conflits syndicats-patronat sont souvent réglés par un abandon par les deux parties de leur besoin de considération. Si le patronat se soumet aux syndicats, il perd la face en ayant cédé. Si les syndicats en font autant, ils se retrouvent dans la même situation. Cela dit, pour arriver à un accord, il est souvent nécessaire que les deux adversaires arrivent à un compromis et que chacun cède aux exigences de l'autre. On dit : « Il n'y a pas de bon accord sans que les deux parties portent quelque blessure. »

Inter-nations. Avant que l'Inde n'accède à l'indépendance, elle adopta une politique de non-violence à l'égard des Britanniques. Les Indiens (les négociateurs) abandonnèrent leur besoin de considération, mais par là même ils forçaient également les Britanniques (les adversaires) à abandonner le leur. En suivant cette politique de non-violence, et en refusant toute coopération, les Indiens se trouvèrent bien souvent dans des situations dégradantes. Par ailleurs, les Britanniques, en voulant imposer la loi, durent prendre des mesures énergiques à l'encontre du mouvement de non-violence, ce qui agit évidemment à l'encontre de *leur* besoin de considération.

V. BESOINS D'AUTO-VALORISATION

1. LE NÉGOCIATEUR AGIT PAR RAPPORT AUX BESOINS D'AUTO-VALORISATION DE SON ADVERSAIRE

Inter-personnes. Ce « gambit » est typique de l'épouse (la négociatrice) disant à son mari (l'adversaire) : « D'accord, c'est toi qui commande. » Qu'elle le pense ou non, cela n'a guère d'importance. Il s'agit simplement d'une technique de négociation. Il se peut qu'elle soit totalement convaincue de ce qu'il faut faire, mais elle n'en dit rien. Elle joue sur le besoin d'auto-valorisation de son mari, son besoin profond de développer ses facultés viriles. Cependant, ayant accordé à son mari ce privilège, elle s'attendra à quelques concessions en retour. Certaines femmes ont une vie de couple harmonieuse grâce à la technique qui consiste à laisser leur mari prendre les grandes décisions : les États-Unis doivent-ils rester à l'écart des conflits internationaux ? Les voyages dans l'espace sont-ils indispensables à la sécurité nationale ? Elles se contenteront de prendre les petites décisions : comment le revenu familial sera-t-il utilisé ? Où se passeront les prochaines vacances ?

Inter-entreprises. Les grandes entreprises (les négociatrices) agissent souvent pour le besoin d'auto-valorisation des associations charitables ou culturelles (les adversaires), en proposant de donner exactement les mêmes sommes que celles obtenues d'autres mécènes. Cela encourage les associations à chercher des donateurs et à doubler ainsi leurs revenus.

Inter-nations. « L'invention » de Panama, telle qu'on l'a appelée, est un exemple extrême de l'utilisation de ce « gambit » au niveau international. En 1902, à l'époque où le président Theodore Roosevelt décidait que l'isthme de Panama était le meilleur endroit pour construire un canal, Panama faisait partie de la Colombie. Mais ce pays refusait d'accorder aux États-Unis la souveraineté sur ce territoire. Rageant contre « ces méprisables petites créatures de Bogota », Roosevelt encouragea tacitement une rébellion à Panama et en novembre 1903 envoya trois navires de guerre américains pour empêcher le débarquement des troupes colombiennes sur l'isthme « au cas où » la révolution éclaterait.

La farce se termina au bout d'une journée. Le 3 novembre, le ministre des Affaires étrangères câbla au consul américain à Panama : « On signale un soulèvement dans l'isthme. En informer explicitement et rapidement le ministère. » Le consul répliqua que malheureusement, il n'y avait pas encore de soulèvement mais qu'on en attendait un pour le lendemain. Il eut lieu comme prévu et la république de Panama (l'adversaire) était née. En agissant pour le besoin d'auto-valorisation des Panaméens (les adversaires), Roosevelt (le négociateur) obtint exactement ce qu'il souhaitait : les conditions les plus avantageuses pour la construction du canal de Panama.

2. LE NÉGOCIATEUR LAISSE L'ADVERSAIRE AGIR PAR RAPPORT À SES PROPRES BESOINS D'AUTO-VALORISATION

Inter-personnes. En laissant l'adversaire agir en faveur de son besoin d'auto-valorisation, vous lui permettrez d'obtenir des satisfactions (dans la mesure où il y parvient). Dans certaines situations, il vous sera possible de mieux négocier en offrant à votre adversaire une tâche difficile plutôt qu'une tâche simple. Quand Winston Churchill (le négociateur) dit : « Je n'ai rien à vous offrir que du sang, de la peine, des larmes et de la sueur », il offrait aux Britanniques (les adversaires) une tâche difficile dont la réalisation comblerait, entre autres besoins, celui d'auto-valorisation.

Si, dans cet exemple et dans d'autres présentés dans ce livre, le terme d'« adversaire » paraît excessif, pensez à l'amer commentaire que fit Churchill après la défaite de son parti aux élections de 1945 : « À l'issue de cette bataille, j'étais à la tête de l'Etat... Tous mes ennemis s'étaient rendus... Je fus alors immédiatement éconduit par l'électorat britannique et démis de toutes mes fonctions de conduite des affaires publiques. » Comme tout politicien le sait, les électeurs sont ses adversaires ; il doit constamment négocier avec eux s'il désire conserver le pouvoir.

Inter-entreprises. Les politiques industrielles dans lesquelles l'employé a la possibilité de mettre en œuvre ses compétences agissent en faveur des besoins de l'employé (l'adversaire) : se sentir capable d'accomplir une tâche de valeur et tenir une place importante dans l'entreprise (la négociatrice). En d'autres termes, on agit sur son besoin d'auto-valorisation. Le succès de nombreux plans de redéploiement urbain dépend de l'action entreprise pour motiver les habitants des quartiers défavorisés à s'unir pour lutter en faveur d'une amélioration de leur environnement ; il s'agit à nouveau ici d'un besoin d'auto-valorisation.

Inter-nations. Adolf Hitler (le négociateur) obligea la Grande-Bretagne et la France (les adversaires) à agir en faveur de leur besoin d'auto-valorisation lorsqu'il les força à signer les accords de Munich. Satisfaites d'elles-mêmes, les démocraties étaient prêtes à sacrifier leur alliée, la Tchécoslovaquie, en échange de la paix, une paix qui leur assurerait une liberté et une domination totales sur de vastes empires coloniaux. C'est progressivement que les démocraties s'aperçurent qu'elles échangeaient une illusion *d'auto-valorisation* contre un besoin plus fondamental, celui de la survie de la nation.

3. LE NÉGOCIATEUR AGIT PAR RAPPORT AUX BESOINS D'AUTO-VALORISATION DE SON ADVERSAIRE ET DES SIENS

Inter-personnes. Le système de jurés réussit grâce à l'utilisation constante de ce « gambit ». Par définition, il n'existe pas deux personnes qui pensent de la même manière ; cependant, la loi anglo-saxonne déclare que douze personnes peuvent arriver le plus souvent à un accord. Un juré consciencieux tentera de faire valoir son opinion afin de réaliser son besoin d'auto-valorisation. Cela-dit, il (le négociateur) ne peut pas forcer les autres jurés (les adversaires) à être d'accord avec lui. Il doit négocier avec eux, respecter leur opinion et arriver à un verdict que chaque juré peut considérer comme sien.

Inter-entreprises. Nous pouvons supposer que les intérêts de l'employeur et de ses employés sont divergents et opposés. Pourtant, durant la Deuxième Guerre mondiale, ces intérêts divergents concordèrent souvent. Unis dans un effort pour augmenter la production et contribuer à la défense du pays, employeurs et employés travaillèrent ensemble pour l'effort de guerre. Chaque partie (négociateur et adversaires) subordonnait ses propres intérêts à l'accomplissement d'une tâche supérieure : gagner la guerre. Les deux parties agissaient en faveur de leurs besoins communs. Au cours des négociations, employeurs et syndicats attiraient l'attention sur l'intérêt supérieur. Sous la pression de la guerre, le besoin d'auto-valorisation des deux parties passait du plan pécuniaire à celui du patriotisme. Même en temps de paix, la découverte d'objectifs communs dans le domaine économique permettrait aux employeurs et aux employés d'agir de concert. Certaines nations européennes, la Suède par exemple, développèrent des relations sociales harmonieuses fondées sur ce « gambit ».

Inter-nations. Il n'existe probablement pas de discours plus éloquent pour faire agir l'adversaire en faveur de son besoin d'auto-valorisation que celui d'Abraham Lincoln à la nation. La guerre de Sécession touchait à sa fin lorsque Lincoln s'adressa à la fois au Nord et au Sud (négociateur et adversaire) : « Sans aucune rancune pour quiconque, avec charité pour tous ; en appliquant la loi avec fermeté, telle que Dieu nous a donné de voir la loi, agissons pour mener à son terme l'oeuvre que nous avons entreprise ; pour panser les plaies de la nation ; pour se charger de celui qui aura porté les armes, de sa veuve et de son orphelin — pour faire tout ce qui pourra amener une paix longue et durable entre nous et avec toutes les nations. »

4. LE NÉGOCIATEUR AGIT À L'ENCONTRE DE SES BESOINS D'AUTO-VALORISATION

Inter-personnes. Le célèbre militant noir Booker T. Washington (le négociateur) utilisa ce « gambit » avec succès dans ce qui fut appelé le Compromis d'Atlanta. Il admettait que lui-même et son peuple accepteraient pour l'heure un statut social et politique inférieur en échange d'une amélioration de leur statut économique. « Dans tout ce qui est purement vie sociale, dit-il à son auditoire blanc (les adversaires), nous pourrons être séparés comme le sont chaque doigt de la main ; mais comme elle, pour le progrès commun, nous ne ferons plus qu'un. »

Booker T. Washington croyait sincèrement qu'à travers l'éducation, le peuple noir pourrait arriver à une réussite sociale et éventuellement, dans l'avenir, s'intégrer à la société américaine. Son « marché » avec les Blancs fut très efficace en ce qui concerne l'éducation des Noirs. Que cela ait valu le coût est un autre problème. Dès 1869, c'est-à-dire un an après le discours, la Cour suprême entérina la doctrine du « séparés mais égaux » dans les écoles. Peu de temps après, les Etats du Sud votèrent les lois Jim Crow (instaurant la ségrégation raciale dans tous les domaines) qui furent un véritable fléau pour le Sud pendant de nombreuses années.

Inter-entreprises. Un autre compromis opposa cette fois les républicains aux démocrates ; ces derniers agirent à l'encontre de leur besoin d'auto-valorisation.

Les élections présidentielles de 1876 étaient terminées. Samuel J. Tilden, le candidat démocrate, était indubitablement le vainqueur, ayant obtenu une majorité de 250 000 voix ; mais il y eut un désaccord sur les votes de trois Etats du Sud où les résultats des circonscriptions dominées par les républicains donnaient à Rutherford B. Hayes la victoire. La confusion était totale dans l'Oregon où la victoire était accordée à la fois aux démocrates et aux républicains.

La Constitution ne prévoyait pas le cas d'une situation aussi complexe. Finalement, une commission électorale fut mise en place ; avec l'approbation tacite des démocrates du Sud, elle comportait une majorité de membres favorables à Hayes. Les démocrates (les négociateurs) sacrifièrent leur besoin d'auto-valorisation — en abandonnant la présidence à laquelle ils pouvaient prétendre — mais en tirèrent des avantages notables de la part du Parti républicain (les adversaires). Les dernières troupes nordistes qui avaient occupé le Sud après la guerre de Sécession venaient juste de le quitter. Les Etats qui étaient encore à majorité républicaine passèrent immédiatement aux démocrates. Le Sud obtint également l'entrée d'un de ses membres dans le cabinet de Hayes et reçut de la part du gouvernement fédéral des subventions substantielles destinées à des investissements locaux. L'un dans l'autre, ce n'était pas une mauvaise affaire pour un adversaire qui venait de perdre la guerre, à peine onze ans plus tôt.

Inter-nations. À un moment de la crise cubaine de 1962, les États-Unis (les négociateurs) agirent à l'encontre de leur besoin d'auto-valorisation en abandonnant l'initiative. Les États-Unis utilisaient toutes les pressions possibles pour que les missiles soviétiques quittent Cuba. Finalement, le président Kennedy ordonna un blocus de l'île et les navires de guerre américains bloquèrent la route empruntée par tous les navires soviétiques. Les États-Unis dirent à l'Union soviétique (l'adversaire) que si ses navires continuaient leur route et se heurtaient à leur ligne de blocus, les marins américains monteraient à bord de ces navires pour vérifier s'ils transportaient du matériel militaire. En abandonnant l'initiative, Kennedy laissait aux Soviétiques le choix de déterminer quelle serait l'étape suivante des négociations. Heureusement pour la paix mondiale, plusieurs navires soviétiques firent demi-tour.

5. LE NÉGOCIATEUR AGIT À L'ENCONTRE DES BESOINS D'AUTO-VALORISATION DE SON ADVERSAIRE

Inter-personnes. Certaines sociétés (négociatrices) ont développé des techniques hautement sophistiquées pour se débarrasser d'un cadre sans vraiment le renvoyer. La négociation peut couvrir l'ensemble de ses besoins — depuis le besoin de sécurité (diminution de salaire) jusqu'au besoin esthétique (enlever le tapis de son bureau). Mais la tâche de la société est difficile car elle cherche à faire en sorte que l'individu en question abandonne son besoin homéostatique le plus fondamental — le salaire nécessaire à son entretien et à celui de sa famille (voir chapitre 7).

L'un des moyens les plus efficaces de pousser un responsable à démissionner est d'agir à l'encontre de son besoin d'auto-valorisation. Pour un homme habitué à prendre des décisions importantes et à être le centre de nombreuses activités, rien n'est pire que d'être privé de ses possibilités de décision et d'être simplement ignoré. Il parviendra habituellement à admettre que le fait de prendre le risque d'abandonner ses besoins les plus fondamentaux en démissionnant et en cherchant un nouveau travail est plus supportable que d'être privé de son besoin d'auto-valorisation.

Inter-entreprises. Parfois, les responsables de haut niveau (les négociateurs), craignant de perdre leur poste, essaient d'éliminer toutes les tâches d'auto-valorisation de leurs subordonnés (leurs adversaires). Ils mettent en place un système autoritaire en évitant toute intercommunication. Ils font en sorte que leurs subordonnés, dépourvus d'informations, soient conduits à dépendre entièrement de leurs supérieurs pour prendre une décision. Plus encore, leur jugement ne peut pas être mis en cause parce qu'ils sont les seuls à connaître les faits.

Inter-nations. Lorsqu'une nation tente de satisfaire un besoin d'auto-valorisation, une autre nation crie souvent à l'agression. La nation « victime » continuera à lutter contre le pays agresseur qui à son tour a intérêt à maintenir la situation telle qu'elle est. La guerre que se livrèrent le Pakistan et l'Inde au sujet du Cachemire fut un exemple typique d'un « agresseur », en l'occurrence le Pakistan, essayant d'obtenir ce qu'il considérait comme un territoire lui appartenant de droit. L'Inde, par ailleurs, était prête à tout (excepté, apparemment, à mener les négociations) pour conserver le Cachemire ; ainsi, l'Inde (le négociateur) agissait à l'encontre du besoin d'auto-valorisation du Pakistan (l'adversaire).

6. LE NÉGOCIATEUR AGIT À L'ENCONTRE DES BESOINS D'AUTO-VALORISA-TION DE SON ADVERSAIRE ET DES SIENS

Inter-personnes. Lorsque deux parties en conflit tombent d'accord pour faire appel à un médiateur, elles remettent en quelque sorte l'issue de la négociation entre les mains du hasard. En laissant un individu extérieur trouver une solution à leur conflit, elles abandonnent par là même leur besoin d'auto-valorisation. Celui qui se sent fort et capable d'aller jusqu'au bout de ses capacités ne fera en général pas appel à un arbitre.

Inter-entreprises. La Constitution américaine est un exemple particulièrement typique d'organisations, en l'occurrence les Etats, abandonnant leur besoin d'auto-valorisation. La Confédé-ration, telle qu'elle était instituée avant la création des États-Unis proprement dits, stipulait que chaque Etat était souverain. Ce qui signifiait, entre autres, que tout état pouvait pratiquer des prix élévés sur les biens importés des Etats voisins. Cette situation fut, entre autres raisons, à l'origine de la mise en place de la « convention constituante ». Fort heureusement les délégués allèrent bien au-delà de simples négociations sur l'élargissement du commerce et parvinrent à créer une union des Etats dans laquelle chacun d'entre eux (négociateur et adversaire) abandonnait une partie de son auto-valorisation au profit d'un objectif plus large, celui de la mise en place d'un gouvernement central puissant.

Inter-nations. L'accord naval de Washington de 1922 fut un exemple de nations agissant à l'encontre de leur besoin d'auto-valorisation mutuel. Cet accord, bien que témoignant de bonnes intentions, eut des conséquences catastrophiques pour les États-Unis. La Grande-Bretagne avait longtemps dépendu de sa flotte pour conserver l'unité de son empire. Les États-Unis avaient essayé de retrouver la sécurité que l'isolationnisme leur avait autrefois procuré — oubliant que vingt ans auparavant ils avaient acquis un empire dans le Pacifique et étaient engagés de manière vitale en Asie. Ces deux nations cherchaient donc à limiter les flottes des autres puissances. L'accord qui fut conclu établissait les ratios suivants entre flottes : Grande-Bretagne, 5 ; États-Unis, 5 ; Japon, 3 ; France, 1,67 ; Italie, 1,67. Ainsi le Japon, dont les ambitions impérialistes en Asie commençaient à être de plus en plus pressantes, se trouvait-il dans une position de relative supériorité en Extrême-Orient qu'il n'aurait jamais pu obtenir dans une « course aux armements ». En 1930 le ratio attribué au Japon fut augmenté, mais lorsqu'en 1935 les Japonais se virent refuser une parité avec la Grande-Bretagne et les États-Unis, ils se retirèrent de l'accord. En dépit de ce retrait et de l'invasion de la Mandchourie par le Japon, la Grande-Bretagne, la France et les États-Unis négocièrent une nouvelle limitation de leur marine !

VI. BESOINS DE SAVOIR ET DE COMPRENDRE

1. LE NÉGOCIATEUR AGIT PAR RAPPORT AUX BESOINS DE SAVOIR ET DE COMPRENDRE DE SON ADVERSAIRE

Inter-personnes. La persuasion par la logique et la raison est l'une des techniques les plus communément employées et les plus importantes en négociation. Son application la plus évidente est, bien sûr, l'exposé précis, clair, concis des faits. (Aux chapitres 4 et 5, nous avons discuté de la façon de déterminer les faits selon les situations.)

Inter-entreprises. Les organisations négocient fréquemment en faisant appel à la logique et aux faits. Par exemple, si une organisation indépendante politiquement soutient un parti politique, le candidat utilisera cet appui durant sa campagne. Un soutien non partisan accorde une crédibilité aux arguments du parti (le négociateur) et agit en faveur du besoin de savoir et de comprendre de l'électeur (l'adversaire). Les publicitaires utilisent également ce « gambit » lorsqu'ils citent une revue spécialisée ou se recommandent de l'Association dentaire. Ils cherchent en s'adressant à la raison du consommateur à le persuader d'acheter leur produit plutôt que celui de leur concurrent.

Inter-nations. L'un des exemples les plus célèbres d'action en faveur du besoin de savoir et de comprendre de l'adversaire fut celui qui mit un terme à la guerre de Troie. Les Grecs (les négociateurs) firent semblant d'abandonner le siège de la ville et laissèrent derrière eux un gigantesque cheval de bois. Ont « fit savoir » aux Troyens (les adversaires) qu'il s'agissait d'une offrande aux dieux ; or, le cheval était d'une taille telle qu'il ne pouvait passer par les portes de la ville de Troie. Les habitants désireux de témoigner leur gratitude à la déesse Athéna abattirent une partie des murs de leur ville pour faire pénétrer dans leur cité le cheval et les guerriers grecs qui y étaient cachés.

2. LE NÉGOCIATEUR LAISSE SON ADVERSAIRE AGIR PAR RAPPORT À SES PROPRES BESOINS DE SAVOIR ET DE COMPRENDRE

Inter-personnes. Lorsqu'une jeune fille (la négociatrice) dit à son petit ami (l'adversaire) : « Je sais quelque chose mais je ne te le dirai pas », elle le fait agir en faveur de son besoin de savoir et comprendre. L'histoire de cet opticien peu scrupuleux (le négociateur) et la façon dont il vendit une paire de lunettes est un exemple d'exploitation du besoin de comprendre du client. En effet, chaque fois que le client pensait avoir compris, on lui assénait une mauvaise nouvelle de plus. Quand le client demanda : « C'est combien ? » l'opticien lui répondit : « Dix dollars. » Comme le client n'eut pas vraiment de réaction, le vendeur ajouta : « Pour les montures », et poursuivit : « Les verres coûtent cinq dollars. » Le client conservant toujours son calme, l'opticien conclut par : « Pièce. » Dans la négociation, le pauvre client se débattait pour comprendre, à seule fin de satisfaire son besoin de savoir, et par la même se retrouva victime de ce « gambit ».

Inter-entreprises. L'utilisation de ce « gambit » me permit de me sortir d'une situation extrêmement fâcheuse et qui aurait pu être financièrement désastreuse. L'un de mes associés m'avait persuadé d'accepter la reprise en main d'un hôtel à Buffalo. Ne connaissant absolument rien à ce type d'affaire, je m'étais mis d'accord avec lui pour qu'il se charge personnellement de la gestion de l'établissement. Malheureusement, mon associé fut frappé par une crise cardiaque peu après la signature du contrat. Je me retrouvai donc dans l'obligation d'assumer la gestion complète de l'hôtel qui perdait 15 000 dollars par mois. D'ici à trois jours, j'allais devoir intervenir en tant qu'« expert » et expliquer à cinq cents employés comment faire leur travail. J'étudiai toute la documentation que j'avais sur le sujet, mais le résultat ne fut pas probant. Il fallait être fou pour se charger d'une affaire qui perdait 15 000 dollars par mois sans rien y connaître. Tout le monde (les adversaires) supposerait que j'étais un expert en gestion hôtelière ; je (le négociateur) décidai donc que mon « gambit » de négociation consisterait à « jouer

À mon arrivée à l'hôtel, je demandai au gérant de m'organiser de quart d'heure en quart d'heure un rendez-vous avec chacun des employés responsable des différents services de l'établissement (cuisine, entretien, etc.). Dès que l'un d'entre eux entrait dans le bureau, je lui disais d'un ton sévère qu'il ne m'était plus possible de travailler avec lui. Comme il était stupéfait, je poursuivais : « Comment puis-je travailler avec quelqu'un qui est incompétent ? Vous m'avez l'air de quelqu'un de bien, mais il m'est impossible de tolérer des agissements tels que ceux auxquels vous vous êtes livrés. » À ce point de la discussion, ils commençaient à justifier leurs actions passées.

J'ajoutais alors : « Si seulement vous pouviez me convaincre que vous savez comment les choses doivent être faites et si vous pouviez me prouver que vous savez de quelle façon vous vous trompez, alors peut-être pourrions-nous travailler ensemble. »

Toutes les personnes avec lesquelles je m'entretins au cours des journées qui suivirent mon arrivée me fournirent une foule de suggestions, d'approches nouvelles et de méthodes originales pour améliorer la gestion de l'hôtel. Sans évaluer une seule de ces suggestions, je les mis toutes en application. Au bout d'un mois, le déficit n'était plus que de 1 000 dollars et au bout de deux le bénéfice était de 3 000 dollars. Lorsque mon associé quitta l'hôpital, je remis entres ses mains un hôtel qui dégageait donc de substantiels bénéfices. En d'autres termes, j'avais laissé les gens agir selon leur besoin de savoir et de comprendre. Ils croyaient que j'étais un expert ; quant à moi, je ne fis rien qui puisse les convaincre du contraire. Ils ne découvrirent jamais mon ignorance totale de la gestion d'un hôtel.

Inter-nations. En 1797, le secrétaire d'Etat, Timothy Pickering annonça que 316 bateaux navigant sous pavillon américain avaient été capturés par les Français au cours de l'année précédente. Pour éviter un conflit, le président John Adams envoya trois négociateurs pour tenter de trouver un accord avec la France. Les envoyés américains, une fois arrivés à Paris, découvrirent qu'aucun des cinq membres du Directoire ne voulait les recevoir. Les trois Américains finirent par s'entretenir avec trois mystérieux Français, de toute évidence des agents de Talleyrand, ministre des Affaires étrangères et sans doute l'un des hommes les plus puissants du monde. Les agents signalèrent qu'avant que les négociations franco-américaines puissent commencer, le Directoire devait recevoir des excuses du président Adams, une somme de 1 200 000 livres et un « prêt » de 32 millions de florins. Ces termes semblaient non seulement excessifs mais insultants pour les Américains et ils quittèrent instantanément la France. Lorsque le président Adams fit part de la tactique employée par les trois mystérieux agents qu'il appela X, Y et Z., de nombreux Américains demandèrent que les États-Unis déclarent la guerre à la France. En poussant leur adversaire à agir en faveur de leur besoin de savoir, en excitant leur curiosité, la France (la négociatrice) avait par inadvertance agi à l'encontre du besoin de considération des États-Unis (l'adversaire) — manoeuvre qui fut désastreuse dans le cas de l'affaire XYZ.

3. LE NÉGOCIATEUR AGIT PAR RAPPORT AUX BESOINS DE SAVOIR ET DE COMPRENDRE DE SON ADVERSAIRE ET DES SIENS

Inter-personnes. Longfellow immortalisa une célèbre négociation fondée sur le besoin — commun au négociateur et à son adversaire — de savoir et de comprendre. Lorsque Miles Standish demanda à John Alden de présenter sa demande en mariage à Priscilla Mullens, Standish avait besoin de savoir à quel point Priscilla était intéressée. Priscilla (négociatrice) était de son côté préoccupée par sa propre négociation. « Quelle est votre propre opinion, John, » dit-elle pour satisfaire son propre besoin de savoir et pour satisfaire celui de John. Le « gambit » de Priscilla définissait le domaine de la discussion — précision toujours intéressante lors de l'ouverture d'une négociation.

Inter-entreprises. Dans les négociations, les entreprises ont souvent tendance à mettre en avant les points de désaccord. Plus tôt seront réglés ces points, moins la mise au point de l'accord en sera retardée par la suite. L'une des « huiles » du service de conciliation de Washington utilisait une méthode qui, à son avis, permettait d'arriver rapidement à un accord. Après une audience au cours de laquelle il devait jouer le rôle de médiateur, il reformulait l'affaire aux deux parties, mais mélangeait délibérément les termes et les positions des deux adversaires. Sur ce, les deux parties étaient tellement inquiètes des conclusions auxquelles le médiateur pourrait aboutir qu'elles cherchaient à trouver un terrain d'entente pour éviter le pire. Dans cet exemple, chaque partie (négociateur ou adversaire) agissait selon son besoin de savoir et de comprendre l'autre et soi-même. J'ai néanmoins le sentiment que ce monsieur entraînait, du fait de son attitude, une perte de confiance dans la fonction du médiateur.

L'exemple qui suit propose une méthode plus positive pour agir dans le sens du besoin mutuel de savoir et de comprendre.

Les syndicats professionnels sont confrontés à de nombreux problèmes, aux lois anti-trusts et à la réglementation des prix. Dans tous les cas un syndicat professionnel ne peut pas fixer un prix en toute liberté. Il existe cependant un certain nombre de domaines dans lesquels les syndicats professionnels peuvent agir légalement, par exemple lorsqu'ils mettent en oeuvre pour leur membres des programmes de formation concernant l'évaluation uniforme des coûts. On leur montre comment calculer les coûts réels dans leur secteur. On leur montre ensuite comment appliquer ce calcul dans leur propre entreprise en utilisant des méthodes uniformes de calcul. Après avoir été formé à ce type d'évaluation, il est peu probable que les membres vendront leurs produits en-dessous des prix suggérés par les comptables des syndicats professionnels. Il s'agit là d'une forme de négociation au cours de laquelle chaque membre agit en faveur de son propre besoin de savoir et de comprendre ainsi que de celui de son concurrent (son adversaire).

Inter-nations. La loi Fulbright de 1946 (instaurant les bourses d'études) est l'un des « gambits » les plus réussis que les Etats-Unis (négociateurs) aient utilisés pour agir à la fois en faveur de leur propres besoins de savoir et de comprendre et de ceux de leur adversaire. En finançant les échanges d'étudiants avec l'étranger, les États-Unis permirent d'élargir le champ des connaissances au-delà des programmes existants. De plus, des étudiants étrangers apprirent à connaître et à comprendre les Américains, tandis que de leur côté des Américains purent se frotter aux étudiants venus d'autres pays. Plus de vingt-cinq nations participèrent à ce programme, y compris des pays tels que le Japon, l'Italie et l'Allemagne qui avaient été les ennemis des États-Unis durant la Seconde Guerre mondiale. Malheureuse-ment ni l'Allemagne de l'Est ni les autres pays membres du groupe soviétique n'entrèrent dans ce processus. Dans ce cas, des besoins plus fondamentaux encore firent obstacle à l'ouverture de négociations constructives entre les nations.

4. LE NÉGOCIATEUR AGIT À L'ENCONTRE DE SES BESOINS DE SAVOIR ET DE COMPRENDRE

Inter-personnes. Nous avons tous besoin de savoir et de compren-dre, mais parfois, à seule fin de mener une négociation au succès, il est essentiel d'agir à l'encontre de ce besoin. Par exemple, lorsque le mari (l'adversaire) est infidèle à sa femme, les manifestations de sa désaffection sont évidentes. Plutôt que de poser des questions entraînant une négociation déplaisante, l'épouse (la négociatrice) peut préférer ne rien dire, et prétendre ne pas interpréter ce qu'elle voit. Elle abandonne son besoin de savoir, tente de sauver son couple de manière plus subtile en choisissant une solution permettant aux deux protagonistes de sauver la face.

Inter-entreprises. Parfois, lors d'une négociation, nous pouvons décider de mettre en jeu le résultat de la négociation sur une simple croyance ou en se fondant sur la chance. Un groupe religieux peut avoir recours à ce type de « gambit » de négociation. L'un des exemples les plus évidents de cet abandon du désir de savoir, au sens scientifique, est l'attitude des Témoins de Jéhovah (les négociateurs) lorsqu'ils refusent une transfusion sanguine, même si les médecins (les adversaires) affirment qu'il s'agit là d'une question de vie ou de mort.

Inter-nations. Le fait d'agir à l'encontre de son besoin de savoir et de comprendre n'est pas toujours défavorable. Ainsi, durant la crise cubaine qui opposa les États-Unis à l'Union Soviétique en 1962, la négociation suivante s'établit entre Kennedy et Khrouchtchev. Pour une raison inexpliquée, Kennedy avait reçu de Khrouchtchev deux messages contradictoires. L'un d'entre eux contenait des termes acceptables ; l'autre pas. Que faire ? Dans un article paru le 4 août 1964 dans *World Telegram and Sun*, Roger Hilsman écrivit : « C'est Robert Kennedy qui conçut une manoeuvre diplomatique remarquable. Son idée consistait à ne prendre en compte que le message acceptable et ignorer totalement l'autre. » Kennedy fit donc part de son accord à l'offre de Khrouchtchev puis reprit les termes de celui des deux messages qui lui semblait acceptable. Khrouchtchev savait fort bien qu'il avait envoyé deux messages contradictoires, mais le gambit du président des États-Unis permettait au soviétique d'abandonner son besoin de savoir et de comprendre, et d'accepter l'interprétation que Kennedy faisait des deux messages.

5. LE NÉGOCIATEUR AGIT À L'ENCONTRE DES BESOINS DE SAVOIR ET DE COMPRENDRE DE SON ADVERSAIRE

Inter-personnes. Les gens (négociateurs) agissent souvent à l'encontre du besoin de savoir de leur adversaire en omettant des faits importants à seule fin de donner une impression trompeuse. Les mères utilisent souvent ce « gambit » de négociation avec leurs enfants. Combien de fois un « Bois ton lait, mon chéri » a-t-il caché le fait que l'enfant allait boire son lait *plus* son médicament ?

Il est également possible d'essayer d'obtenir un avantage au cours d'une négociation en créant une incompréhension et en exploitant le besoin de savoir de votre adversaire. L'exemple suivant illustre ce « gambit »

Un certain Monsieur J. Robert LeShufy (l'adversaire) me demanda de le représenter pour l'achat d'un terrain sur Staten Island quelque temps avant la construction du pont Verrazano reliant cette île à Brooklyn. Le vendeur (négociateur) avec qui je devais traiter l'affaire était un des plus gros propriétaires fonciers. J'appris qu'il avait la réputation d'être dur en affaires et qu'il ne lâchait jamais une affaire sans être certain d'en avoir tiré le meilleur prix. J'appris également qu'il utilisait une technique que j'appellerai négociation par « plateau ». Un agent du vendeur vous rencontrait, discutait du prix et se mettait d'accord avec vous sur ce que vous croyiez être les conditions finales de vente. Mais une fois en présence du vendeur lui-même, vous découvriez que les conditions en question étaient celles auxquelles vous étiez prêt à *acheter*, et non pas celles auxquelles il était prêt à *vendre*. Il avait agi selon votre besoin de savoir et de comprendre et vous avait subtilement induit en erreur. Le vendeur discutait un point qui n'avait pas encore été soulevé auparavant et en profitait pour obtenir une augmentation du prix ou tout autre forme d'avantages. Il tentait ainsi de vous amener à un nouveau plateau, pour vous mettre face à une alternative : accepter les nouvelles conditions ou renoncer à l'achat. Il avait utilisé cette technique si souvent qu'il savait déterminer avec précision le point de rupture à partir duquel l'acheteur préférerait se retirer plutôt que de céder à une nouvelle exigence. Avec cette méthode du « plateau », il n'est pas rare que le vendeur prenne son stylo, prêt à signer le compromis, uniquement pour le reposer quelques instants plus tard et négocier une dernière clause. Tout l'art consiste à déterminer l'instant précis où la patience de l'adversaire est à bout.

LeShufy savait déceler cette technique dès les premières discussions. Il avait mis au point une parade que j'appellerai de « transposition ». Après la première tentative pour le pousser à un nouveau plateau, LeShufy souriait et commençait à raconter une histoire. Elle concernait un personnage imaginaire qu'il appelait M. Dorf. LeShufy expliquait qu'il ne pourrait jamais acheter du terrain à M. Dorf, car à chaque fois qu'il croyait être arrivé à un accord, M. Dorf était toujours de plus en plus exigeant. Dorf n'était jamais satisfait tant que les conditions n'avaient pas atteint des limites irréalistes. « La transposition » se révéla être une parade efficace. Chaque fois que le vendeur essayait d'arriver à un « plateau », LeShufy le regardait droit dans les yeux avec un sourire et disait : « Allons, allons, vous agissez exactement comme M. Dorf. » À chaque fois, le vendeur était arrêté net dans son élan et mettait un terme à sa manoeuvre de « plateau ». Cette technique de la « transposition » était efficace car elle était fondée sur le besoin de considération qui est un besoin plus fondamental que celui de savoir et de comprendre. Ceci est en accord avec le principe selon lequel *le gambit est d'autant plus efficace qu'il s'adresse à un besoin plus fondamental.*

Inter-entreprises. Vous (négociateur) pouvez occasionnellement agir à l'encontre du besoin de savoir et de comprendre de votre adversaire en délivrant un surplus d'informations. Vous faites cela pour l'embrouiller et lui rendre les détails de la négociation plus difficiles à comprendre. En présentant une multitude d'informations, vous parvenez à cacher bon nombre de faits déterminants. Les gouvervements utilisent souvent ce « gambit » de négociation pour présenter et faire accepter leurs budgets. Cette technique est également fort utile lorsqu'il s'agit d'empêcher des actionnaires de comprendre trop bien le rapport annuel qui leur est présenté.

Inter-nations. Ce « gambit » est utilisé par les services d'espionnage et de contre-espionnage. Cela comprend toutes les techniques depuis la propagande jusqu'à la diversion — telle que celle qu'utilisèrent les Alliés (les négociateurs) pour faire croire à l'Allemagne (l'adversaire) que le débarquement en Europe aurait lieu à Calais plutôt qu'en Normandie. Chaque fois qu'une information fausse est donnée intentionnellement — et exploitée — elle agit à l'encontre des besoins de savoir et de comprendre de l'adversaire.

6. LE NÉGOCIATEUR AGIT À L'ENCONTRE DES BESOINS DE SAVOIR ET DE COMPRENDRE DE SON ADVERSAIRE ET DES SIENS

Inter-personnes. Si vous (négociateur) et votre adversaire tombez d'accord pour mettre l'issue de la négociation entre les mains du hasard en tirant à pile ou face ou en jouant aux dés, alors vous agissez tous deux à l'encontre de votre besoin de savoir et de comprendre. Vous avez donc admis que la décision se prendrait en fonction d'un événement extérieur.

Inter-entreprises. La rivalité peut aisément conduire au silence, au secret et à la suspision. Les rivalités qui naquirent aux États-Unis entre l'armée de terre, la marine et l'armée de l'air après la Deuxième Guerre mondiale aboutirent à ce résultat. L'idée selon laquelle il fallait un programme de défense centralisé menaçait nombre de militaires dont la loyauté envers leur arme surpassait toute autre considération. En de trop nombreuses occasions, le besoin de valoriser sa propre arme surpassa non seulement le besoin de comprendre mais aussi les besoins de la sécurité nationale. Cela dit, quoi que l'on pense des résultats, les trois armes (négociatrices) utilisèrent ce « gambit » auprès du Congrès (l'adversaire) pour obtenir la prédominance au sein du Département de la Défense. Chacune d'elles demandait au Congrès de privilégier ses propres exigences — et ce en dépit de son importance relative et des faits présentés.

Inter-nations. Le différend qui opposa les États-Unis et la Grande-Bretagne au XIXᵉ siècle au sujet de la frontière de San Juan est un exemple typique de négociation au cours de laquelle les deux parties agissent à l'encontre de leur besoin de savoir. Le traité de L'Oregon de 1846 stipulait que la frontière entre les territoires américain et anglais sur la côte pacifique se situait au niveau « du bras de mer séparant les îles Vancouver du continent. » En réalité, la côte était bordée de nombreux bras de mer séparant les îles San Juan les unes des autres et de la terre ferme. De toute évidence, les Britanniques se référaient au détroit de Rosario, ce qui attribuait la plus grande partie des îles à la Grande-Bretagne. Quant aux États-Unis, ils prenaient comme référence le détroit de Haro, ce qui leur octroyait l'ensemble des îles.

Chacune des nations tenta de s'affirmer par la force. En 1853, la Compagnie de la Baie d'Hudson établit un élevage de moutons sur les îles. Les États-Unis exigèrent le paiement d'une redevance. Lorsque la Compagnie refusa de s'en acquitter, les moutons furent saisis. Les relations s'aggravèrent quand un porc appartenant à Charles Griffin, représentant de la Compagnie, passa sous une palissade pour manger des pommes de terre dans le

champ d'un colon américain, Lyman Cutler. Furieux, Cutler
abattit le porc à la deuxième incartade. Griffin menaça de faire
arrêter Cutler et de le traduire en justice. En réponse à une
demande de protection, les États-Unis envoyèrent le capitaine
George Pickett et soixante soldats pour protéger les colons
américains. Le gouverneur de Vancouver rétorqua en envoyant
trois bâtiments de guerre. Fort heureusement, aucun des deux
adversaires ne tira un seul coup de feu et des patrouilles furent
créées pour faire régner l'ordre dans la région.

Durant la guerre de Sécession, la « guerre du porc » fut mise
en veilleuse ; cependant, aucun des deux pays ne put parvenir à
un accord. Finalement, en 1871, ils abandonnèrent leur besoin
de savoir et de comprendre et se tournèrent vers un médiateur,
Guillaume Ier d'Allemagne. Il appliqua une méthode faisant
appel à la raison et à la logique pour résoudre ce problème
épineux. Il fit mesurer les détroits et décida que le plus profond
marquerait la frontière. Le détroit de Haro étant le plus profond,
les îles San Juan appartinrent aux États-Unis.

VII. BESOINS ESTHÉTIQUES

1. LE NÉGOCIATEUR AGIT PAR RAPPORT AUX BESOINS ESTHÉTIQUES DE
SON ADVERSAIRE

Inter-personnes. Commencer une négociation par une demande
excessive puis offrir soudainement de couper en deux la différence
est une méthode par trop répandue. Lorsque vous (négociateur)
faites cela, vous agissez en faveur du besoin d'équilibre et de
symétrie de votre adversaire. Cela dit, il peut s'agir d'une tactique
dangereuse, car si l'exigence première est trop irréaliste, elle
découragera toute discussion et peut même aboutir à une impasse.
J'ai souvent vu des agents d'assurance refuser de discuter le
règlement d'un sinistre lorsque l'avocat de la partie adverse avait
des exigences déraisonnables.

Dans le cadre de ce type de « gambit » une position peut
devenir plus acceptable si elle est liée à un fait, à un précédent
ou à un principe totalement indépendant du contexte de la
négociation.

Inter-entreprises. Dans le monde de la mode, le créateur
(négociateur) agit en faveur des besoins de l'acheteur potentiel

(l'adversaire) ; il joue sur le besoin esthétique du client. Le créateur fixe la mode, crée un style et c'est simplement sur un regard que l'acheteur se laisse convaincre. Il prend le train en marche à seule fin d'être certain d'acheter un produit qui soit « à la mode ».

Inter-nations. Lors des négociations entre pays ayant des systèmes de valeur différents, il est souvent avantageux de se mettre d'accord sur l'ordre du jour et le déroulement de la négociation. Le négociateur agissant en faveur des besoins esthétiques liés au protocole et l'ordre de la nation adverse, il se peut que la négociation s'engage dans une voie constructive. Lors de nombreuses négociations avec les nations occidentales, l'Union Soviétique a utilisé ce « gambit » de manière systématique, à tel point que la mise en place de l'ordre du jour et du déroulement des pourparlers exigeait plus de temps et d'efforts que la négociation elle-même.

2. LE NÉGOCIATEUR LAISSE L'ADVERSAIRE AGIR PAR RAPPORT À SES PROPRES BESOINS ESTHÉTIQUES

Inter-personnes. Lorsqu'un vendeur (le négociateur) se retrouve face à un client (l'adversaire), il utilise souvent ce « gambit ». Les grandes entreprises de distribution ont formé leurs vendeurs à pousser le client à agir en faveur de ses besoins esthétiques. Le but est de mener le client à un point d'équilibre, là où sa résistance est moindre. Souvent un client achètera alors qu'il voit quelqu'un d'autre en faire autant. Il est plus enclin à commander un « grand » jus d'orange si on lui demande : « Vous en voulez un grand ? » plutôt que si on lui dit : « Vous en voulez un grand ou un petit ? »

Inter-entreprises. Lorsqu'une entreprise s'attache à développer un environnement ordonné, elle offre à l'adversaire une occasion d'agir en faveur de ses besoins esthétiques. C'est également vrai quand un négociateur présente à son adversaire un travail presque terminé et lui donne l'occasion de le conclure.

Inter-nations. Antonio Lopez de Santa Anna, général et dictateur mexicain, utilisa ce « gambit » très efficacement durant la guerre qui l'opposa aux États-Unis. Le président James K. Polk avait l'intention de s'approprier la Californie et toutes les terres mexicaines entre le Texas et l'océan Pacifique. Il espérait pouvoir acheter ces terres, mais ne pouvant y parvenir il décida de recourir à la guerre. En l'espace d'une année, les troupes américaines avaient occupé la zone que Polk avait décidé de s'approprier. Cependant, il ne parvenait pas à décider le gouvernement mexicain d'accepter la situation en signant un traité de paix.

Santa Anna (le négociateur), chassé du pouvoir en 1844, joua sur le besoin esthétique de reconnaissance de Polk (l'adversaire) pour se retrouver à la tête de son pays. Il offrit à Polk de signer un traité de paix si les États-Unis l'aidaient à le faire passer au Mexique. En août 1846, les Américains autorisèrent Santa Anna à débarquer à Vera Cruz en dépit du blocus qu'ils exerçaient sur le Mexique. Il regroupa ses partisans et reprit rapidement la tête du gouvernement. Cependant, il annonça qu'il n'accepterait jamais de signer un traité de paix et ferait l'impossible pour reprendre les territoires perdus par le Mexique. Après une année de rudes combats, les Américains finirent par obliger Santa Anna à quitter son poste de dictateur et forcèrent le nouveau gouvernement mexicain à signer un traité de paix.

3. LE NÉGOCIATEUR AGIT PAR RAPPORT AUX BESOINS ESTHÉTIQUES DE SON ADVERSAIRE ET DES SIENS

Inter-personnes. Un négociateur fait appel au besoin d'ordre ou au besoin esthétique en relisant plusieurs fois les points sur lesquels la négociation a abouti, oubliant provisoirement ceux sur lesquels un accord n'est pas intervenu. Cette façon de mettre de l'ordre dans le chaos nourrit le sens esthétique de l'adversaire et permet souvent d'arriver à une solution.

Inter-entreprises. Parfois, au cours des négociations, des questions de préséance concernant l'attribution de la présidence ou l'ordre du jour peuvent tenir une importance considérable et créer des désaccords incessants. Le problème fut souvent résolu en utilisant la formule de la rotation de la présidence ainsi que de celle de l'ordre du jour. Une telle approche agit en faveur des besoins esthétiques de toutes les parties. Chaque jour, l'une des parties se trouve à la présidence et décide de l'ordre du jour. Cette idée de rotation peut également être appliquée aux rapports qui sont faits sur l'avancement des négociations, chaque partie étant à tour de rôle le rapporteur officiel.

Inter-nations. Le programme d'échange culturel mené par l'Union Soviétique (l'adversaire) et les États-Unis (le négociateur) est un exemple de ce « gambit » au niveau international. L'importance que chaque nation accorde à ce programme est mis en évidence par l'attachement que chaque nation accorde au fait d'échanger strictement le même nombre d'artistes.

1. LE NÉGOCIATEUR AGIT À L'ENCONTRE DE SES BESOINS ESTHÉTIQUES

Inter-personnes. Souvent, vous (le négociateur) êtes forcé d'agir à l'encontre de vos besoins esthétiques. Les gens créant une œuvre artistique, écrivant un livre ou décorant leur maison sont souvent impatients d'aboutir et par là même sacrifient leur besoin esthétique pour terminer rapidement. Vous pouvez également l'utiliser au cours d'une négociation. Ainsi, lorsqu'après une longue discussion vous (négociateur) dites à l'autre partie (l'adversaire) : « Il s'agit maintenant d'arriver à une solution », vous imposez une conclusion rapide à la négociation.

De nombreuses coutumes religieuses et traditions, lorsqu'elles sont considérées d'un point de vue historique, peuvent être prises comme un « gambit » de négociation. À la fin du Moyen Âge, dans certaines communautés juives d'Europe de l'Est, une femme mariée devait se raser les cheveux. La femme juive (négociatrice) abandonnait son besoin esthétique pour se protéger du viol à une époque d'antisémitisme vivace. L'amour propre féminin, cependant, conduisit à l'utilisation du *sheitel*, ou perruque, souvent faite à partir des cheveux qui avaient été rasés. Ces perruques n'étaient portées que dans les moments où aucun danger ne menaçait le ghetto.

Inter-entreprises. La ville de New York appliqua un jour au Seagram Building de Park Avenue une nouvelle méthode de répartition de l'assiette de l'impôt sur les propriétés bâties. La ville refusait de donner aux propriétaires une quelconque allocation pour la magnifique construction du parc, de la piscine et des arcades situés au rez-de-chaussée. La taxe foncière fut majorée d'environ 200 pour cent. Dans ses colonnes, le *New York Times* alla même jusqu'à appeler cette nouvelle approche un « impôt sur la beauté ». Dans cet exemple, la ville de New York (la négociatrice) agissait à l'encontre de ses besoins esthétiques pour se procurer une augmentation de revenus. Cette négociation peut être considérée comme une bévue dans la mesure où les promoteurs (les adversaires) seront plus enclins que jamais à construire des bâtiments plus sommaires donc imposables moins lourdement.

Inter-nations. Lorsque les Etats-Unis (les négociateurs) envoient à l'étranger des oeuvres créées par leurs artistes d'avant-garde, risquant ainsi de s'exposer à la critique, ils font là, d'une certaine manière, fi de leur besoin esthétique. Cela prouve cependant au monde (l'adversaire) le degré de liberté existant en Amérique. Ce « gambit » de négociation véhicule un message beaucoup plus vaste.

5. LE NÉGOCIATEUR AGIT À L'ENCONTRE DES BESOINS ESTHÉTIQUES DE SON ADVERSAIRE

Inter-personnes. Vous (le négociateur) pouvez agir à l'encontre des besoins esthétiques de votre adversaire en prônant le respect des traditions. Lorsque vous êtes confronté à quelqu'un ayant des conceptions d'avant-garde, vous pouvez le contrecarrer simplement en prétextant que ses conceptions ne sont pas conformes à la tradition. Cette même tactique peut être utilisée pour dévaloriser de nouvelles idées, un nouveau style ou de nouveaux concepts. Nombre de gens tenteront d'affirmer leur position, non pas par le raisonnement, mais simplement en se fondant sur une certaine conformité au goût du jour — certaines mères insistent pour que leur fils ait une coupe de cheveux à la mode.

Inter-entreprises. Lorsqu'un bel immeuble ou un monument historique est démoli pour faire place à un immeuble de bureau ou d'habitation moderne, nous pouvons dire que le constructeur (le négociateur) agit à l'encontre du besoin esthétique du public (l'adversaire). Le beau et l'ancien sont économiquement malsains car les nouvelles structures sont « plus rentables ». Cet argument est avancé de manière systématique dans le cadre des programmes de reconstruction de buildings dans l'île de Manhattan.

Inter-nations. Le Japon (le négociateur) utilisa ce « gambit » au XIXe siècle lorsque les Etats-Unis (l'adversaire) tentèrent d'ouvrir le pays au commerce occidental. Les Japonais cherchèrent à éviter tout commerce avec les pays occidentaux qu'ils qualifiaient de « barbares ». Leur motif était essentiellement de cacher la faiblesse de leur nation. Seule une action brutale de la diplomatie mit fin à ce « gambit » très efficace.

6. LE NÉGOCIATEUR AGIT À L'ENCONTRE DES BESOINS ESTHÉTIQUES DE SON ADVERSAIRE ET DES SIENS

Inter-personnes. Vous (le négociateur) pouvez agir à l'encontre de vos besoins esthétiques et de ceux de votre adversaire en utilisant le « gambit » de l'humour en négociation. Rire et plaisanter peuvent être très utiles quand la situation devient tendue. L'humour a été défini comme une attitude cavalière, ridicule et témoignant d'un certain déséquilibre, et en tant que tel, peut être considéré comme agissant à l'encontre de notre besoin d'ordre et d'équilibre.

Inter-entreprises. Les énormes panneaux publicitaires qui bordent si souvent nos routes fournissent un exemple dans lequel toutes les parties agissent à l'encontre de leurs besoins esthétiques. Les Etats autorisent l'implantation de ces panneaux parce qu'ils leur rapportent de l'argent, et les sociétés de publicité (les négociatrices) les installent pour réaliser des profits. Reconnaissant que cette atteinte à la beauté du paysage est liée à des raisons économiques, le gouvernement fédéral a offert des primes aux Etats qui interdisent l'implantation de panneaux publicitaires sur les bords des routes à grande circulation.

Inter-nations. L'introduction de la « bonne franquette » à la Maison Blanche par Thomas Jefferson eut des répercussions internationales et est un exemple frappant de ce « gambit ». Bien que Jefferson (le négociateur) fût un aristocrate et un hôte délicieux, il avait décidé en devenant président que son mode de vie devait refléter la simplicité républicaine. En conséquence, lorsqu'il reçut l'ambassadeur britannique (l'adversaire) et sa femme, il portait un costume défraîchi et des chaussons. Le couple anglais, somptueusement vêtu, fut bien évidemment choqué, mais il y eut pis encore. Jefferson annonça qu'au cours des dîners de la Maison Blanche La bonne franquette et les relations informelles constitueraient désormais la base de l'étiquette de son pays.

Lors du premier dîner auxquels ils assistèrent, l'ambassadeur britannique et sa femme tremblèrent presque de peur lorsqu'on les invita à passer à table. Dans la salle à manger, ils furent presque obligés de se battre pour trouver une place. Leur seule consolation fut que Jefferson avait un excellent chef cuisinier français. L'ambassadeur, après consultation d'autres diplomates étrangers, décréta que l'attitude de Jefferson était une insulte envers tous les pays. Mais en dépit des protestations, la « bonne franquette » demeura de rigueur à la Maison Blanche au cours du mandat qu'exerça Jefferson.

Bien qu'il sacrifiât à tous les principes esthétiques de la bonne société, Jefferson souhaitait abandonner ses besoins esthétiques et ceux des ambassadeurs pour s'imposer auprès des électeurs américains. Il ne fut pas le premier ni le dernier politicien américain à chercher la faveur de l'électorat en tordant la queue du lion britannique.

APPLICATIONS

1. Les cas concrets peuvent être utilisés de la manière suivante :
a. Pour stimuler votre recherche d'actions alternatives.
b. Pour juger de la direction à suivre, pour juger votre « gambit » de négociation en fonction de sa force. Cette force variera selon la difficulté d'utilisation dans l'un des sept degrés d'application. Le degré numéro 1 est le moins difficile à employer, le degré numéro 6 sera le plus délicat à manier.

2. Pensez aux exemples vécus personnellement et retrouvez les cas correspondants puis vérifiez dans le chapitre « Illustrations de la vie courante » si leur application peut rentrer dans le cadre de vos propres situations de négociation.

3. Utilisez les cas concrets pour évaluer la force des « gambits » de vos adversaires au cours de la prochaine négociation.

TABLE

Achevé d'imprimer le 19 août 1991
dans les ateliers de Normandie Roto S.A.
61250 Lonrai
N° d'éditeur : 184
N° d'imprimeur : R1-0806
Dépôt légal : août 1991

Imprimé en France